U0645679

贵 博 论 丛

〔第二辑〕

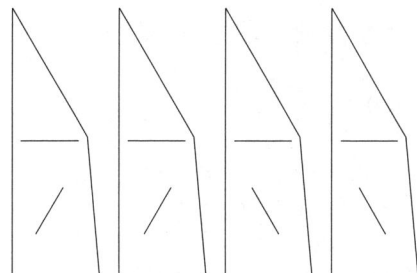

贵州省博物馆 编著

GUANGXI NORMAL UNIVERSITY PRESS

广西师范大学出版社

· 桂林 ·

GUI-BO LUNCONG

图书在版编目（CIP）数据

贵博论丛. 第二辑 / 贵州省博物馆编著. -- 桂林：
广西师范大学出版社，2022.4

　ISBN 978-7-5598-4860-4

　Ⅰ．①贵… Ⅱ．①贵… Ⅲ．①文物工作－贵州－
文集②博物馆－工作－贵州－文集 Ⅳ．①G269.277.3-53

中国版本图书馆 CIP 数据核字（2022）第 046050 号

广西师范大学出版社出版发行

（广西桂林市五里店路 9 号　邮政编码：541004）

网址：http://www.bbtpress.com

出版人：黄轩庄

全国新华书店经销

广西广大印务有限责任公司印刷

（桂林市临桂区秧塘工业园西城大道北侧广西师范大学出版社

集团有限公司创意产业园内　邮政编码：541199）

开本：720 mm × 1 010 mm　　1/16

印张：20.5　　　字数：290 千

2022 年 4 月第 1 版　　　2022 年 4 月第 1 次印刷

定价：168.00 元

如发现印装质量问题，影响阅读，请与出版社发行部门联系调换。

《贵博论丛（第二辑）》编委会

主　　任：李　飞　王　曼

编　　委：李　甫　李　渊　向　青

统　　筹：宁健荣

执行编辑：袁　炜

目　录

┃ 历史考古 ┃

┃ 绘画书法 ┃

历史考古

从海龙囤出土植物遗存论播州农业经济[*]

李飞　　　　　赵丹

（贵州省博物馆）　（西安碑林博物馆）

摘　要　考古发掘在土司遗址海龙囤上获取大批植物遗存，它们绝大多数是万历二十八年（1600）播州之役爆发前，土司杨应龙囤积于此的粮食作物的遗留，因此是了解当地17世纪之前农业经济的珍贵资料。本文基于考古发现，结合文献记载，讨论了土司治下的播州农作物的组合、土地利用、庄园经济以及海龙囤部分建筑的功能调整等问题，并提出播州上层对美洲作物存在一个长期的文化接纳过程的观点。

关键词　海龙囤；土司；农业；庄园经济

遵义，古称播州，自唐乾符三年（876）至明万历二十八年（1600），由杨氏世领其土达700余年。海龙囤，始建于宋宝祐六年（1258），毁于明万历二十八年（1600）的播州之役，是杨氏治下的播州最负盛名的土司城堡。2012年3月起，我们对该遗址进行了历时数年的发掘、调查与整理工作。在此过程中，我们在"新王宫""老王宫"与"金银库"三地有意识地开展土样采集工作，以期有植物遗存发现。此项工作的目的有三：（1）了解明代播州生业状况；（2）了解美洲作物在播州的传播情况；（3）借以分析出土单位的性质与功能。经浮选与鉴定，上述三地均有一定数量的植物遗存发现，而以"新王宫"最丰。出

---

* 本文是国家社科基金重点项目《海龙囤考古发掘资料的整理与综合研究》（批准号19AKG004）的阶段性成果。植物浮选工作由韩文华、赵丹完成，实验室鉴定由赵丹、朱梅完成。

土植物遗存以碳化农作物种子为主，种类丰富，包括水稻、大麦、小麦、燕麦、荞麦、大豆、红豆、粟、黍、龙爪稷、甜荞与苦荞等，水稻占统治地位，暂无美洲作物发现（表1）。结合出土植物遗存的种类及其数量、空间分布与文献记载，进一步深化了对播州生业与海龙囤建筑功能的认识。

表1　海龙囤遗址出土碳化植物遗存的绝对数量与出土概率

农作物			非农作物			
植物遗存	绝对数量	出土概率	植物遗存		绝对数量	出土概率
水稻	19674	88.89%	禾本科	禾本科	80	14.29%
水稻小穗轴	109	9.52%		狗尾草	25	9.52%
龙爪稷	3908	55.56%		稗属	197	12.70%
大麦	18	9.52%		马唐属	181	14.29%
小麦	42	14.29%		野稷	1	1.59%
燕麦	164	15.87%		牛筋草	1	1.59%
粟	173	33.33%		野燕麦	1	1.59%
黍	23	9.52%	藜科	藜属	349	58.73%
大豆	526	46.03%		虫实属	1	1.59%
红豆	48	33.33%	蓼科	蓼科	49	25.40%
绿豆	35	15.87%	豆科	豆科	27	15.87%
甜荞	160	6.35%	槭树科	盐肤木	222	15.87%
苦荞	27	15.87%	茜草科	拉拉藤属	6	6.35%
荞麦皮	264	6.35%	莎草科		15	9.52%
荞麦穗轴	2	1.59%		藨草属	64	34.92%
高粱	5	4.76%		飘拂草	8	6.35%
栽培稗	5	3.17%	唇形科	唇形科	5	4.76%
紫苏	6	6.35%		荆芥	1	1.59%

其他类			非农作物			
植物遗存	绝对数量	出土概率	植物遗存		绝对数量	出土概率
			石竹科		22	15.87%
桃核	1	1.59%	酢浆草科	酢浆草	14	14.29%
果核/果壳	5	3.17%	蔷薇科	悬钩子属	6	9.52%
不明碳化物	4	3.17%	菊科	豨莶属	2	3.17%
未知	429	79.37%	罂粟科		1	1.59%
			马齿苋科		6	3.17%
			大戟科		25	15.87%
			猕猴桃科	猕猴桃	3	4.76%

一、采样与浮选

土样采集与浮选是发现植物遗存的前提，而后在此基础上开展实验室鉴定，识别出具体的植物种属。采样与浮选是在田野现场完成的。

（一）采样

2012年9月，在发掘"新王宫"内F9东梢间时，肉眼观察到其室内底部堆积中含碳化水稻颗粒，从而对该房间内的土样进行了全面采集。与此同时，对F8、F10、C4等堆积保存较好（均含较厚黑土层）的遗迹单位也开展了土样采集工作。2019年9月，复查"老王宫"与"金银库"（均未进行正式发掘）时，也对该两处遗址进行了局部采样。换言之，我们采取的是一种类似于抽样的取样方式，并不能全面反映海龙囤上植物遗存分布的详情。植物遗存的分布情况，取决于土样采集点的选择，采集点的选择取决于地层堆积情况，一些后期破坏较甚的地点未进行土样采集。

因此，植物遗存集中分布于"新王宫""老王宫"与"金银库"三地，以"新王宫"内最为丰富。"老王宫"内，位于磉墩坪的TG47底部堆积（第④层）直接覆盖于F35室内铺地砖上，内含大量瓦砾、瓷片、灰土及炭渣，为明万历时期堆积；"新庙"南端地坎上，有一层较厚的黑土堆积。故对该两个地点进行了土样采集（共34升）。调查发现，"金银库"西厢（F32-2）西南角铺地砖面上亦有一层含较多炭屑的黑褐色堆积，对其也进行了少量土样采集（10升）。上述两个地点，均是在调查与试掘过程中，结合堆积情况开展的土样采集，标本量均不大，但均有植物遗存发现。对"新王宫"进行了较为全面的揭露，土样采集地点主要分布于（1）F8（含C2、K3、Z1、IVT0503，503.8升）；（2）F9②（东梢间，235升）；（3）C3、C4及临近的IVT0809（689.5升）；（4）F10（含K7、IT0103，48升）等四个区域。土样采集量较大，并均有植物遗存发现，其中F8、F9与C4是核心采样区，对其底部的黑褐色堆积几乎尽数采集。要之，所采取的是针对性采样法。

（二）浮选

采集的土样阴干后用水波浮选仪进行浮选。土样共计1520.3升，量大的单位，按体积均分若干份，每份在21.17~33升之间，均值为24.52升/份；量少的，则视情况分为1至2份后进行浮选。故共有土壤样品63份。

浮选分两次在海龙囤工作站内进行。2016年冬完成了"新王宫"样品浮选（共计60份），2019年9月仅浮选了"金银库"和"老王宫"内的3个样品。所获植物遗存标本盛于纱布内阴干后，先后寄往四川大学考古学系进行实验室鉴定。

二、样品分析

浮选所获标本，在实验室内以肉眼、放大镜结合低倍显微镜进行观察，通过植物种子图鉴、已发表的考古文献并对比现代植物种子标本确定种属。浮选获取较多碳化植物遗存和少量动物骨骼。碳化植物遗存包括种子、硬果和不明碳化物等，共计79899粒，排除碎种及＜1/2的种子后为26987粒，出土密度为17.75粒/升，比率较高。种子又分农作物与非农作物两大类，以农作物为大宗。农作物包括水稻、大麦、小麦、燕麦、龙爪稷、粟、黍、大豆、红豆、绿豆、甜荞、苦荞和荞麦等，水稻占统治地位。（表2）非农作物则以农田杂草为主，有少量藤本、木本植物。

（一）农作物

共计25236粒，占出土植物遗存总数（不含碎种及＜1/2的种子，下同）的93.51%强。可分水稻、麦、豆、小米和荞麦等几类。

表2　海龙囤遗址农作物的出土概率及百分比

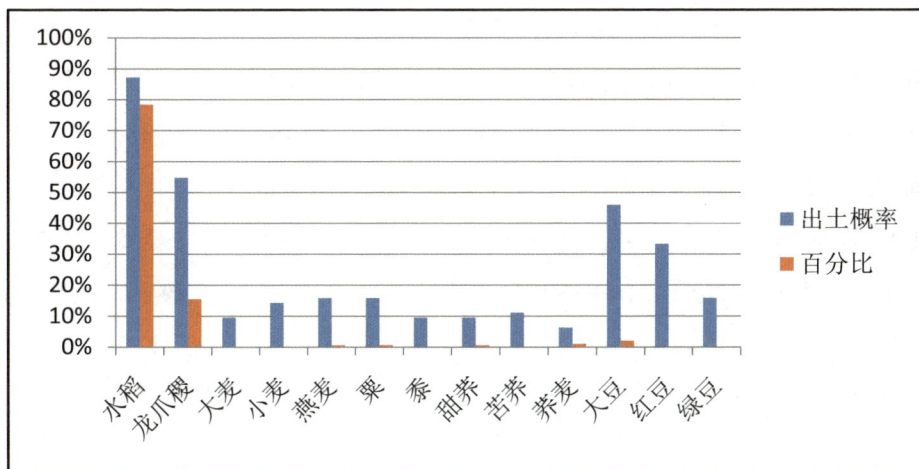

1. 水稻

水稻是出土绝对数量最多的农作物，总计达19783粒（含小穗轴），占出土植物遗存总数（不含碎种及＜1/2的种子）的73.30%。其中又以去壳水稻为主，共18529粒，占出土水稻总数的93.67%，其中1粒有明显的水煮痕迹；带壳水稻仅1145粒，占水稻总数的5.78%。浮选还发现了109粒水稻小穗轴基盘。

水稻在所有取样地点均有发现，其中去壳水稻的出土概率高达88.89%（即近9成的样品均有发现），分布范围较广，但绝对数量上以"新王宫"F8（含C2、K3、Z1、IVT0503）与F9②（东梢间）内出土最多。F8内共计发现14598粒（不含＜1/2者），占出土水稻总数的73.79%；F9内发现4329粒，占21.88%；两地所出水稻占出土水稻总量的95.67%。绝对数量与出土概率均表明水稻为当时之主粮。

2. 龙爪稷

共计3908粒，是绝对数量第二多的植物遗存，仅次于水稻，占出土植物遗存总数的14.47%，出土概率为55.56%。在"新王宫"内F8（3889粒）、F9（70粒）、C4及其附近（65粒）与"老王宫"（9粒）、"金银库"（10粒）均有发现。"新王宫"内又集中出土于K3①层，共3452粒，占出土龙爪稷总量的88.33%。

龙爪稷，又名穇子、龙爪粟、鸡爪粟、鸭脚粟、鸭爪稗等，爪、脚均就穗形而言。一般认为起源于非洲，现广布于非洲及南亚等地。其种子近圆球形，上下稍扁，表面覆盖颗粒状小突起；胚区位于种子底面，近圆形，约为底面宽的1/2；种脐位于底部中央，紧接胚区顶端，圆形，内凹，约占底面宽的1/4。籽粒小却耐贮存，主要用作粮食与啤酒酿造；茎秆则可用于草编、造纸与饲料。[1]明人李时珍（1518—1593）《本草纲目·谷部》中已有"穇子"（龙爪稷）

---

[1] 刘长江、靳桂云、孔昭宸编著：《植物考古——种子和果实研究》，北京：科学出版社，2008年，第89页。

的记载。[1]今遵义地区至迟在19世纪中叶已有栽种，道光二十一年（1841）刊行的《遵义府志·农桑》所载"鸡爪稗"，当即龙爪稷。[2]海龙囤出土的龙爪稷，将其在该地区种植的历史推前至16世纪末。埋藏环境显示其与水稻等谷物一起储存，亦当为粮。其食用方式，《本草纲目》谓之"捣米，煮粥、炊饭、磨面皆宜"。这是该类作物在考古遗址中首次被发现，值得关注。

3. 麦类

包括大麦、小麦与燕麦三类，种类多但数量少。

大麦，18粒（不含＜1/2者）。均见于"新王宫"F8（17粒）与C3（1粒）内。仅占出土植物遗存总数的0.07%，出土概率为9.52%。小麦，42粒。亦仅见于"新王宫"F8（38粒）、C4③层（3粒）与F10前院（1粒）。占出土植物遗存总数的0.16%，出土概率为14.29%。燕麦，164粒（不含＜1/2者）。出自"新王宫"F8（161粒）、C4③层（1粒）与"老王宫"（2粒）。占出土植物遗存总数的0.61%，出土概率为15.87%。三类共计224粒，仅占出土植物遗存总数的0.83%强，出土概率也不高。

以上三种作物明代已较为普遍，其出土数量偏少的原因推测有二：其一，种植规模不大。水稻作为遗址内数量最多的农作物种类，反映该地区以稻作农业为主，与之相对应的，麦类等旱地作物的种植规模不大。其二，食用方式使然。麦类的食用方式与水稻不同，水稻主要是粒食，而麦类主要通过磨制成粉后再制成面条、面饼等食用，不排除储存状态多为面粉的可能性，故难以留存。

4. 小米类

包括粟与黍，籽粒较小，故名。

黍，23粒。出自"新王宫"F8（8粒）、F9②层（14粒）与C4③层（1粒）

---

[1]（明）李时珍：《本草纲目》卷二十三《谷部·稷子》，北京：人民卫生出版社，1982年，第1485页。

[2]（清）郑珍、莫友芝编纂：《遵义府志》卷十六《农桑》，成都：巴蜀书社，2013年，第256页。

内，占植物遗存总数的0.09%，出土概率为9.52%。粟，173粒，多去壳（121粒），含少量未成熟者（7粒）。仅见于"新王宫"的F8（90粒）、F9②层（78粒）、F10（3粒）与C4及其附近（2粒），占出土植物遗存总数的0.64%，去壳粟的出土概率最高，达0.45%。两类共计196粒，绝对数量占比仅0.73%。

粟、黍为中国传统作物。《本草纲目·谷部》："古者以粟为黍、稷、粱、秫之总称，而今之粟，在古但呼为粱，后人乃专以粱之细者名粟。"又粟"南方多畬田，种之极易，春粒细香美"；黍"北人作黍饭，方药酿黍米酒"，"江东时有，而非土所宜，多入神药用。又有黑黍名秬，酿酒，供祭祀用"。[1]可食用、酿酒、入药甚至祭祀用。杨辉墓志铭称其曾于景泰初"出粟数千石"以助朝廷，[2]这里的"粟"当即谷物之总称，并不能反映其在播州的种植规模。

5.荞麦类

有甜荞、苦荞和荞麦三种。

甜荞，160粒（不含＜1/2者），带壳与去壳者约各占一半。出自"新王宫"F8（158粒）、C4（1粒）以及"老王宫"（1粒）。占出土植物遗存总数的0.63%，去壳者出土概率为7.94%。苦荞，27粒。出自"新王宫"F8（21粒）、F9（1粒）、C4附近（1粒）以及"老王宫"（4例）。绝对数量占比较低，去壳者出土概率则高达11.11%。荞麦，271粒，包括荞麦皮（264粒）、荞麦碎块（5粒）与荞麦穗轴（2粒）。主要出自"新王宫"F8内（270粒），另在C4③层有零星发现（1粒）。占出土植物遗存总数的1%强，荞麦皮出土概率达6.35%。三类共计458粒，绝对数量占比为1.70%。

甜荞、苦荞与荞麦皆可药食两用，食用时可蒸煮，亦可磨面如麦。

6.豆类

包括大豆、红豆与绿豆。

---

[1]（明）李时珍：《本草纲目》卷二十三《谷部·稷子》，第1474、1481页。

[2] 贵州省文物考古研究所等：《贵州遵义市团溪明代播州土司杨辉墓》，《考古》2015年第11期，第62~87页。

大豆，526粒（不含＜1/2者），出自"新王宫"F8（478粒）、F9（21粒）、C4及其附近（12粒），以及"金银库"（9粒）与"老王宫"（6粒），占出土植物遗存总数的1.95%，出土概率为46.03%。红豆，48粒（不含＜1/2者），见于"新王宫"F8（37粒）、F10（2粒）及"老王宫"（9粒），仅占出土植物遗存总数的0.18%，出土概率却高达33.33%。绿豆，35粒（不含＜1/2者），出自"新王宫"F8（23粒）、F9（1粒）、F10（1粒）、C4及其附近（3粒）与"老王宫"（7粒），占出土植物遗存总数的0.13%，出土概率为15.87%。豆类总数绝对占比为2.26%，分布较广，在"新王宫""老王宫"与"金银库"均有发现，出土概率亦较高。

豆类是淀粉、蛋白质和油的重要来源，可当作菜蔬食用，今遵义当地多以大豆做豆腐，红豆煮食，绿豆熬粥。土司时代亦当如是，即主要作菜蔬食用。

7.其他

包括栽培稗、高粱和紫苏三类，出土数量较少。

栽培稗，5粒，均出自"新王宫"F8内。疑似高粱5粒，出自"新王宫"F8（3粒）、C4②层（1粒）与"老王宫"（1粒）。紫苏，6粒，出自"新王宫"F8（5粒）与F9②层（1例）。紫苏带有特异芳香，当地常以其叶为调味品。

（二）非农作物

共计1751粒，占出土植物遗存总数的6.49%。以草本为主，另有少量藤本、木本及不明植物，多为农田杂草。

1.草本植物

均为种子，共1168粒，占非农作物遗存总数的66.70%强，出土密度为0.77粒/升，藜属的出土概率最高，达58.73%。计有禾本科、藜科、豆科、蓼科、茜草科、莎草科、唇形科、石竹科、酢浆草科、菊科、罂粟科、大戟科与马齿苋科共13科，可鉴定至具体属种者15种。其中，禾本科数量最多，凡486粒，占非农作物遗存总数的27.76%，计有狗尾草、稗、马唐、牛筋草、野稷、野燕麦等属种；藜科居次，350粒，占19.99%；其余诸科1~87粒不等，占比较低。

以上科属的草本植物，均系常见的农田杂草，其中莎草科多见于水田，其余则旱地、水田均有。[1]狗尾草、稗、马唐、藜、辣蓼、蔗草、豨莶、酢浆草等属种，至今仍广见于遵义当地的田间地头。从出土情况看，"新王宫""老王宫"与"金银库"三个采样点均有发现，与农作物伴出。"新王宫"内又集中出土于农作物数量较多的F8与F9内，通常情况下与农作物的多寡成正比（表3）。这充分证明了其确系农田杂草，是作物收获时掺杂其间的无用之物。前文视为农作物的紫苏，除人工栽培外，当地也常见野生者，二者并无不同，鉴于大量农田杂草存在的事实，其为野生的可能性更大。

表3　农作物与农田杂草出土数量对比表（单位：粒）

出土单位	农作物	农田杂草	种子总数	杂草占比
F8	19700	968	20668	4.68%
F9	4515	128	4643	2.76%
F10	23	15	38	39.47%
C4及其附近	241	51	292	17.47%
老王宫	280	4	284	1.41%
金银库（F32）	477	2	479	0.42%
总计	25236	1168	26404	

说明：（1）农作物和农田杂草数量不含碎种及＜1/2的种子；
　　　（2）杂草占比，指农田杂草在该出土单位的种子总数中的占比。

---

[1] 肖文一、陈铁保编著：《农田杂草及防除》，北京：农业出版社，1982年，第5~342页。

2.木本与藤本植物

种类不多但数量不少。

藤本有猕猴桃，木本有槭树科盐肤木、蔷薇科悬钩子属、桃核以及果核/果壳所属植物。均出自"新王宫"内，共计237粒，占非农作物遗存的13.54%。其中，猕猴桃，3粒。出自F8（2粒）与C4（1粒）。盐肤木，222粒。均出自F9②层内，占出土藤本与木本植物遗存总数的93.67%强。悬钩子属，6粒。出自F8（3粒）、F9（1粒）与C4（2粒）。桃核，1粒。出自F8。果核与果壳，5粒。出自F9（1粒）与C4（4粒）。

以上植物中，桃核以及果核、果壳所属树种可能为人工栽培，数量较少。猕猴桃、盐肤木与悬钩子属当为野生植物，囤上至今广见。猕猴桃与悬钩子属数量较少，盐肤木则相对较多。猕猴桃、悬钩子属、桃核以及果核、果壳的果肉均可食用。盐肤木属槭树科，为五倍子蚜虫寄主植物，故又称"五倍子树"，虫瘿可入药，籽可榨油。其在F9内集中出土，大约有榨油或燃料两种功用。

3.不明植物

包括未知种属的碳化种子与不明碳化物两类，以前者为主。

未知种属的碳化种子，共计429粒，占非农作物遗存总数的24.50%，植物遗存总数的1.59%，各单位均有发现。另有不明碳化物4粒，出自"新王宫"F8（3粒）、F10（1粒）。这些植物遗存仍可进一步鉴定，但因数量不多故不影响我们对海龙囤植物遗存的整体认识。

三、相关讨论

以下结合出土环境、数量、形态与文献记载，对农作物的年代、组合、生产方式以及所在建筑的功能等问题进行讨论。

（一）农作物的年代

基于地层堆积与出土形态（碳化），可确定植物遗存的年代。

出土植物遗存的各遗迹单位，其地层堆积可分为五组：

A组："新王宫" F9②层、F8②层、F8③层；"老王宫" TG477④层；"金银库" F32底层堆积。

B组："新王宫" F8内Z1、C2、K3①层，以及覆盖于F8上的IVT0503④层。

C组："新王宫" C3①层、C4①~③层，及其附近的IVT0809⑤层（垣墙边）。

D组："新王宫" F10下K7⑦层，以及覆盖于F10前院的IT0103④层。

E组："老王宫"的"新庙"断坎。

A组叠压于坍塌的建筑废墟（砖瓦砾堆积）之下，而覆盖于建筑地面之上，为建筑焚毁时的原生堆积，年代确凿，在明万历时期。B组中，Z1、C2是在F8主体建筑之上建成的附属性建筑，开口于探方堆积的④层下，叠压于建筑地面之上，相对年代略晚；K3位于F8天井内，开口于④层下，打破F8①~③层，内出崇祯通宝、隆武通宝等钱币，当为明清之际的遗存；IVT0503④层覆盖于F8建筑废墟之上，出崇祯通宝、弘光通宝、隆武通宝等钱币，当形成于明清之际。C组所在为"新王宫"垣墙内侧的低洼之处（IVT0809⑤层），及其附近坑池（C3、C4），应是在海潮寺僧众挖高填低的平场活动过程中所形成的堆积，C4内出土了大量南明时期钱币，表明当填埋于此时。D组在F10内，其中K7叠压于F10下，相对年代偏早，不晚于明万历时期；IT0103④层则覆盖于F10前院铺地石板之上，其形成年代与遗址第④层堆积一致，在明清之际。要之，A组为原生堆积，C组为次生堆积，B、D、E三组情况各异，通过A组堆积所含植物遗存的种类与数量的分析，可基本确定其余诸组内植物遗存的年代。

各组堆积出土可利用植物遗存（即农作物与部分可食用果实）的种类与数量如下表（表4）所示。从中可见，A组堆积内可利用植物遗存的种类几乎涵盖了其余诸组，仅栽培稗和桃核例外；其绝对数量亦遥遥领先，占72.05%强。

完全可以肯定，A组堆积所出的均为播州至迟在明万历时期已种植的农作物以及食用的果实。A组堆积内植物遗存完全覆盖了C、D、E三组，与B组比较，除少量植物遗存（栽培稗与桃核）不见于A组外，B组中的部分植物遗存的绝对数量亦较A组多，如龙爪稷与麦类、荞麦类遗存，似略显反常。但值得注意的是，出土可利用植物遗存数量较多的B组（6771粒）堆积与A组中的F8②、③层（12959粒）处于同一空间内（F8）；C组（245粒）亦位于F9（4513粒）近旁。这并非巧合，而表明其本是F8与F9内遗物，经后期扰动后而埋藏于稍晚的堆积中，如同遗址上层堆积中出土的大量万历时期的建筑构件（砖、瓦、瓦当等）一样。

表4　海龙囤出土可利用植物遗存一览表

| 植物种属 | A组 屋内 | B组 F8附近 | C组 次生 | D组（F10） | | E组 "新庙"断坎 | 小计 |
				K7⑦	IT0103④		
水稻	17317	2289	148	1	15	12	19782
大麦	2	15	1				18
小麦	1	37	3	1			42
燕麦	16	146				1	164
龙爪稷	296	3547	65				3908
大豆	361	153	12				526
红、绿豆	46	73	3		3	1	126
粟	112	56	2	1	2		173
黍	15	7	1				23
甜荞	5	154	1				160
苦荞	9	16	1			1	27
荞麦	1	269	1				271

植物种属	A组	B组	C组	D组（F10）		E组	小计
	屋内	F8附近	次生	K7⑦	IT0103④	"新庙"断坎	
高粱	1	3	1				5
栽培稗		5					5
桃核		1					1
猕猴桃	2		1				3
果核/果壳	1		4				5
小计	18185	6771	245	3	20	15	25239

从埋藏学的角度，除少数特殊埋藏环境（如极干燥或被水浸泡的地点）外，植物遗存之所以能够在文化堆积中长期保存，主要是因其在埋藏前经过了火的烧烤而变成了碳化的物质。[1]文献记载显示，万历二十八年（1600）的播州之役中，明军奉行酋之衙屋"严谕举火烧毁"的策略，破囤之后即"拥入内城四面纵火"，而杨应龙在"新王宫"内自缢前亦曾"举火烧房"，"须臾，火烧楼房一空"。[2]因此之故，"新王宫""老王宫"及"金银库"诸房址内数量不菲的碳化植物遗存得以保存至今。

综上，除桃核与栽培稗不见诸A组堆积（出自B组堆积），不排除为后期遗存的可能性外，其余绝大多数碳化植物遗存应是明万历时期的遗物。因海龙囤毁于万历二十八年（1600）农历六月间，而此时多数作物尚未成熟，囤上出土的应为上一年度或更早之前的存粮。换言之，海龙囤所见的各类作物至迟在16世纪后叶的播州已有一定规模的种植。

---

[1] 赵志军：《植物考古学：理论、方法和实践》，北京：科学出版社，2010年，第54页。

[2]（明）李化龙著，遵义市地方志编纂委员会编：《平播全书》（点校本）卷四《攻克娄山、崖门等关四报捷音疏》，卷七《破囤塘报》，北京：大众文艺出版社，2008年，第103、255~257页。

表5　海龙囤各组堆积出土的可利用植物遗存占比

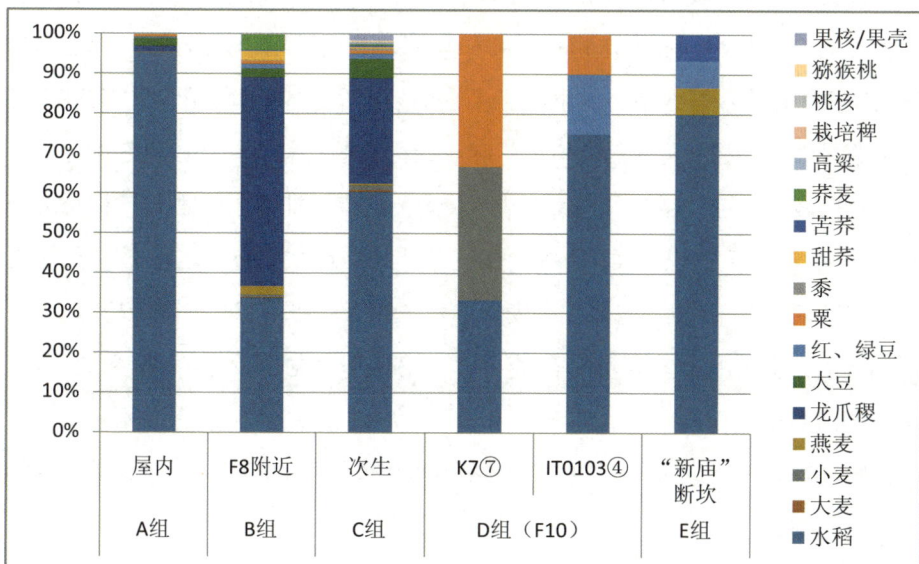

图例（从上至下）：果核/果壳、猕猴桃、桃核、栽培稗、高粱、荞麦、苦荞、甜荞、黍、粟、红、绿豆、大豆、龙爪稷、燕麦、小麦、大麦、水稻

横轴：屋内（A组）、F8附近（B组）、次生（C组）、K7⑦（D组（F10））、IT0103④、"新庙"断坎（E组）

（二）农作物的组合

海龙囤出土的植物遗存，可鉴定至具体属种者共计30余种，大致可分为农作物、农田杂草和山林杂木三类。农田杂草10余种，是农作物的伴生性草本植物，收获庄稼时混入。山林杂木有盐肤木（五倍子树）、悬钩子（当地称"泡儿"）、猕猴桃和桃核等，后者可能为人工栽培。

农作物的种类与数量均最为丰富，计有水稻、大麦、小麦、燕麦、龙爪稷、大豆、红豆、绿豆、粟、黍、高粱、甜荞、苦荞、荞麦、栽培稗等15种（紫苏为野生的可能性更大，不计入其中）。这些作物中的部分，在15世纪中叶的播州已有栽种。据《勘处播州事情疏》记载：明成化时杨氏的庄田中主要"布种田禾、麻、麦、豆、红花之类"。[1]其中"田禾"指谷物，谷物又包括大

---

[1]（明）何乔新：《勘处播州事情疏》，《丛书集成初编·张司马定浙二乱志（及其他二种）》，北京：中华书局，1985年，第36页。

米、小麦、小米和大豆等，但下文将其与"麦""豆"并列，表明这里的"田禾"仅就大米而言。麻的种类较多，《本草纲目·谷部》载有胡麻、亚麻和大麻三种。胡麻即芝麻，油料作物；亚麻和大麻，茎皮可绩，籽可榨油。成化时，杨氏庄田中已有布匹织造，这里的"麻"可能包括了芝麻和大麻。[1]"红花"是一种菊科经济作物，可入药与染色。麻与红花，囤上未见。至19世纪中叶，各种作物已较为普遍。道光《遵义府志·农桑》载有"籼稻之种数十""糯稻之种数十""麦之类五""豆之类十""麻之类三""荞之类四""苞谷之种七""稗之类三"。麦有大麦、小麦、老麦、香麦（燕麦）和青稞麦；麻有芝麻（胡麻）、大麻和苏麻；荞有甜荞、苦荞和药荞；稗有鸡爪稗（龙爪稷）、水稗和烂草米。又"稷曰高粱，禾曰小谷，黍曰水米子"。[2]可见，15世纪已有的稻、麦、豆等作物，16世纪继续栽种，19世纪则在延用传统作物的同时，广泛种植苞谷等美洲新作物。

海龙囤出土的农作物，可笼统分为主粮、杂粮和菜蔬三类。主粮为水稻，共计出土碳化水稻19783粒，占植物遗存总数的73.30%，农作物遗存总数的78.39%，充分显示了水稻在播州农作物中的统治性地位。杂粮包括大麦、小麦、燕麦、龙爪稷、粟、黍、高粱、甜荞、苦荞、栽培稗等，共计4796粒，占农作物总数的19%强，是对主粮的有益补充，即《利民条约》所谓"杂谷可以备荒者，无不可以相地种之"。[3]值得关注的是其中的麦类与龙爪稷。麦类（大麦、小麦和燕麦）数量较少，仅224粒，占出土农作物遗存总数的0.89%。如果剔除大麦和燕麦，小麦的占比更低，仅42粒，与其在今日遵义的风行形成鲜明对比。针对这一现象，前文提出两种推测，即麦类种植规模小或作面粉状储存。上引文献显示，麦类在15世纪与19世纪的今遵义地区均有种植，但明人

---

[1] 胡麻、亚麻和大麻的记载，见（明）李时珍：《本草纲目》卷二十三《谷部·稷子》，第1435~1444页。播人"赵其、江文仁止会织造布疋"，见（明）何乔新：《勘处播州事情疏》，第91页。

[2] （清）郑珍、莫友芝编纂：《遵义府志》卷十六《农桑》，第255、256页。

[3] （清）郑珍、莫友芝编纂：《遵义府志》卷十六《农桑》，第261页。

母扬祖《利民条约》的记载则反映大麦、小麦至少在明代末期的绥阳并不普遍（说详后）。如果这是播州的一般情况，则上述两种原因均可能存在，即种植规模本不大，加之可能多以面粉状态储存，故少有发现。若果如是，则麦类不能构成播州的主粮。龙爪稷，本土明代文献无载，引种的具体时间尚不得而知，但其出土数量（3908粒，是仅次于水稻的作物）表明，16世纪末在播州已有一定规模的种植。从遵义本土的饮食习惯看，大豆、红豆与绿豆一般用以代菜，因此将之划归菜蔬类。豆类共计625粒，占出土农作物总数的2.58%强，较麦类为多，栽种的历史也较悠久。此外，根据文献，播州还种植红花等药用经济作物。

根据栽培环境的不同，出土作物可分为水田作物与旱地（水平旱地与坡地旱地）作物两大类，分别栽种于田与地中。除水稻外，余均旱地作物。这反映了播州土地的利用情况。据道光《遵义府志·农桑》记载："水田皆宜稻，干田宜胡豆，山地肥者宜诸豆，高山宜包谷，山地之新垦宜小谷（即粟），冷湿地宜稗子，干松宜诸荞。米麦（即大麦）、水子米（即黍），唯宜肥地。包谷、高粱、香麦（即燕麦）、老麦、青稞、爬山豆，种瘠地亦获微收。"[1]将土地划分为水田、干田（水平旱地）、山地（坡地旱地）与高山等几类，实现了对土地资源的充分利用。土司时代的播州，亦当大略如此，唯"高山"或尚未利用，因包（苞）谷可能仍未引入。

对海龙囤开展植物浮选工作的一个重要原因，是拟探明16世纪末玉米、土豆、辣椒等美洲作物是否已传入播州，又对当地社会产生了怎样的影响。浮选的结果并未发现该类作物，但仍具意义。玉米传入今日贵州的时间，一般认为在清康熙时期，乾隆年间迅速扩张，清末几乎覆盖全省。[2]另一条更早的文献则向有争议。《遵义府志·农桑》录明绥阳知县母扬祖《利民条约》称时之"县

---

[1]（清）郑珍、莫友芝编纂：《遵义府志》卷十六《农桑》，第256页。
[2] 韩昭庆：《清中叶至民国玉米种植与贵州石漠化变迁的关系》，《复旦学报》2015年第4期，第91~99页。

中平地居民，只知种稻，山间民只种秋禾、玉米、粱稗、菽豆、大麦等物，俱不知种黍、稷与小麦。本县初到任时，见少此三谷，以为地之不产也，试以近郭官土种之，子种少而大有所获"。[1]绥阳县，万历二十九年（1601）析真州长官司地置。母扬祖为第七任知县，以每任五年计，其任职时间约在1630年代。[2]据此，则遵义在17世纪初已有玉米种植。争议的焦点在于不同的句读，因其亦可读为："县中平地居民只知种稻，山间民只种秋禾，玉米、粱稗、菽豆、大麦等物俱不知种。黍、稷与小麦，本县初到任时，见少此三谷"云云。文意完全相反，孰是？结合海龙囤出土的农作物遗存，可以得到以下几点认识：第一，16至17世纪之交的今遵义地区，农作物的种类已较为丰富，绝非仅有水稻与秋禾两种。且若不知种玉米、粱稗、菽豆、大麦等物，则时之绥阳已非"见少此三谷"，加黍、稷与小麦，乃少此"七谷"。第二，大麦仅"山间民"栽种，而小麦尚"不知种"，反映虽有麦类，但栽种不广，此与海龙囤出土麦类遗存较少的现象相吻合。第三，海龙囤未见美洲作物，似可证16世纪末玉米等美洲作物仍未引入播州，而17世纪初绥阳等地的"山间民"已有零星栽种则完全可能，因为河南、江苏、甘肃、云南、浙江、福建、山东等地16世纪中叶至17世纪初的方志中已有玉米的相关记载。[3]因此，《利民条约》如果摘抄无误，当取第一种句读方式，即至迟在1630年代前后，今遵义地区已有玉米种

[1]（清）郑珍、莫友芝编纂：《遵义府志》卷十六《农桑》，第261页。《利民条约》其实最早见诸乾隆《绥阳志·艺文志》的记载，《中国地方志集成·贵州府县志辑》第36册，成都：巴蜀书社，2006年，第214、215页。

[2] 绥阳建置与知县任职情况，参见（清）郑珍、莫友芝编纂：《遵义府志》卷二《建置》，卷二十七《职官一》，第37、484页。绥阳首任知县为詹淑，据冯士奇《詹公生祠碑记》詹氏"历任五载"。第三任为冯士奇，据其所撰《新建武安王庙碑记》："辛亥冬，余奉命来令此土"，即万历三十九年（1611）到任；又据其《城隍庙重修碑记》：庙之重修"始于癸丑冬，迄工于甲寅夏"，知冯氏万历四十二年（甲寅，1614）仍在任。参见乾隆《绥阳志·艺文志》，《中国地方志集成·贵州府县志辑》第36册，第219、220页。母扬祖为第七任知县，从詹、冯二氏的任职时间及其间隔（中间为第二任知县铁成箓）看，明末绥阳知县的任职期限约为五年，据此推算，第七任母扬祖在职时间约为1630年代。

[3] 韩昭庆：《清中叶至民国玉米种植与贵州石漠化变迁的关系》，《复旦学报》2015年第4期，第91~99页。

植。那么16世纪末的杨氏土司到底有无玉米种植？有一种现象值得关注，即各地不同阶层的人群对玉米、土豆等美洲作物的接受程度。据《遵义府志·物产》记载，直至清道光时期玉米仍富嫌贫爱，"富人所唾弃，农家之性命也"。[1]土豆初传入欧洲时也经历了类似遭遇，被认为只配给下等人充饥。[2]反映出并非所有的社会或阶层，皆对美洲作物持开放态度，除风土适应与技术改造外，还存在文化接纳的过程。因此，即便16世纪末玉米已被播州"山间民"引种，但仍可能不被当地上层所接受，土司遗址中未见出土也便在情理之中。

要之，16世纪末，播州以水稻为主粮，以大麦、小麦、燕麦、龙爪稷、粟、黍、高粱、甜荞、苦荞、栽培稗为辅助性杂粮，大豆、红豆、绿豆等则用以代菜，充分展示了播州农作物的多样性，亦反映出当地以水稻为主，各种杂粮为辅的食谱结构。对土地资源的利用也已较为充分，兼有水田与山地。海龙囤上未见玉米等美洲作物，表明彼时的播州可能尚未引种，或已有底层民众栽种，但因这类作物的"阶级性"而受到土司的排斥，因此未在遗址中出现。

（三）播州土司的庄园经济

海龙囤出土的农作物产自何处？据土司杨应龙手书的《骠骑将军示谕龙岩囤严禁碑》记载："其运送口粮帮户，给有年貌号票，各带在身，执照进出，毋得阻滞。"表明囤上并不产粮，而有专人（运送口粮帮户）自他处运抵。自何处运来？大抵有两种情况：其一，劫掠民谷；其二，自家庄田所产。

土司劫掠民粮以备战事，《平播全书》多有记载。如万历二十七年（1599）六至八月间，杨氏"犯南川，劫掠居民牛、猪、仓谷皆为所有"；又犯綦江，"令苗兵搬抢村民米、谷、布匹、牛、猪等物，十室十空"；于"三溪创建藏廒，割綦南之谷尽数入仓"；南川"东乡一带地方熟谷，俱被掠收，于播州地

---

[1]（清）郑珍、莫友芝编纂：《遵义府志》卷十七《物产》，第280页。

[2] 佟屏亚、赵国馨编著：《马铃薯史略》，北京：中国农业科技出版社，1991年，第17、18页。

名官坝竖立仓囤，共一十七眼，有家小苗数百看守"等。[1]稍早的万历二十三、二十四年间，则"厚抚诸苗，名其健者为硬手；州人稍殷厚者，没入其赀以养苗。苗人咸愿为出死力"。又先后劫掠州内余庆、草塘、黄平、重安诸司，以及邻近的兴隆、都匀各卫。[2]虽未言明所掠何物，但如同犯南川、綦江一样，粮食应在其中。这些粮食中的一部分，就可能流入海龙囤中。但囤上作物的主体应产自土司的庄园中。

庄园，又有庄、田庄、庄田等不同称呼，名虽各异，实则一也，是以土地为基础，以占有一定数量的人身依附劳动力为前提的一种封建土地所有制形式与生产方式，一庄即是一个基本的经济生产单位。形成于汉代，历经各朝而盛于明清。

杨氏治下的播州，明时于基层推行里甲制度，有轮值里长与甲首，并设里老、寨老协助管理，这是明代基层社会的一般组织形式，核心是保障赋役。换言之，田庄与里甲并存。万历时播州有儒溪、沙溪、水烟、天旺、赤水、仁怀等五十四里，有黄册可考，作为赋役征收的依据。[3]与一般的里甲制度不同之处在于，土司往往于其上再设"亲管里"，另征赋税。如成化时杨爱即"亲管二十二里"，又因"仁怀、儒溪二里出产石青、石绿，擅取作亲管里，分递年仰傅禧追收银两、黄蜡、棉布入己"。纳入亲管的，可能多是民多、土沃，或别有特产者。里甲以民（粮长）治民（纳粮户），设里长、甲首、里老、寨老等，在赋税征收、土司结状、社会治安等方面发挥作用。里长、甲首之设，如"成化二十年（1484）正月内，长官袁机男袁莹应当本年分里长，不合将甲首吕定走递马匹骑损倒死"。里老、寨老之设，如"景泰三年（1452）正月内，有寨老袁昱等思得本州税粮递年运赴贵州兴隆等仓上纳，搬运本色艰难，告愿

[1]（明）李化龙：《平播全书》卷一《报播酋屯兵疏》《再报播酋情形疏》《请内帑、增将兵疏》，第10、12、23、26页。
[2]《明史》卷三百一十二《四川土司二·播州宣慰司》，北京：中华书局，1974年，第8047页。
[3]（明）李化龙：《平播全书》卷六《播州善后事宜疏》，第197页。

折纳轻赍银两，杨辉准令，各里每米一石折收苗银一两，类解该仓买米上纳"。成化十九年（1483）"二月内，有本州里老张洪等连名告称，凡遇进贡等项，公差人员递年俱于各里点差人夫，津贴、盘缠节被差去之人分外，勒取数多，情愿预先认纳银两，免致临期逼迫"。又"成化三年（1467）八月内，本司长官何庸病故户绝，有伊族侄何熙庆不合捏称系何庸嫡长男，告袭前职。杨辉不合准信，拘集亲族里老审取结状，备申四川都布按三司覆勘，具奏准令，冒袭前职。"各里之民，称"土民"，有一定家产，包括私田。如成化二十一年（1485）"有头目柳靖男柳春，因与土民杜齐贤争夺水槽，被杜齐贤将情并柳春调戏父妾袁氏等情具告本司，行提到官问拟发落讫"。[1] 土民袁氏既有妻妾，当有一定家产，不同于田庄中备受剥削的佃户。里甲可能与田庄相互交错，空间分布上并非泾渭分明。

播州杨氏的田庄，亦称"官庄"，数量颇巨，由土地、庄宅以及依附于土地之上的佃户、苗夷等构成，即有地、宅、人三要素。土地是基础；庄宅是管理与储存的场所，有时也是土司办公、居住、宴饮之地；佃户与苗夷，是土司田庄中的直接生产者，依附于土地而生存，由土司及其代理人进行管理。田庄以粮食生产为主，同时经营多种副业。

土地是田庄的基础，通过继承、买卖、强夺等方式获得，其数量因此多有变化。明成化时，杨氏共有田庄145处。据《勘处播州事情疏》记载：成化十四年（1478），"杨辉将庄田一百四十五处、茶园二十六处、蜡崖二十八处、猎场一十一处、鱼潭一十三处，作四分均分与杨友、杨爱、杨孜、杨敏"。[2] 茶园、蜡崖、猎场与鱼潭并不计入田庄中，分家之后，播州宣慰使直接控制的田庄规模缩小。各土司因此又通过强夺等方式创立田庄，如"成化十五年（1479）正月内，杨友因往安宁经过余庆、白泥等处，又不合将余庆长官司管下站户毛

---

[1]（明）何乔新：《勘处播州事情疏》，第7、9、38、43、44、52、82、84、85页。
[2]（明）何乔新：《勘处播州事情疏》，第21页。

显常等地名斑溪、巴村、大寨、铁针崖、罗家寨五处水田八百劳、陆地二十处强占，创立田庄。将湘川等驿马夫孙羊、何祥、黄元受、邵楚、邹石、玄蛮、程胡、李胜祖等二百五十五户占作佃户。又令何清、刘大荣各又不合将白泥长官司管下站户杨昌福、田斌水田九十亩，巴必聪等陆地一百亩强占为庄，招引九姓土僚在彼住种"。[1]从站户手中占夺的土地有水田、陆地，创立的田庄面积百余亩至八百劳[2]不等，从中可窥田庄的土地构成（水田与旱地）与规模（大小不一）。杨氏的田庄，成化《勘处播州事情疏》载其名者有：大水田、柳川、冉川、屯平、大足、黄鱼、永安、先峰、洪江、米田、通平、毛陂、石梁、雷水、崔家、桃溪、半山、泥川、水车坝、孝义、海龙坝、干溪、会川、朗山、养老等庄。[3]万历十年（1582）《张氏祭田碑》则另载有"高平竹垭庄"。[4]据大水田乾隆三十九年（1774）《万事永赖碑》，杨氏创修庄田始自唐杨端时，"命修四十八庄，此系太平一庄，创造大堰一口，周围九里七分"。因是晚出的文献，其对唐代四十八庄的追述未必可信，但大堰的修筑却是确凿的，虽未必筑于唐代。堰塘、水渠等是水田耕种必不可少的基础设施。

　　庄田中有宅，称庄宅、庄院、庄所或衙，乃庄田管理与粮食储存之所，有时也是土司办公、居住与宴饮之地。其旧址，民间又常称"衙院""衙园"或讹为"鸭园"。《平播全书》："大水田、永安庄、桃溪衙，皆贼所为世修庄院僭越王侯者"，"复视其大水田庄宅制度，台沼亭榭，僭越非常，不惟雕刻彩饰龙凤等物，即卧房一样黄色牙床三十六张，欺僭可知"。[5]所谓"庄宅制度"，显就庄田中的建筑及其装饰而言。播州宣慰使同知罗其宾生十子，"分其庄宅为十，

---

[1]（明）何乔新：《勘处播州事情疏》，第22、23页。

[2]"劳"，原文作左"禾"右"劳"，应为田亩单位，面积不明。弘治九年（1496）《增修普济桥庵记》亦有此字，乾隆四十九年（1784）《桃溪寺田产判词碑》径作"劳"，知应读为"劳"，或系方言。

[3]（明）何乔新：《勘处播州事情疏》，第19、35、36、41、59、66、75页。

[4]刘永书等：《"张氏祭田记"碑刻》，《遵义县文物志（2）》，遵义：内部印行，2003年，第54、55页。

[5]（明）李化龙：《平播全书》卷四《攻克娄山、崖门等关四报捷音疏》，第103页。

曰'十衙'，今其地犹此称"。[1]当以"衙""庄宅"代称庄田，即除了宅之外，所分的当还包括田土。成化间，桃溪庄一度是杨辉遗孀贯氏的居所，万历时为杨应龙长女贞惠成婚之地。[2]茅衙，传系"杨应龙为小妻田惜玉筑城造宅居之"。永安庄，"杨氏别庄也。今其宅基尚存，石工甚精细"。[3]成化二十二年（1486）三月二十五日，杨爱曾计划"去会川庄所请客饮酒"。次年七月十一日，张深等"诈说要往朗山庄上取米"。万历时，明军攻至永安庄时，有意在此补充军需，"若永安庄有米，可以给之"。[4]从上所引可见，庄田中的建筑有庄宅、庄院、庄所、衙等不同称谓，甚至以之代称所在田庄。既称之为"衙"，则有行政功能，有的则明确储有粮米（如朗山庄、永安庄），有的（如桃溪庄、茅衙）则是土司及其妻妾或儿女的居所。总之，庄宅是田庄中必不可少的要素。

佃户与苗夷，是田庄中的主要劳动力，亦称庄丁。前引《勘处播州事情疏》记成化时杨友创立田庄后，将湘川等驿马夫孙羊等二百五十五户占作"佃户"，又"招引九姓土獠在彼住种"。万历时，杨应龙亦曾招引"十三姓苗夷"（仲家、黑苗、仡佬、木老子姜苗、花苗、菜家苗、九股苗等）在抢占的土地上耕种，"假以人家地土，你们种着；人家妻子，你们守着"。[5]佃户与苗夷，对土司存有人身依附关系，既要缴纳地租，又需服各种劳役，遭受严重剥削。据《勘处播州事情疏》记载：杨爱袭职后，"颜珪因见杨辉存日将所属各驿马户分与渊及何清，并伊宗族弟侄作佃户使唤，苦被各家剥削，多致逃窜，劝杨爱更改旧弊"。[6]"佃户"与"土民"社会、经济地位的悬殊由此可见一斑。

---

[1]（清）郑珍、莫友芝编纂：《遵义府志》卷三十一《土官》，第605页。

[2] 成化二十一年（1485），"有杨辉妾贯氏在桃溪庄住坐"；参见（明）何乔新：《勘处播州事情疏》，第52页。万历时，"贼方于桃溪架屋栽花以迎新婚，其女且打秋千，而承恩以初三誓师"；见（明）李化龙：《平播全书》卷十三《杨监军》，第438页。

[3]（清）郑珍、莫友芝编纂：《遵义府志》卷十《古迹》，第168、171页。

[4]（明）何乔新：《勘处播州事情疏》，第59、66、67页；（明）李化龙：《平播全书》卷十四《史同知》，第473页。

[5]（明）李化龙：《平播全书》卷八《宣谕》，第284页。

[6]（明）何乔新：《勘处播州事情疏》，第37页。

田庄的经营与管理,据《勘处播州事情疏》载:各田庄"并猎场、鱼潭、茶园、蜡崖,递年各领头目阎晟、阎昂"等"提督家人看养孳牲,布种田禾、麻、麦、黍、豆、红花之类,并采取鱼鲜、打捕野兽以供家用。每遇收成之时,又令火者、福僧、观音、王寿"等"往来各庄照管"。[1]庄田的管理,由土司及其代理人(头目、家人)来完成。所谓"家人",即家吏(奴),包括火者(受阉的仆役)在内。换言之,至少存在土司、头目、家吏、佃农四个层级。庄田中种植的有田禾(水稻)、麻、麦、黍、豆、红花等,以粮食作物的种植为主,同时经营红花等经济作物。杨友即曾诬告杨爱独占"养老庄田子粒六万余石、马五百余匹、牛二千余头、猎场、茶园、漆林、杉山、猪羊等项,不计其数"。又"杨爱夺占山林,每年起集人夫遇春采茶万余担;遇夏米价高贵,起夫分运子粒往重庆等处变卖;遇秋至冬差黄保等总督官目子弟打捕猪鹿马熊一万余只,小兽麐鹿不记其数,运回总府"。"杨爱本家养有牲畜、马匹,俱系家人李孝敬等看管"等。[2]若将猎场、鱼潭、茶园、蜡崖、漆林、杉山等均视为广义的田庄,则其经营的范围更为宽泛,除农作物种植外,还有牛、马、猪、羊、鱼、蜂等养殖,茶、漆、木材等经营,甚至有专门猎场进行野味的补给。可见,许多田、地、池塘和山林归土司所有,进行多种经营。

庄园内的佃户、苗夷亦可称为"庄丁",除缴纳地租外,还需服兵役、劳役。如万历二十八年(1600)的播州之役中,十三姓苗夷、桃溪庄丁是播军的重要力量。[3]弘治年间,杨爱墓的修筑,即由大水田等庄局领衔完成。修墓题记记载:"弘治十一年十一月初二日起工,统领大水田等庄局,并围子手、马军、大总旗、□□,砌立石坟、石门、八字墙、周围城,至弘治十二年七月初一日,工程完脩,谨记。提调:石永安、王寿龄、童辅、赵基、阎昂、阎晟、

---

[1](明)何乔新:《勘处播州事情疏》,第36、37页。

[2](明)何乔新:《勘处播州事情疏》,第75、81、90页。

[3](明)李化龙:《平播全书》卷二《悬购规则疏》,第38页。

李文富、杨鹿。提领：住明、梁初、李成、梁旗、吕志和。"[1]其中阎昂、阎晟二人，亦见于《勘处播州事情疏》，身份是负责庄田管理的头目。在其统领下，应有田庄中的庄丁参与到墓葬修筑的劳役中来。

针对田庄遗址的调查发现，大片良田与一定规模的庄宅基址成为田庄的标配，有的水利设施至今仍在发挥作用，可举永安庄、雷水庄二例予以说明。永安庄，在今汇川区泗渡镇。一壑南北，中为仁江，两岸皆良田（或皆系昔之庄田）。庄宅旧址在仁江东岸的官坝村东风村民组，俗称"庄子上"。庄宅迎坡而建，前临仁江，背靠凤凰山（又名二定岩）。部分石砌垣墙尚存，其中西墙残长98米，南墙残长147米，面积约1.5万平方米。垣墙以内地势渐次抬升，遗有上马磴、下马磴、石门、九重堂等地名。村民掘地时，常获脊砖、瓦当等物。所见脊砖颇硕大，纹饰较海龙囤所出者略有不同，当为明万历之前的遗物。[2]由此可见，永安庄确乃"世修庄院僭越王侯者"。成化十二年（1416）十月张瓒入播，十五日夜"宿永安驿"，"抵晚，杨宣慰（辉）又率属来迎"，"山势自永安驿至播已渐低，路可通车，居民富庶，有江南气象"。[3]永安驿具体地址不详，应在永安庄附近，晚间抵达的杨辉当夜可能即下榻庄宅之内。雷水庄，在今播州区团溪镇白果村。有雷水堰，现存水域面积约8万平方米，旁有杨辉墓。《遵义府志·山川》："雷水堰，在城南七十里，周三四里，中有九井，灌田数千亩，余水入芦江"，"旁有雷音寺及杨辉墓。堰即前明杨氏所筑。"[4]《杨辉墓志铭》称辉葬在"治南四十里雷水坪之原"，而同出的《田氏墓志铭》却称田氏"葬于寿安之原"，可见雷水坪之原即寿安之原。杨辉墓南约1公里处的芦江北岸茅台，有地名曰"寿安庄"，部分建筑基础尚存，疑即雷水（寿安）

---

[1] 贵州省博物馆：《遵义高坪"播州土司"杨文等四座墓葬发掘记》，《文物》1974年第1期，第65页。笔者对此修墓题记重新释读，以此释读为准。

[2] 据李飞2014年10月25日调查日记。脊砖藏于庄内雷姓人家，瓦当未曾得见。

[3]（明）张瓒：《东征纪行录》，北京：中华书局，1985年，第7页。

[4]（清）郑珍、莫友芝编纂：《遵义府志》卷四《山川》，第57页。

庄的庄宅所在。[1]随着时代的变迁，各庄田的具体面积已难详知，但通过今日田土、庄宅基址与水利设施等仍可大略窥见其位置与规模，境内良田多被土司占夺。

土司制度下，土司世领其土、世袭其官、世长其民、世有其兵。土司虽有职衔，但无薪俸，而自食其土。土司辖下的里甲、亲管里，均有赋役黄册，是向官府纳税、服役的凭据。如成化十七年（1481），播州"攒造黄册，令里长白谊、吴永信，追收各里人户造册盘缠等项银一百两"，造册的费用由各里"土民"承担。又"成化十八年（1482）正月内，本司委渊管造黄册，有杨辉要将东青等里土民骆恕隆等拨与杨友管辖，又恐变乱黄册，令渊将骆恕隆等开作死绝，各户田粮飞报大溪内外二寨"。因黄册不能随意变乱，土司只有违规操作。黄册最终送缴南京保存，成化十八年（1482）"失记月日，本司差头目文锦前往南京进缴黄册"。[2]因有黄册的约束，里甲的管理相对严格，而土司的田庄则似不在此限。土司除需向朝廷缴纳一定额度的贡赋之外，[3]与明代贵族、官吏的田庄一样，土司田庄不需缴纳任何赋税，因此其所直接控制（世领其土）的实际上是这部分土地。而在土司制度推行以前的唐宋时期，播州可能亦已置庄生产，因羁縻而治，土官拥有更高的自主权。根据《杨文神道碑》记载，南宋时播州实行"寓兵于农"的策略，"无事则耕，有事则战，兵民两利"。[4]意味土官对土地的绝对占有，对佃户实施军民一体的管理。因此在这个意义上，

---

[1] 李飞：《夷夏之间：播州杨氏羁縻·土司墓葬研究》，成都：四川大学博士学位论文，2017年，第151页。

[2]（明）何乔新：《勘处播州事情疏》，第30、31、34页。

[3] 播州在元大德七年（1303）始有纳田赋的记录，但其数未详。此前多进方物，多寡随意。明洪武七年（1374），中书省奏：播州土地既入版图，当收其贡赋，岁纳粮二千五百石为军储。帝以其率先来归，田税从所入，不必以额。参见（清）郑珍、莫友芝编纂：《遵义府志》卷十三《赋税一》，第206、207页。万历时，"考其旧时额粮，止岁以五千八百石输贵州，盖夷方赋税，原自轻减"。参见（明）李化龙：《平播全书》卷六《播州善后事宜疏》，第194页。据前引《勘处播州事情疏》，所纳之粮主要为"米"。

[4] 贵州省博物馆：《遵义高坪"播州土司"杨文等四座墓葬发掘记》，《文物》1974年第1期，第69页。

庄园经济是土司制度的基础。万历二十八年（1600）爆发的播州之役，导火索是杨应龙斩杀正妻张氏并尽屠其家，以致张氏叔张时照等向贵州抚按奏报，"五司七姓素受酋虐者，因起而附和之"，悉数叛离。朝廷知情后，却"连年讦构，抚剿无常"，政策飘忽；土司方面则"内自惊疑，多方设备"，乱由是起。[1]五司七姓的叛离，与杨应龙的任意杀戮，占地劫财有关。[2]如明隆庆三年（1569），杨应龙便曾占夺播州千户长官"宋氏田庄，害宋恩等十七命"，"万历间，五司七姓讦奏应龙，宋亦与焉"。[3]失去了土地，土司也就失去了统治的基础。

综上，囤上出土的碳化农作物种子主要应来自土司的庄园。庄园经济是土司制度的基础，曾与里甲制度并存，但差异明显，其系土司世有的私产。庄园有地、宅和人三要素，土地是庄田的基础，庄田中往往有奢华的建筑，佃户和苗夷是主要劳动力，庄田由土司或其代理人进行管理。庄田内以农作物种植为主，同时经营多种副业。

（四）建筑功能的规划与调整

囤上出土所有植物遗存共计79899粒，以农作物为主，数量可观，但它们仅是土司储粮的一小部分。播州之役爆发前，杨应龙在囤上储存了多少粮食，《平播全书·露布疏》称杨应龙"自谓天险可乘，兼有积储足恃"。[4]杨寅秋在《临皋文集》中说得更为具体，"囤之粮可支岁余"。[5]彼时囤上有多少播州军民，关于播州的兵力，《平播全书》有多种记载，有的是夸大明军而贬损播军兵力以增士气的不实之词，需细审。《申严东南四道堤备》记："又报：酋差三十六

[1]（明）李化龙：《平播全书》卷一《请内帑、增将兵疏》，卷四《献俘疏》，第28、124、125页。
[2] 杨应龙对五司七姓等播民，"一语之错便至斩首，一事之忤便至倾家"，"地土赏了苗子，妻女配与别人"；参见（明）李化龙：《平播全书》卷八《宣谕》，第284页。
[3]（清）郑珍、莫友芝编纂：《遵义府志》卷三十一《土官》采《宋氏庙碑》及宋如龙、宋雄才二碑，第606页。
[4]（明）李化龙：《平播全书》卷四《露布疏》，第131页。
[5]（明）杨寅秋：《临皋文集》卷三《上内阁沈蛟门》。

所巡警家丁上囤，又招九股生苗，共兵十万。"《赠录战将王芬等疏》：四月初，"'老虎兵'并各种苗夷，分为三路，应龙与二子各统三万"，计约9万。而据《叙功疏》中八路明军各自呈报的数字，自出师至破囤，共计斩杀、俘虏播州军民175162人。除去土司与头目的家属、百姓，播州共有兵力约10万人。四月十六日，应龙率众上囤防御；四月十八日，明军形成合围之势。此时囤上军民，《再催攻囤》称"照得播贼上囤，兵不满万，人人知之"，《攻囤条件》亦称"囤上仅数千残苗"，显是有意压减。登囤之前的四月初五前后，"贼分三路，每路约二万有奇，连来挑战"，尚有6万人左右。明军破囤之后，"生擒贼妻田氏，贼子杨朝栋等妻妾子女绣女及内监军师头目，并斩级万余"。足见囤上军民不止数千。《行道、镇破酋狡计》记载：明军缉获的"老虎兵"刘奇才等供述，"应龙与心腹、庄局、家丁、内亲管，估刻一万七千人，同上海龙囤拒守，本囤实在仓米大小三四千间"。[1]这应该是一个相对靠谱的数字，即囤上军民至少有1.7万人。自四月十六上囤，至六月初六囤陷，以每人每天需食200克粮计，共约耗粮17万千克。若以"囤之粮可支岁余"计，则数量更为惊人。

巨量的储粮，一方面解释了为何囤上有如此数量的农作物出土，一方面意味着需有大量的空间进行储存，因此才有"本囤实在仓米大小三四千间"的记载。但囤上迄未发现专用以囤粮的粮仓类建筑，[2]却在取样的F8、F9、F10、F32（"金银库"）、F35（TG47，"老王宫"）等建筑内发现数量不菲的农作物遗存，表明随着战争时期储粮量的增加，许多建筑部分改变了预先规划的功能，兼用以存粮。以F9为例，由于其东梢间内灶台、水池、铁锅以及大量瓷器（可计件

---

[1]（明）李化龙：《平播全书》卷三《赠录战将王芬等疏》，卷四《克破龙爪等囤五报捷音疏》《六报捷音疏》，卷五《叙功疏》，卷七《撤各省官兵回咨》，卷八《申严东南四道堤备》，卷九《行道、镇破酋狡计》，卷十一《再催攻囤》《攻囤条件》，第91、105、115、150、155、158、159、165~167、258、280、317、362、367页。

[2] 为防鼠与防潮，这类建筑多应为下层悬空的干栏式建筑，如蛮夷长官司署图中的粮仓，参见（明·嘉靖）《思南府志》"蛮夷长官司署图"，《中国地方志集成·贵州府县志辑》第43册，成都：巴蜀书社，2016年，第483页。

者480余件）的发现，我们推测其为厨房。大量农作物（4515粒）及少量兽骨（猪、牛、麂及小型碎骨）的出土，进一步确定了F9东梢间的厨房性质。F8，基于所在位置（与二堂F7之间有木桥相通）、结构（合院式，正房三开）和出土遗物（砚台、象棋子），我们推测其为土司卧房。但F8是囤上出土农作物最多的遗迹单位，共计19700粒（包括其上部堆积，即B组堆积所出者），占农作物总数的78.06%强，反映其系一处重要的粮食储存地，似与卧房的推测不符。值得注意的是，杨氏有土司夫人掌管粮米的先例。明成化间，杨辉正妻俞氏先卒，其宠幸的二房田氏"专掌家事，庄田子粒并家财、金银、罗缎等物，俱系田氏收掌"。[1]应龙早年斩杀正妻张氏，专嬖二房田氏，颇类其祖。明军破囤后，发现"宣慰司官印田氏携带在身"，[2]足见其威，亦可能重演收掌子粒与家财故事。据《平播全书》记载，囤上钱粮由内侍叶进喜掌管，"掌海龙囤，更收支钱粮"。[3]24万明军围囤的非常时期，粮食作为重要的物资，叶进喜掌管的可能为军粮，土司家人的口粮则由田氏分配。如此，土司卧房内出土大量粮食作物实属合理，只是卧房（较可能为其两厢）同时便兼有了粮仓的功能。F10，结合结构（两院两进，三开）与出土遗物（有切割痕的麂角、骨质戳子等），我们推测其为存储重要财物的府库类建筑。这是所有取样地点中出农作物谷遗存最少的单位，共计23粒，其中F10垫土（K7）中2粒（水稻与粟各1粒）、前院20粒，分别反映了"新王宫"营建和使用时期的作物情况。该现象与我们对F10的定性并不相悖。"老王宫"内F35，因仅进行了小规模试掘，性质不明。265粒碳化作物的出土，反映F35内亦当有一定数量的粮食储存。F32（"金银库"），是一组品字形三合院式建筑，较可能为海龙囤上的城隍庙。出土的477粒碳化农作物遗存，表明F32亦兼作粮仓。

各房址出土碳化农作物数量多寡不一，除与本身储存量相关外，与土样的

---

[1]（明）何乔新：《勘处播州事情疏》，第11页。

[2]（明）李化龙：《平播全书》卷七《破囤塘报》，第255页。

[3]（明）李化龙：《平播全书》卷四《献俘疏》，第128页。

多少也存在一定关系，针对这一情况，可以从出土密度再作一番考察。5座房址平均每升土样出土农作物种子数量分别为47.70（F32）、39.10（F8）、19.21（F9）、9.46（F35）与0.48（F10）。F32与F8出土密度最大，是粮食储存丰富的反映。换言之，未正式清理的"金银库"（F32）应是囷上粮食储存的重要地点。作为厨房的F9，出土密度与"老王宫"内F35接近，或反映F35内也设有厨房。F10仅0.48粒/升的出土密度，表明从营建到使用时期，这里纵有粮食储存，数量亦不多。

另一个观察的维度是去壳作物的占比。囷上出土的农作物中，水稻、粟、甜荞、苦荞等，有带壳和去壳两种保存状态。以占据大宗的水稻为例，遗址共计出土碳化稻谷19674粒（不包括小穗轴及＜1/2者），去壳者18529粒，占水稻总数的94.18%。若分开来看，其在各房址中的占比有所不同。F10因数量较少不计外，其余4座房址的占比分别为96.97%（F9）、96.36%（F35）、93.65%（F8）与84.72%（F32）。F9与F35的占比高于平均数，F8与F32的占比低于平均数。其中，F9作为厨房的性质是可以确定的，而储存在厨房中的应多是供直接炊煮的去壳后的稻谷，高比例的去壳水稻在该房址中的发现，与其厨房的定性一致。以之为参照，"老王宫"F35内亦可能设有厨房。F8与F32则以存储为主，水稻小穗轴仅发现于该两座建筑中，亦可资佐证（共109粒，其中F8出土108粒）。这一认识，与基于出土密度的分析结果吻合。但F8的去壳水稻占比虽然低于平均值，却明显高于F32，这应与F8内也设有灶台、水池等餐厨设施有关，不过后期填设的灶台（Z1）可能并非经常性使用的设施，或者相较于存储的功能，厨房的功能相对弱化。

再从作物加工的废弃物看。作物加工废弃物，是指收割后的农作物经脱粒、扬场等程序去除的不可用物质，包括农田杂草和谷物的颖壳、穗轴与未成熟者等。农田杂草与农作物伴生，并随之一同进入遗址，在农作物加工的过程中作为副产品，一般存在于加工的前段，加工后段中已经剔除或仅有少量遗留。谷物的颖壳、穗轴与未成熟者亦同理，在脱壳时就已经除去，一般不会出现在加工流程最终产品中。[1]由于F10出土农作物数量较少，F32、F35并未全面揭示，以下重点对F8、F9两组建筑内的上述遗存进行比较。F8出土农田杂草数量最多，达968粒，占该单位出土种子总数的4.68%；F9内出土128粒，占2.76%；前者是后者的近2倍（见表3）。此外，F8内出土水稻小穗轴108粒，F9内未见。F8内出土荞麦皮263粒、荞麦穗轴2粒，F9内未见。F8内出土未成熟粟6粒，F9内见1粒。整体上，作物加工废弃物F8多而F9少，这一显著的差别表明两者确实在功能上存有区分：F9内作物更趋向最终产品状态，与厨房的性质吻合；F8内高比例的农田杂草、水稻小穗轴、荞麦皮与未成熟粟等废弃物，则显示其以作物储存与加工为主。而F8天井一角以几块加工规整的大石围合而成的C2，或即是作物加工的遗迹。有意思的是，87粒水稻小穗轴（占小穗轴总数的79.82%）、257粒荞麦皮（占97.35%）与全部2粒荞麦穗轴皆出自C2内。

综上所论，万历二十八年（1600）播州之役爆发后，大量人员（1.7万人以上）涌上海龙囤，要求囤上必有相当数量的粮食储备，囤上数量不少的碳化农作物遗存的出土，正是这一历史背景的反映，同时也反映随粮食储备的增加，部分房址改变了预先规划的功能这一事实。基于各房址出土农作物的绝对数量、出土密度、去壳作物的占比以及加工废弃物的比例等分析，我们先前所推定的各房址的功能，有的得以验证或强化，有的则更为丰富：如F9东梢间系一处厨房；"老王宫"F35内可能亦有类似设施。F8为土司卧房，但在战争状态下亦成为一处重要的粮食储存与加工场所；土司夫人田氏可能是该物资的掌管者，其中所存粮食供土司及其家人食用。F32建筑格局与城隍庙类似，而其内农作物的高出土密度（47.70粒/升，系最高密度）暗示了储存量的丰富；该房址农作物的诸多埋藏特点如出土密度、去壳水稻的占比与水稻小穗轴（仅在F8

[1] 宋吉香、赵志军、傅稻镰：《不成熟粟、黍的植物考古学意义——粟的作物加工实验》，《南方文物》2014年第3期，第60~71页。

与F32内发现）等与F8较为相近，表明其与F8一样，是一处重要的粮食储存场所，但这处位于土司衙署之外的建筑所存储的可能为军需物资，与F8储存的土司家用物资有所不同。F10可能是一座储存重要物资（如金银）的府库类建筑，其内出土农作物数量较少（共23粒），有的出土于其下垫土中（带壳水稻与去壳粟各1粒），反映出"新王宫"营建时农作物的种类与使用时并无不同，但尚未大量运抵。使用过程中的农作物遗存亦较少（21粒），表明这里并非主要的粮食储存地，从而可反证其为府库的可能。总之，战争时期巨量的粮食储存，改变或丰富了囤上部分建筑的功能，许多都被临时挪作仓储之用。

通过取样、浮选与鉴定，我们从海龙囤上发现了一批重要的植物遗存，其中绝大多数可确定为土司时期的遗物，且以农作物为主，因此可以反映土司治下播州农业经济的一般情况。在此基础上，我们对作物组合与土地利用、生产方式（即土司庄园经济）及其对建筑功能的佐证等展开讨论。概括起来，有以下几点主要认识。

第一，植物遗存的数量与种类。共计出土植物遗存79899粒，排除碎种及<1/2的种子外，共计26987粒（主要基于后者展开讨论）。可分为农作物、非农作物两大类，农作物为大宗，占出土植物遗存总数的93.51%强。非农作物又可分为农田杂草，藤、木本植物与不明植物，以农田杂草为主，占非农作物遗存总数的66.70%强。农田杂草是农作物的伴生植物，其种子随谷物一同进入遗址，又在加工过程中被遗弃，因此可作建筑功能推断的参照。

第二，农作物的组合与土地利用。识别的农作物有水稻、大麦、小麦、燕麦、龙爪稷、粟、黍、高粱、栽培稗、甜荞、苦荞、荞麦、大豆、红豆、绿豆等15种（紫苏亦可能为野生），可以分为主粮、杂粮与菜蔬三类。水稻为主粮，共计19782粒（含小穗轴），占出土植物遗存总数的73.30%，农作物总数的78.39%，占统治性地位。杂粮有大麦、小麦、燕麦、龙爪稷、粟、黍、高粱、栽培稗、甜荞、苦荞、荞麦等，共计4796粒，占农作物总数的19%强，是对主粮的有益补充；其中麦类（大麦、小麦与燕麦）出土数量较少，反映出种植规模可能不大；龙爪稷的数量则仅次于水稻，共计3908粒，占农作物总数的15.49%，反映出一定的种植规模。菜蔬则包括大豆、红豆和绿豆等豆类植物，豆类共计625粒，占出土农作物总数的2.58%强。农作物种类呈现多样化，搭配也较为合理。与之相应的种植环境有水田、旱地与山地，反映了对土地资源的充分利用。结合文献的记载，以上作物中的大多数至迟在15世纪的播州已经出现，因此可能反映了美洲作物传入前，播州长期的传统农业种植情况。

第三，关于美洲作物的传入时间。浮选并未发现玉米、土豆、辣椒等美洲作物，但文献记载显示播州至迟在1630年代已有玉米种植，结合周邻云南的相关记载（1563年），不排除16世纪末的播州已有玉米种植的可能，而之所以未在土司遗址中留下记录，或与当地上层对玉米的文化接纳度相关。根据道光《遵义府志》的记载，直至1840年代，玉米在当地尚"富人所唾弃，农家之性命也"。因此，不能将海龙囤有无出土作为讨论美洲作物是否已经传入播州的依据。

第四，农作物的生产方式：播州土司的庄园经济。播州之役中，播兵约有10万之数，上囤者不少于1.7万人，需要相当的粮食储备。而根据明军的记载，"囤之粮可支岁余"。如此巨量的粮食来自何处？一是在播境及周边掠夺所得，二是产于自家庄田，再由"运送口粮帮户"运至囤顶，囤上并不产粮。有明一代，播州的基层社会推行里甲制度与田庄经营，是赋役的主要来源。里甲设轮值里长与甲首，并有里老、寨老协助工作。万历时，播州有五十四里。土司往往又在其中设"亲管里"，另取赋税。成化时，土司杨爱有二十二亲管里。田庄是土司的私产，由田、宅、人三要素构成。土地是基础，通过继承、强占等方式获得；田庄中往往有奢华的建筑，是管理和粮食储存之地，有时也是土司活动的重要场所；佃户和苗夷是田庄中的主要劳动力，田庄的日常管理由土司带领头目和家吏来完成。田庄以粮食种植为主，同时经营养殖与茶、漆、杉等经济作物的种植等多种副业。第十三世杨粲时开始实行的"寓兵于农"策略，表明播州在南宋时应已有田庄的经营。庄园经济是土司制度的基础。

第五，建筑功能的调整与丰富。囤上巨量的粮食储备，意味着需要大量空间储存。F8、F9、F10、F32、F35等建筑中均有农作物发现，表明囤上多数建筑可能在战争状态下俱兼作粮仓之用，方能至"本囤实在仓米大小三四千间"之数。出土的大量农作物及其埋藏状态（高去壳率），证明F9东稍间确系一处厨房遗迹。从所处位置与结构推断，F8当为土司及其夫人的卧房，但在非常时期亦兼作储粮之用，种种迹象显示还在其天井中进行粮食加工活动，这里储存的可能是供土司及其家人食用的口粮，并由土司夫人田氏掌管。处在衙署区之外的"金银库"（F32），未正式发掘，仅通过勘探探明其系一组品字形建筑，由五开间正房和三开间两厢组成，规制接近于一般的城隍庙。但试掘发现，两厢铺地砖上亦发现粮食遗存，且其出土密度（47.70粒/升）为全囤之冠，意味着当有大量的粮食储存，应为战时军粮存储的要地。在播州之役爆发的非常时期，随大量人员与物资涌上海龙囤，囤上部分建筑可能改变了其最初规划的功能。

平播之役与平播钟鼎

胡进

（贵州省博物馆）

摘　要　平播之役是明代发生在今贵州地域的一次重大战事，对西南乃至全国都有巨大影响，但其事件的经过有多种说法，总让人觉得有些模糊。把平播之役的来龙去脉梳理出来对于甄别一些历史事实是有所裨益的。平播钟、平播鼎是参与此役的副帅——贵州巡抚郭子章为纪念平播胜利而铸造的纪念物，并亲自撰写铭文，内中涉及一些重要史实。将平播钟、平播鼎上的铭文考释清楚，又可对平播之役多一些更为客观的认识。

关键词　平播；平播钟；铭文

播州是唐代在今贵州省北部设立的一个州，具体位置大致是以遵义市为中心的大片地方。据明代宋濂纂修的《杨氏家传》记载，唐末，南诏国侵占播州，僖宗乾符三年（876），太原人杨端响应朝廷号召，组织民军收复播州，从此留居此地，传宗接代，成为当地大姓部族。宋代，杨氏与中央王朝保持良好关系，尤其到南宋，一直以朝廷在西南边疆代理人自居，管理一方。元朝以降，在边远地区推行土司制度，播州设立有宣慰司、宣抚司等机构。到明代，经过调整，设立播州宣慰使司，隶属四川省管辖，杨氏世袭播州宣慰使。

杨应龙，杨端第27代孙，万历元年（1573）承袭播州宣慰使，是杨氏播州第30任世袭土官。

明代中期以后，随着中央集权的不断加强，土司势力渐趋衰落。播州内部因第25任土官杨辉传位失当，引起嫡子杨爱与庶子杨友数十年的争权夺利，所辖"五司七姓"[1]也卷入纷争，杨氏威信大大降低，播州已是矛盾重重，属下也不是那么俯首帖耳了。

杨应龙袭职后，野心勃勃，极力想重树杨氏权威，他一面竭力巴结朝廷，一面大肆搜刮播地百姓。杨氏因屡次服从朝廷征调，并亲自率兵平叛有功，加封骠骑将军。万历十四年（1586），北京大兴土木扩建皇宫，急需大量木材。杨应龙强行摊派五司七姓，采伐70根又长又直的粗大圆木送到京城，万历皇帝非常高兴，赏赐杨应龙飞鱼彩缎二匹，又加都指挥使职衔等予以褒表。杨应龙得意忘形，对播州的统治更加苛刻暴虐，五司七姓为了自己的利益也与他明争暗斗。于是，杨应龙不择手段肆意打击报复，稍有不从，便痛下杀手。总管何恩因不堪其辱，愤而弃职，播州矛盾日益尖锐。五司七姓到重庆、成都等地控告杨应龙的横行不法，但许多官员因杨应龙屡屡立功，多次受到朝廷褒奖，这中间也有他们的利益关系，更不愿承担监管不力的责罚，所以主事官员便将杨应龙之事扣压下来。

杨应龙自以为皇帝对自己恩宠有加，又仗着与直属上司四川布政使司的一干官员关系非凡，所以在播州的胡作非为更是肆无忌惮，让五司七姓叫苦不迭，何恩趁机暗中煽动。当时播州虽归四川管辖，而地界靠近贵州，贵州更容易了解播州情况，所以朝廷也给贵州官员一定的监督之权，对贵州官吏参奏播州的意见也很重视。明代中期以后，土司地位逐渐下降，其承袭、贡赋、征调等都需要地方官员的照应，于是时常拿财物打点也是心照不宣的潜规则。但杨应龙认为贵州管不了他，故而常对贵州官吏态度轻蔑，且不买账。贵州官员虽然对他恨得咬牙切齿，却还拿他无可奈何。何恩等人见有机可寻，便纷纷找贵

---

[1] 五司，即播州宣慰使司所属的黄平、草塘二安抚司及白泥、余庆、重安三长官司。七姓，据说是最早随杨端入播的几个大姓部族。

州官员控诉。

果然，贵州首先发难。万历十八年（1590），贵州巡抚叶梦熊上奏杨应龙在播州违法乱纪、草菅人命的行为。接着，巡按御史陈效[1]列出杨应龙24条罪状，并且奏报五司七姓不堪杨应龙残酷压迫，愿意脱离播州宣慰使司，改土归流，言之凿凿。明代土司制度，虽说给予土司较多的自治权力，但有一点非常明确，土司也是朝廷命官，要听命朝廷，同时不得恣意妄为，更不能作奸犯科。朝廷得到杨应龙有严重问题的举报，当然不会置之不理，于是立即让四川官员追查此事。

时任四川巡按的李化龙等官吏，因与杨应龙关系较好，有心袒护，便替杨应龙说话，认为播州的问题没有贵州所说那么严重。贵州方面叶梦熊等认为证据充分，坚持杨应龙有罪。川黔各执一端。

次年，朝廷派钦差到重庆，要杨应龙当面对质。审理结果是杨应龙所犯属实，按明律当斩，立马收监。杨应龙见抵赖不脱，连忙认罪，愿赔偿二万银两抵罪。而五司七姓也知道杨应龙一旦被放回播州，那他们必定大难临头，于是跑到京城四下造势，必欲置杨应龙于死地，一帮早有削弱播州势力想法的官员更是火上添油。杨应龙可谓性命攸关，危在旦夕。

正在这时，日本倭寇侵占朝鲜。当时朝鲜是中国的藩属国，朝鲜告警，明政府理应出兵保护，但此时明朝国力已经衰弱，万历皇帝焦头烂额。杨应龙得此消息，马上提出愿带播州土兵出征，戴罪立功。朝廷征调土兵，所有费用是由土司自理，而且播州兵以敢斗善战闻名，杨应龙愿意出兵，正好可解万历皇帝的燃眉之急，便放其回播州作征战准备。不久，日本倭寇退兵，朝鲜警报解除，播州土兵也未出征。

杨应龙躲过一劫。然而，一些好事官吏认为既然杨应龙有罪在身，又没有

---

[1] 也有文献写作陈放。"效"和"放"字形相仿，容易写错。郭子章《黔记》中记的是陈效，郭与陈是同时代人，都在贵州做官，写错的可能性较小，故依《黔记》。

立功，就应当追究到底，不能不痛不痒地蒙混过关。

万历二十一年（1593），王继光新任四川巡抚，勒令杨应龙到四川接受处理。杨应龙上次已吓得不轻，这次任凭王继光如何催逼，坚决不出播州。

王继光大怒，与总兵刘承嗣率军分三路奔播州问罪，大营扎在娄山关白石口。

杨应龙连忙假称愿意投降，却暗中指使部下趁其不备，挥军而出，王继光大败，被撤职回京查办。娄山关一战，朝廷知播州实力不可小视，若要硬剿，杨应龙定会拼死一搏。此时明王朝已是内外交困，东北女真、蒙古日渐强大，不断骚扰边关，而国内政治腐败，社会矛盾日益尖锐，国力已经不足，再大动干戈会得不偿失。杨应龙也会卖乖，接连上书，又是认罪，又是辩解，谎称袭击官军自己并不知情，是属下与官军发生矛盾后私自行动，暗地里又派人四处重金活动。

此事软磨硬泡拖了2年，兵部侍郎邢玠总督川贵军务，明神宗不想扩大事态的旨意已明，但又不能不了了之，于是让邢玠找一个体面的解决办法。

杨应龙仍是坚持不离播州地界，并以万历十六年（1588）处理贵州宣慰使水西安国亨违法一事时，也是在水西地界解决作先例，提出在播州边界松坎（今桐梓松坎）接受处理。邢玠也知四川官员多有保杨应龙的意愿，于是让重庆知府王士琦到松坎全权处理。

杨应龙也尽量给足面子。王士琦一到，便自缚跪地请罪。王士琦也假意呵斥一番，遂拿出处理意见：1.把袭击官兵的主犯黄元等12人交朝廷斩首，抵杨应龙杀身之罪。2.革除职务，由长子杨朝栋代理。3.罚四万两白银，用优质圆木抵账。在罚金交齐前将次子杨可栋作人质扣押重庆。

杨应龙满口答应，先让王士琦把黄元等押回重庆斩首，承诺罚金的事抓紧办理，并让次子杨可栋作为人质到重庆暂时委屈一下。这些都是应付朝廷之举，播州大权实际上仍是杨应龙掌控。

风头暂缓，杨应龙把罚金采木的事一拖再拖，川贵官员不停督责，杨应龙总是左推右挡，拖着就是不给。正在这时，传来不幸消息，在重庆当人质的杨可栋暴病身亡。

杨应龙平时最喜欢这个儿子，噩耗传来，伤心不已。朝廷却又来逼缴罚金，这下杨应龙可真是怒不可遏了。想到这一切都是何恩一伙引起的，杨应龙真是恨从心起，恶由胆生，于是扯起兵马向五司七姓领地一路杀去，顿时播州鸡犬不宁。

杀戒一开，祸已闯下，杨应龙一不做，二不休，只要探听到仇家藏身之处，就要追杀到底。北到四川重庆，东到偏桥（今贵州施秉），南到都匀，不管府州县还是卫所，不交出仇人就破城杀戮。一时间，川贵交界一片血雨腥风，生灵涂炭。

万历二十七年（1599）初，贵州巡抚江东之见杨应龙闹得无法无天，便令都司杨柱国、指挥李廷栋带兵讨伐，杨应龙杀红了眼，把明军打得丢盔弃甲。随即兵临重庆，逼迫交出杨可栋尸体，运回播州大办丧事，并扬言进攻成都，要闹个天翻地覆。

事情越闹越大，西南形势紧迫，江东之被撤，换郭子章接任，并兼任川楚军事，协助平播战事。同时，起用几年前还力保杨应龙的四川巡按李化龙，升任总督。授命节制川（四川）湖（湖广）贵（贵州）三省兵事，赐尚方宝剑以树权威，又调来准备东征的明军主力干将刘铤、麻贵、陈璘、董一元等到帐下听命，传令西南土司也要出兵，一场围剿播州的大战在即。

播州西面和南面都与水西安氏地界相邻，有传言称杨应龙已暗中联络水西以作策应。贵州巡抚郭子章料想要剿灭播州，水西难免兔死狐悲，杨、安联盟并非没有可能。所以，郭子章一上任便主动找到贵州宣慰使安疆臣，采取种种手段，动之以情，晓之以理，威胁利诱，可谓使尽浑身解数，最终安疆臣答应全力协助明军。

万历二十八年（1600），朝廷又调集陕西、浙江、湖广、云南等省军队归李化龙指挥，加上川、黔兵力二十余万齐聚，二月十二日在重庆誓师，又征发播州四邻土司带土兵参战，号称五十万，兵分八路进剿播州。大军压境，播州力不能支，杨应龙和长子杨朝栋退守海龙囤，占据险固关口拼死抵抗，双方鏖战。

海龙囤是播州杨氏在宋代就开始经营建造的军事城堡，地形十分险要，前后各有一条通道，构筑重重关隘。前面从下往上有铜柱、铁柱、飞虎、飞龙、朝天、飞凤六关，后面有后关、西关、万安三关，号称"飞鸟腾猿不能逾者"。杨应龙与朝廷矛盾日益加深后，为防不测，私下又大力修造，使其更加坚固。围攻海龙囤的战役打响后，以官兵为主的大军从前面攻打，安疆臣派弟弟安尧臣率水西兵跨过地界从囤后袭击。到五月底，水西兵扫清通往后山的障碍，并协助官军攻破后关，海龙囤动摇。明军前后轮番攻击，关口连连被破。播州兵腹背受敌，败局已定。六月四日，杨应龙见大势已去，点燃房屋，上吊自尽。其弟杨世龙及子杨朝栋、杨以栋和军师孙时泰等被俘，押送京城后斩首。

杨氏自唐朝入播州，传30世700余年，至杨应龙而灭亡。播州宣慰使司废除，改土归流，其地设遵义府和平越府，分置二州八县。遵义府属川，领真安州和遵义、绥阳、桐梓、仁怀四县。平越府归黔，领黄平州及湄潭、余庆、瓮安三县。将龙泉县划出由石阡府管辖。

平播之役胜利后，贵州巡抚郭子章为显扬功绩，特铸造铜钟和铜鼎各一，其上铸有铭文，皆由郭子章撰写。记述万历二十七年其任贵州巡抚，参加征讨杨应龙反叛之事，着重提到数次与妻子梦见关帝托梦预示，以及铸造钟鼎的意义。

平播钟和平播鼎现存贵州省博物馆。作为反映贵州历史上重大事件的物证，长期以来，一直受到公众的关注。(民国)《贵州通志·金石志》就作详细记载，并将铭文录出。但由于铭文上的篆字有许多都不是很规范，难以释读，故而录出的文字只是照原样摹写。加上所转录的铭文中有多处错误，致使释文有所偏差，甚至有难于读通之处。正是这样一些原因，许多年来对平播钟、鼎意义的认识，尤其是上面铭文的解读，总有点似是而非。现将这两件文物详细介

图1 平播钟

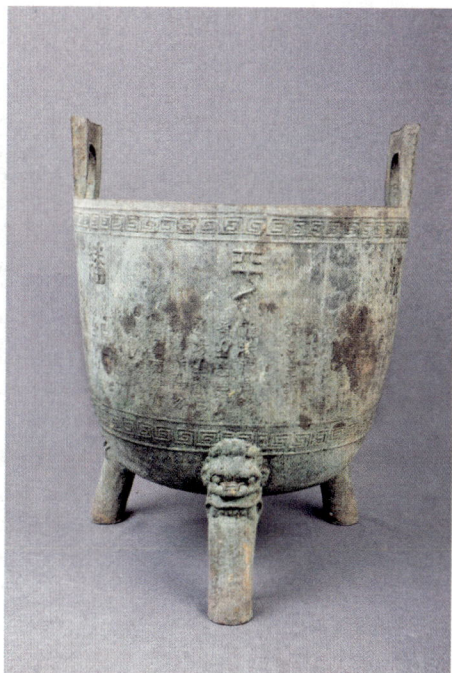

图2 平播鼎

绍，并将铭文如实录出，再加以释读，如有不到之处，敬请批评指正。

平播钟（图1），铜质，重70.5千克，通高76厘米，双首四足蒲牢纽，肩部饰三道弦纹，弦纹间上一道为云雷纹，下一道横列篆书"平播报德之钟"，6字环钟一圈，腹部一周有篆书铭文，正文计42行，大多每行6字，共计198字。最后有小字9行，是时任贵阳府知府、同知、通判和新贵县知县等官衔和姓名。下部亦有三道弦纹，间中上一道也饰云雷纹，下一道纹饰简单，仅有一圈小圆圈。再下又有三道细密弦纹。

平播鼎（图2），铜质，重78.5千克，通高68厘米。器身圆形，深腹，弧形底，附兽首柱状三足。口沿处饰两道弦纹，中间饰云雷纹，下面横列篆书"平播安黔之鼎"，6字环钟一圈，腹部满铸篆体铭文，计56行，大多每行5字。铭文之下是两道弦纹夹一圈云雷纹。

平播钟铭文（图3）：

神武祠[1]钟铭：考之志曰，钟，西方之声，以象厥成，惟功大者其钟大。垂则为钟，仰则为鼎，一也。万历己亥，予奉命讨播，离家夕，梦关王冠带临予宅，宾主坐，告予曰，十有三月播灭，公且重默。六月入黔，予内子梦王带甲来助，己又[2]梦王临江干，有一棒破老君关之句。[3]明年六月播平，计予入

[1] 神武祠，即关帝庙，或称关王庙等，专门祭祀东汉末年蜀汉大将关羽。关羽，字云长，以忠义闻名，后世奉为武圣，各地都立祠纪念，又称武庙。铭文中所说神武祠原址在今贵阳市省府路。郭子章《黔记·群祀志》记载："关王庙，四。一在演武场，嘉靖三年总兵牛桓建，有记；一在南门月城内；一在军门前；一在军门东园，名神武祠，章建。铸铜为钟鼎并峙祠前，有记。"郭子章所建这座关羽专祠，以"神武"名之，大概是为了与其他武庙区别开，也表示自己对关帝的尊重。据清代康熙时任贵州巡抚的田雯稽考，是出自《易经·系辞上》"古之聪明睿智，神武而不杀者夫"。
[2] 原铭文是金文的"己又"，(民国)《贵州通志·金石志》及一些介绍平播钟铭文的文章，都把这两字译为"己丑"，解释为明万历十七年（1589），即平播之役前10年的干支纪年。在这里硬要把"己丑"与"己亥"（万历二十七年）之事联系起来，从整段文字来理解就很难通。依笔者释读，这两字应释读为"己又"，意为"自己又"，全句的意思是"自己又梦见关帝来到江边"，这样才能把全文读通读懂。
[3] 此句是指郭子章在平播之役临战前梦中又得到关帝神示，消灭播州杨氏的突破口在老君关。老君关在今贵州省遵义市播州区乌江镇，濒临乌江北岸。明代，播州杨氏辖地南部有一段与水西安氏接壤，以乌江为界，老君关隔乌江与水西辖地相望，是水西与播州交界的重要关口。杨应龙反叛后，面临明军八路大军围攻，最终退守海龙囤。贵州宣慰使安疆臣派其弟安尧臣率土兵跨过乌江，首先攻破老君关，打开了进攻海龙囤后背的通道，为消灭杨应龙立下头功。至于郭子章当年是否真的得到武圣关羽"一棒破老君关"的神示已不可考，但在平播钟、鼎铭文中专门提出，应该是有意为之，其中寓意深长。郭子章到贵州上任后，最担心的就是杨应龙联合水西安氏共同抗明，即使是暗中支持，也会给平播之役带来很大的困难。而此时安氏与朝廷的关系也较紧张。万历二十六年（1598）安疆臣与曾摄政贵州宣慰使的安万铨之子孙的矛盾激化，指使手下陈恩、王嘉猷将土官安定杀害，朝廷正在追查此事。播州反叛后，杨应龙也竭力想拉拢水西。面对如此险恶情境，郭子章不敢大意，首要之策就是要分化播州与水西的关系，不仅以各种形式告诫水西私通播州的严重性，又答应只要安氏用力参战立下大功，就将安氏与杨氏长期所争交界之地600余里划归水西。为了使其安心，表明自己的承诺是代表朝廷，郭子章多次在奏折中说明情况，以示不欺安氏。但是，各种渠道的风言风语仍让安疆臣疑虑重重，于是也上奏折试探万历帝的态度。《明实录》记载，万历二十八年四月十六（1600年5月28日）贵州宣慰使安疆臣奏："播警方殷，会剿在即，谨陈忧谗、畏讥之私，以息群猜。"万历皇帝批示："朝廷推诚布公，赏罚明信，微功必录，岂负忠义之臣。安疆臣奋忠讨逆，奉公灭私，朕方嘉悦，谁敢妄生谗毁，有何嫌忌？着他上紧进兵报效，毋得自生疑阻，成功之日，一依原格行赏。"（[台北]"中研院"史语所校印《明实录·明神宗宝录》卷三六四，1962年，第6452、6453页）有了皇帝的亲口承诺，安疆臣参加剿播的决心更加坚定。还有重要的一点，郭子章诚信待人，与安疆臣互赠信物，歃血为盟，义结金兰。作为

图3 平播钟铭文拓片（清代拓制）

黔期实十三月也。七月，双芝产王庙树，惟此播功实王默祐，乃命工范铜铸钟一悬庙左，铸鼎一置庙右，用昭神武。为之铭，铭曰：一梦而期播灭，再梦而助之甲，三梦而犁巢穴，惟播之捷，王之伐。雍雍景钟，[1]悬于庙阙，亿千万年永无绝。[2]

大明万历庚子季冬朔日。赐进士出身、通议大夫、都察院右副都御史、奉敕巡抚贵州、提督军务兼制湖北川东等处地方，泰和郭子章撰。

（末有数行小字大多已漫漶不清，大致可辨认出是当时贵阳府及新贵县等大小官员的职务及名字，略）

平播鼎铭文（图4）和平播钟铭文内容基本相同，只是最后部分有所不同，摘抄如下：

（接上页）朝廷的封疆大吏而如此对待一个比自己品级低的边陲土官，有明一代应是极其鲜见的。郭子章主要负责督导的贵州一路，因贵州长期地瘠民贫，人力物力都捉襟见肘，要想在平播之役中有所作为，也只有靠水西安氏了。安疆臣确实死心塌地协助明军围攻播州。他不仅给明军送去大量粮草和物品，并派其弟安尧臣率兵跨过老君关，随后又亲自领军大败播州兵，烧毁播州杨氏祖祠桃溪寺，直指海龙囤后关。我们从攻下海龙囤前的一封奏折可以大致了解安氏参加平播十分卖力，万历二十八年五月二十一（1600年7月1日）阁臣沈一贯题："科臣为黔师报捷，乞优赏陇澄。查澄系镇雄土知府，即安尧臣子，兄宣慰司疆臣同母凤氏所出。安氏奉皇上抚谕，澄持枪督阵，斩获播酋万余，戕其爱子，复诱之议抚，擒送其腹心尚义等二十四人，具见忠义之心，今议赏澄金币，臣谨票拟并详始末以闻。"（［台北］"中研院"史语所校印：《明实录·明神宗宝录》卷三四七，第6483页）正当安氏兄弟准备大干一场、挥兵攻取海龙囤后路之时，主帅不愿让安氏抢下平播大功，五月二十八日，下令水西退兵，让路官军，用意甚明，郭子章、安疆臣等也只能徒叹奈何。平播胜利之后，一些官员非但不想给安氏记功，就连原来答应划归安氏的600里土地也不想认账了，非但如此，以平播之役胜利后继任李化龙的总督王象乾为首的一些官员，空穴来风地指摘安氏在平播中没有真实用力，反而与杨应龙私下有交易等等。舆论可以杀人，朝廷便有追查安氏通敌之意。郭子章对安氏的表现最为清楚，据理力争，其理由是做事要言而有信，朝廷更是一言九鼎。于是，一帮官员反诬郭子章收受了安氏多少多少贿赂，一时闹得沸沸扬扬，一直拖了好几年。最后，大概万历帝也知其中卯窍，没有处罚郭子章，安疆臣增官进秩，其母得蒙祭。笔者认为，这大概是郭子章不便宣扬水西安氏功绩，只好在铭文中隐约提起君关的用意吧。
[1] 景钟，即景公钟。典出《国语·晋语七》："昔克潞之役，秦来图败晋功，魏颗以其身却退秦师于辅氏，亲止杜回，其勋铭于景钟。"后来就把景钟作为铭记功勋的典故。
[2] 铭文最末一字笔者不能释读，（民国）《贵州通志·金石志》解作"绝"，意思可读通，但其字形却未找到出处。亦请教一些学者，各有一些解释，都觉得不是太妥帖，现只好依从"民国志"之义。

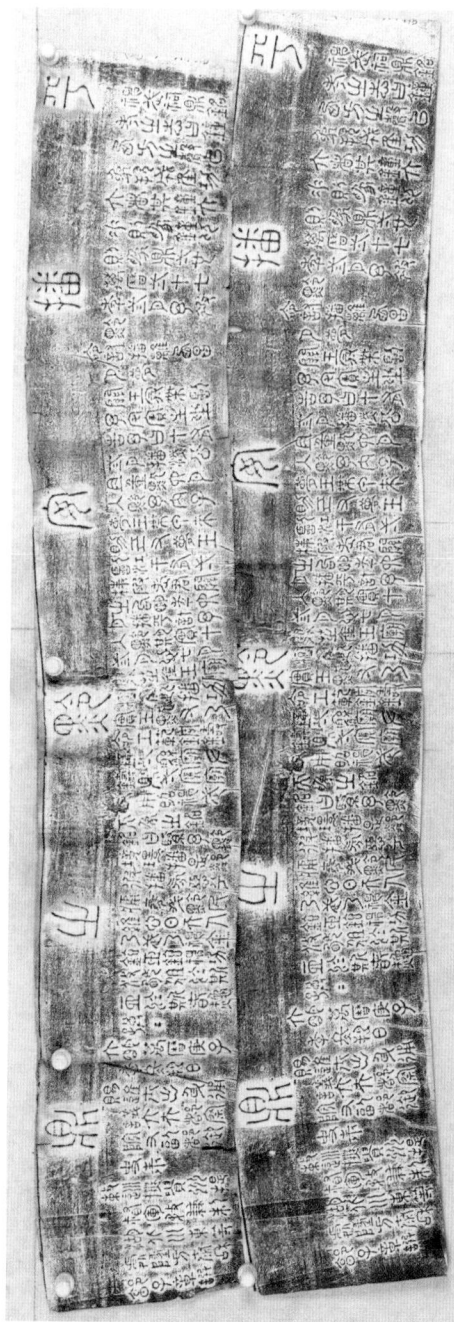

图 4　平播鼎铭文拓片（清代拓制）

铭曰：繄以黔境，环播是邻。彼播氛恶兮，痛毒我黔民。维公曰天人，乃武乃神。金铉玉铉，[1]神功攸□。[2]俎于斯，豆于斯，春秋蹲蹲。

平播钟铭文释读：

神武祠钟铭文：查考文献上说，钟表示西方方位，也是代表西方的具体物象，并且有记录功绩的作用。功绩大者则所铸造的钟就大，功绩小者钟就小。口朝下者称为钟，口朝上者称为鼎，钟、鼎的意义是一样的。万历己亥（二十七年，1599），我奉朝廷之命讨伐播州，离开家的那天夜里，梦见关帝衣冠齐整地来到我的住所，分宾客和主人的礼节坐下，他告诉我："十三个月就可将播州叛兵消灭，你好好地去领悟吧。"当年六月，我到贵州上任，我的夫人也梦见关帝身穿铠甲来帮助我，我自己又梦见关帝来到江边，说了一句："一棒破老君关。"第二年的六月，播州之乱平息，算来正好是我到贵州第十三个月。七月，双重的灵芝呈现祥瑞，在关帝庙前的树上长出。这次平播胜利的功绩确实是关帝在冥冥之中保佑，所以让工匠铸造一件铜钟悬挂在关帝庙的左边，铸造一件铜鼎放置在关帝庙的右侧，并在钟鼎上铸上文字。钟铭如下：一梦预期播州灭亡，再梦身披铠甲以示助阵，三梦而犁庭扫闾，荡平贼人巢穴，这次平播取得的胜利应归功于关帝。平播钟和平播鼎就像轰鸣震响的纪功景公钟，供奉在关帝庙内，（平播功绩）永垂青史。

通过平播钟铭文，我们知道它不仅是宣扬平播功绩，内中还反映出平播

---

[1] 铉，抬鼎的工具，比拟三公。金铉玉铉，指为大臣。
[2] 此字（民国）《贵州通志·金石志》没有译写，只是用□表示。现在有学者释读为"甄"，以《词源》的解释，此字有彰明之意，即表明。可读作："神功攸甄"，但与前后句子连贯理解，又会觉得不太确切。鉴于平播钟、鼎上的铭文篆字不太规范，释读起来争议较大，因此可以借鉴（民国）《贵州通志》的释读方法，按照前后文字的意思进行释读，似可读作"神功攸归"，意为平播之役的胜利都归功于关帝的帮助。这段铭文的大意是：贵州边境，与播地紧邻。播州反叛，使黔地百姓遭受痛苦。关帝乃天神，法力无边。参与平播的文臣武将不用争功，胜利归功关帝。用俎、豆等礼器祭祀，岁岁年年。

之后复杂的政治斗争。平播之役主帅川湖贵总督李化龙功成之后著有《平播全书》，书中对贵州巡抚郭子章及贵州方面在平播战役中所起的作用几乎不提，更不用说水西安氏的重要作用，从而也可看出李化龙对此事的态度。还让人觉得蹊跷的是，平播胜利后，几乎所有参与平播的文臣武将大都或升官、或重用，而作为在此次战役中副帅的郭子章直到万历三十二年（1604）十月，诏命以平播功升右都御使兼兵部右侍郎，仍旧任巡抚。但我们从《明实录》万历三十三年正月所记载的一条，也可看出他对平播之功的恩赏是有所抵触的。"巡抚贵州右副都御使郭子章奏辞播功恩。以有成命，不允。"其郁闷的心境可见一斑，他在贵州任巡抚十年左右，最终退休回家。我们在平播钟、鼎上面，看到他将自己平播之役的经历以较为隐晦的语言讲述出来，应该是另有一番用意。事情并未完结，川贵总督王象乾和郭子章对水西安氏的罪与功争得面红耳赤，王象乾还指使人控告郭子章"受疆臣私贿，纵奸长恶"等罪名，此事纷纷攘攘闹了多年，郭子章百口莫辩，只好数次提出辞官。我们从万历三十四年（1606）郭子章给神宗皇帝的一封奏折中即可窥见其左右为难的尴尬处境。万历三十四年十月十一（1606年11月10日），"且夫播州未破，则欲臣作使安氏，用之惟恐其不速，播州既破，又欲臣裁抑安氏，远之惟恐不疏。臣一人耳，既与人盟，不能复与人仇"。[1]平播之役已经过去六年，作为副帅的郭子章仍然被是是非非纠缠不清，其境遇何等狼狈。他在作平播钟、鼎铭文时的心情可想而知，故而借武圣关羽神示来宣泄心中的郁闷，这是我们在释读其铭文时能够感受到的。

［参考文献］

　　1.《明实录·明神宗宝录》[M]，台北："中研院"史语所校印，1962年。

　　2. 凤凰出版社编:《中国地方志集成·贵州省志辑·康熙贵州通志》[M]，南京：凤凰出版社，2011年。

　　3.（清）张廷玉等撰:《明史》[M]，北京：中华书局，1974年。

──────────────

[1]《明实录·明神宗宝录》卷四二六，第8039页。

夜郎国和 China 之名的起源 [*]

韦杰夫（Geoff Wade）著　　　　袁炜 译

（新加坡东南亚研究所）　　（贵州省博物馆）

一、概述

对几乎所有现代中国人来说，"夜郎自大"是一个非常常见的成语[1]，其大意为"夜郎所不应有的自大"。中国历史告诉我们，夜郎政权位于西汉帝国（公元前203—23）的南方。而西方语言记述的历史告诉我们，汉帝国是China帝国连续的一部分。那么，这是否是"夜郎"与China之间唯一的联系？我认为无论现在还是过去，这都不是"夜郎"与China之间唯一的联系，这篇文章的目的是证明"夜郎"之名和China之名实际上产自同源——时代上至少是由公元前数世纪至公元一世纪彝（倮倮）[2]的一个本土名称的延伸。这将通过我们所知源自汉文文献夜郎的第一个论证来证明，其次通过调查关于China之名起源及结局的继承性理论，经由拼合土著彝（倮倮）的历史，阐释土著非汉政权之名如何被用作东亚华夏政权的外来名称。

---

* 译者注，原文刊于 Victor H. Mair (ed.), *SINO-PLATONIC PAPERS*, No. 188, 2009. 在此翻译仅为介绍海外夜郎研究，不代表译者对作者观点有任何赞同。

[1] 成语，或四字格言，通常与历史典故有关。

[2] 藏缅语族下的一个语言群体。传统的语言范畴是倮倮，但在当代，操相关语言的人被归于彝族的一部分。

二、汉文文献所见的"夜郎"

汉文文献所引用的夜郎，与战国时期文献提到、存在于公元前7世纪的牂牁政权紧密相连。后期文献[1]详细说明公元前4世纪末或公元前3世纪初楚国[2]将军庄蹻对夜郎/牂牁[3]的进攻。汉文文献告诉我们，在公元前1世纪，为了扩张权力和领土，夜郎与邻近政权交战。早期汉文文献记录着生于一棵竹子内并统治遯水附近的夜郎"竹王"，这可能是土著的另一个传说。[4]

支离破碎且显然来自不同汉文文本中的夜郎可以确定，夜郎与其临近政权的最详细介绍出现在公元前1世纪司马迁所撰的《史记》中，本论文的附录提供了由华兹生（Burton Watson）翻译的《史记》相关部分[5]。就本文而言，对《史记》相关内容做一简述即可。

通过这些报道，我们能够收集汉人观察到的夜郎政权和一些政治事件。《史记》卷一百一十六《西南夷列传》[6]的第一句话告诉我们，夜郎统治者是西南夷中重要的政治领袖，这在某种程度上暗示了公元前数世纪西南夷区域内夜郎的权势。无论如何，西南夷地区还有很多其他的政治领袖暗示了其存在分封或等级制度，夜郎的西部居住着靡莫、最重要的统治者滇[7]，以及在西南夷的北

[1]《华阳国志·南中志》和《后汉书·西南夷·夜郎传》，均成书于公元4世纪。

[2] 在公元前8世纪至前3世纪臣服于周，位于南方诸华夏政权的庞大王国，其疆域包含长江下游，包括今天的湖北、湖南全省及河南、江苏、安徽、浙江等省市部分地域。

[3] 译者注，（南宋）洪适《隶释》引东汉熹平二年（173）《广汉属国侯李翊碑》作"牂柯"，此处依作者原文写作"牂牁"。

[4]《华阳国志·南中志》和《后汉书·西南夷·夜郎传》均有记录。有人将其与今贵州北盘江相关联，但还有人宣称其位于贵州遵义地域。目前的证据不足以确定其是现代的哪条河流。

[5] 译者注，原文附录英译的《史记》卷一百一十六《西南夷列传》和卷一百一十七《司马相如列传》中与夜郎相关的内容，在此删节未回译。

[6] 这指的人群位于今四川省巴、蜀这些华夏文化以南。因此，其包括了今云南、贵州，缅甸北部和泰国北部。

[7] 一个时代延伸至约公元前1000年至公元100年，坐落于今云南滇池以南的重要青铜文化，Michèle Pirazzoli t'Serstevens 的 *La Civilisation du Royaume de Dian a l'Époque Han, d'après le matérial exhume à Shizhai shan*（*Yunnan*）一书（巴黎：École Française d'Éxtrême-Orient 出版社，1974年）对此文化和政权有详细介绍。William Watson 载于 *Studies in Chinese Archaeology and Art*（伦敦：品达出版社，1997年）的 Dongson and the Kingdom of Tien 一文讨论了滇文化与红河流域中发育的东山文化间的联系。文献和考古证据均说明了夜郎文化与滇文化之间一些不同寻常的交流。

部居住着许多其他小规模的政治领袖，其中最重要的统治者为邛都。这些都是稳定的农业社会。再往西部居住着诸如名为嶲和昆明的游牧部族。

公元前2世纪60年代汉朝攻打闽越期间，汉人悉知坐落于广州的南越都城，南越都城临近之处今被称为西江河畔，方位上通过牂牁江[1]与夜郎政权相联系。南越王言，曾尝试通过水路联系控制夜郎政权。随后，汉朝努力消灭南越势力，汉朝计划使用夜郎军队顺江而下与南越统治者作战。尚不清楚这样的进攻是否发生，然而汉使唐蒙与夜郎君主多同间显然进行了谈判，并且，依照汉朝的记录，在此区域设立了犍为郡，开始修建一条连接夜郎与其北部华夏政权的道路，但并未完工。汉朝重新注重北部边界，这项向南发展的工程由此搁置。

可以明确的是，在这一时期夜郎控制了大量人口，据报道其能派遣精军十万。同样明确的是，汉朝对控制夜郎有着很大的期望，这或许为了开拓一条从蜀地到夜郎的道路，或许为了夺取南越及其上游。[2]毫无疑问，《史记》中关于蜀布和筇竹的记述，证实至少已知的部分原因是夜郎在华夏经济体与印度之间的关键贸易节点上。前述提到的"夜郎自大"成语通过汉朝使者探索通往印度道路时，与滇王、夜郎王之间的争论及由此引起的问题而产生。这些事件发生在公元前2世纪70年代。这条路线上的贸易和人群流动的其他迹象包括公元120年，从西罗马帝国到达汉朝都城的音乐人和艺人。[3]

《史记》也提到了夜郎与且兰[4]、头兰之间的联系，但尚不清晰。汉朝进攻南越后，攻击或征服那些明显位于或靠近犍为郡的政权，其后这些政权成为新设立并以前文提到的那条河流所命名的牂牁郡的组成部分。据说"夜郎侯"为

---

[1] 可能是今贵州北盘江。

[2] 余英时 *Trade and Expansion in Han China*（伯克利和洛杉矶：哥伦比亚大学出版社，1967年）一书详细叙述历任汉朝统治者所追求的普遍扩张主义。

[3] 《后汉书》记载。参见 Charles Backus 的 *The Nanchao Kingdom and T'ang China's Southwestern Frontier*（剑桥：剑桥大学出版社，1981年）一书，第18页。

[4] 其位置坐落于今福泉附近，东距贵州省会贵阳70余千米。

接受印绶还去过汉朝都城长安。由此表明了夜郎统治者权力的削弱，以及其领地越发融入华夏政治。这种融合在公元前86年平定叛乱——包含谈指、同并的牂柯郡二十四邑，囊括三万人——后就开始了。汉朝命令蜀、犍为出兵一万人平叛，由此叛乱彻底失败。公元前27年，一个类似的叛乱使夜郎王兴死于汉朝军队的手中，相似的事件延续到公元后的几个世纪。

如果我们综合整理有关夜郎的不同汉文文本陈述，可以认为在时间上限方面，夜郎政权及其作为主要政权前身的牂柯延伸回溯至公元前3世纪或更早。就地理范围而言，《后汉书》[1]记录夜郎东至交趾（今越南北部），西接滇（以云南滇池为中心），北达邛都（在今四川南部）。因此，基于农业经济和拥有先进青铜加工技术的夜郎是一个非常广阔和强大的政权。夜郎国的政治中心众说纷纭，有学者认为，且兰即是牂柯郡的郡治，也是夜郎的都城。然而，学界似乎更普遍接受夜郎都城位于今贵州省西部某地的观点。

三、China 一名的起源

现在我们转到第二个问题——China一名的起源。历代中国王朝和社会从未使用过China一名、或其任何变体作为本名。中国通常使用王朝名称（汉、宋、明）[2]或通称"中国"[3]来指代其政权。质言之，China是一个今天应用在各

---

[1] 东汉（公元25—220）的历史，成书于公元4世纪。

[2] 有时前缀"大"或"皇"。

[3] 自17世纪以来，英语通常将其翻译为"中央王国"。似乎最早在葡萄牙的曼努埃尔一世统治时期（1495—1521），这个词就出现在欧洲语言中，当时其被描述为 O Império do Meio。这也是许多东亚社会称呼中国的由来：Chūgoku（日语）；Jungguk（朝鲜语）；Trung Quốc（越南语），均来自对"中国"一词的音读。更多了解此术语的背景知识，参见 Wolfgang Behr 的 To translate' is 'to change'-linguistic diversity and the terms for translation in Ancient China 一文，http://www.ruhr-uni-bochum.de/gpc/behr/RTF/translate.rtf，第4页。

种非中文语言[1]，指代延续统治中国社会政治体系的非中国术语。但是China这一词汇从何而来，以及如何演变？这对于历代西方汉学家而言一直是一个棘手的问题，而且在这一问题上还未达成真正的共识。

传统西方学者长期坚持最早提及与英文地名China之名有关地点或政权是 *Periplus Maris Erythraei* 记录的thinai（θίναι）。[2]此地位于印度洋的最北端，在Chrysê的另一边。托勒密在其公元2世纪成书的《地理志》提到了用正字法表示为Sinai（Σίναι）的相同地方。三个世纪以后的Kosmas Indikopleustes在其 *Topographia Christiana*[3]记载了Tzinitza之名，劳费尔（Berthold Laufer）认为Tzinitza源自波斯文Čīnistān或梵文Cīnasthāna。[4]

几乎同时，汉译佛经中China/Cīna的术语似乎很少被提及，此术语译为zhina，用文字表示为"脂那""支那"或"至那"。唐代（公元618—907年）汉文佛经中出现了另一术语Mahā Cīna（"摩诃支那"或"摩诃至那"等于"大Cīna"）。唐代慧苑著《华严经音义》言，"支那，翻为思维。经其国人多所思虑，多所制作，故以为名"。南宋僧人法云[5]在《翻译名义集》如此解释此名："支那，此名文物国。"

西方探讨China一名的起源似乎开始于17世纪，耶稣会牧师卫匡国（Martin Martini）在其《中国新图志》（*Novus Atlas Sinensis*，维也纳，1655年）

---

[1] 一些变体包括China（英语，德语，葡萄牙语，荷兰语和西班牙语）；Chine（法语）；Chin（波斯语）；Çin（土耳其语）；Kina（瑞典语和挪威语）；Chiny（波兰语）；Čína（捷克语）；Kiina（芬兰语）；Cheen（印地语）和Kína（匈牙利语）。学者均认为这些术语有一个共同的起源。之后关于中国的外国称谓，包括Cathay这一派生自"契丹"的名称，在语言学上与此处讨论的术语无关。
[2] "红海航行纪"，最早编撰于公元80—89年，其有Lionel Casson译注为英文的版本 *The Periplus Maris Erythraei: Text with Introduction, Translation and Commentary*（纽约普林斯顿：普林斯顿大学出版社，1989年）。
[3] 关于 *Topographia Christiana*，参见http://www.bautz.de/bbkl/k/Kosmas_i.shtml。
[4] Berthold Laufer, "The name China", *T'oung Pao*, Vol. XVIII（1912），pp. 719-26.
[5] 法云（1088—1158）。

将China一名与中国秦朝[1]相联系。劳费尔指出卫匡国关于China词源的观点并非卫匡国自己的发现，而是源自汉传佛教界。劳费尔援引1740年藏文文献《悉檀多水晶宝镜》（*Grub-mt'a šel-kyi me-long*）的一部分作为此观点的表现：

> 东胜神洲（Dvīpa Pūrvavideha）的一些作家认定China一名在他们的语言中写作"神土"。印度人称他们为摩诃支那（Mahā Tsīna），摩诃意为大，支那是讹写的秦（Ts'in）。始皇成为非常强大的中国君主，他征服了邻国百姓，使诸国都感受到其权威，故而其秦王之名名扬遥远的世界。通过一段时间的连续音变后，秦之名逐渐变成Tsin，其后变为Tsina或Tsīna，由此梵文将其称为摩诃支那（Mahā Tsīna）。[2]

劳费尔甚至认为这也不是此论点和建议的最初可能来源，无证可寻，那位藏族作者可能"在一位汉族作者处接触到此观点"，但同时劳费尔也同意"当然不可以把一个汉族传说列举为论证词源正确性的完全证据"。[3]正如劳费尔所断言，在此重申一下即可，秦政权之名与China之名间的关联理论并非西方独有。但是，在19世纪初，秦和China之间的关联是关于China之名的主要解释论点。

在19世纪下半叶，费迪南·冯·李希霍芬（Baron F. von Richthofen）提出China之名来源于汉代郡名日南，这一区域变为今越南东京[4]。他提出此观点的证据基于所谓语音相似性，以及在公元纪元开始的时候，这是唯一对外开放的

---

[1] 通常将公元前221—206年作为秦帝国存在的时间，当代中国史学认为其君主秦始皇帝终结了战国时期并开创了第一个大一统的中国政权。然而，在公元前9世纪秦国就可能已经存在了。

[2] Berthold Laufer, "The name China", pp. 720-21.

[3] Berthold Laufer, "The name China", p. 722.

[4] 译者注，东京（Tokin），越南北部旧称。

贸易港口。[1]拉克伯里（Terrien de la Couperie）基于日南并非坐落于东京港口，以及"日南"不太可能产生任何类似于China的上古发音反对此论断。拉克伯里替代提出，通过滇（tεn）的中古汉语发音推断提供了能足够演化为China的语音相似性，我们应当关注早期云南政权滇国。与之前相比，翟理思（Herbert Giles）摒弃这两种如同猜测的观点，选择秦国之名作为China一名的起源。[2]

讨论中的一个新因素是梵学者雅各比·赫尔曼（Hermann Jacobi）接着引进其于1911年发表的一篇文章。[3]在此，他描述了古典印度治国方略考坦利亚（Kautilīya）《实利论》（Arthaśāstra）对Cīna的引用，考坦利亚是孔雀王朝月护王的大臣，可能追溯到公元前300年。关于产自Cīna之国[4]的丝绸和织布的引述明确说明了一个东亚文化区域，也体现了Cīna这一术语的使用完全早于秦国在华夏开始统治的时间。劳费尔[5]和伯希和[6]（Paul Pelliot）均于此观点发表后的一年里在其各自概述中考虑到这一新发现，虽然劳费尔断定"在中国人在这些地区定居之前的时代，Cīna属于依附于广东省及再往南一些海岸的上古（或许是马来亚）名称不是没有可能"。[7]伯希和部分基于他对《实利论》年代的怀疑，部分基于古典汉文文献中秦人（hommes des Ts'in）这一术语的使用，其依旧坚定地相信秦与China之间的关系。[8]也是在20世纪早期，中国学者夏曾佑[9]

[1] Ferdinand P.W. von Richthofen, *China: Ergebnisse eigener Reisen und darauf gegründeter Studien*（Berlin, 1877），Vol. 1, pp. 504-10.

[2] Henry Yule and A.C. Burnell, *Hobson-Jobson: A Glossary of Colloquial Anglo-Indian words and Phrases, and of Kindred Terms, Etymological, Historical, Geographical and Discursive*（London: John Murray, 1903），pp.196-98.

[3] H. Jacobi, "Kultur-, Sprach-und Literarhistorisches aus dem Kautilīya", *Sitzungsberichte derKöniglich-Preussischen Akademie*, XLIV（1911），pp. 954-73. 特别参见第961页。

[4] "kauceyam cīnapattācca cīnabhūmijāh." 参见第11章，第81页。

[5] Berthold Laufer, "The name China", pp. 719, 724.

[6] Paul Pelliot, "L'Origine du nom de 'Chine.'" *T'oung Pao*, Vol. XVIII（1912），pp. 727-42.

[7] Berthold Laufer, "The name China", p. 726.

[8] Paul Pelliot, "L'Origine du nom de 'Chine.'" pp. 736-40.

[9] 夏曾佑（1863—1924）。

察觉China这一名称来自一个具有边界含义的未指明印度术语。[1]

1919年，劳费尔在其开创性研究《中国伊朗编》(Sino-Iranica) 再次宣称China一名可能的起源。[2]他特别指出中国的波斯文名称包括Čīn、Čīnistān和Čīnastān，以及中古波斯文名称包括Čēn和Čēnastān。中国的亚美尼亚文名称也包含Čen-k'和Čenastan。一个早期粟特名字显示为Čynstn（Čīnastān）。劳费尔进一步指出通过梵文Cīna和希腊文变体Čīnai（Σίναι和θίναι）得出以下结论，很可能"印度、伊朗和希腊对中国的称呼产生自一个共同的来源，并且可能在中国自身上寻找到其原型"。他总结道："我现在倾向认为在旧理论中，China一名应该可以追述到秦代的观点有一定可能性。"[3]

接着，劳费尔认为伯希和在论证过程中未能提供China一名起源于秦的令人信服的语音论证，"秦"受原始齿音或腭音的影响，上古音值是 *din、*dzin、*džin或*dž'in，并且这可能体现在伊朗语硬腭清音Č。劳费尔推断道："这个语音一致一方面代表梵文、伊朗文和希腊文中China一名相同，另一方面作为一种可能理论促使我承认'秦'的词源。"[4]此论点也得到了日本学者高桑驹吉[5]《中国文化史》研究的支持。

随后，在一部马可波罗去世前还未完成的著作中，伯希和再次综述了关于China之名起源问题的研究和理论，提供了马可波罗死前收集的所有证据，并坚持"秦"论点的正确性。[6]伯希和高兴地注意到劳费尔、奥托·福兰阁（Otto Franke）和赫尔曼（Albert Hermann）对此观点的支持。[7]

---

[1] 夏曾佑：《中国历史教科书》。再版于《中国古代史》，上海：商务印书馆，1933年。

[2] Berthold Laufer, *Sino-Iranica: Chinese Contributions to the History of Ancient Civilization in AncientIran*, Chicago, Field Museum of History, 1919. 见第 568~570 页。

[3] Laufer, *Sino-Iranica*, p. 569.

[4] Laufer, *Sino-Iranica*, p. 570.

[5] 高桑驹吉（1863—1924）。

[6] Paul Pelliot, *Notes on Marco Polo*, 3 vols., Paris, Imprimerie Nationale, 1963-1973. Cin 条目下可以找到China这一术语起源的讨论，卷一，第264~278页。

[7] Paul Pelliot, *Notes on Marco Polo*, Vol. I, p. 268.

近期，中国学者参加了关于China之名多样化解释的讨论。葛方文认为Cīna是梵文术语"东方"，接着其演变为印度东部边界的通用名，然后是今天被称为China的文化复合体，[1]这本质上是对20世纪初夏曾佑观点的继续。苏仲湘继续探讨了一个不同的方向，宣称我们需要从古代荆国之名中寻找China一名的来源。[2]饶宗颐还更深入地调查了相关印度文献，并进一步确认公元4世纪迦梨陀娑（Kālidāsa）在其所著《实利论》，乃至在《摩诃婆罗多》（Mahābharata）中对Cīna的引用（Cīnamśuka这个术语，或用作表示"Cīna丝绸衣物"）。[3]他似乎接受《实利论》是Cīna一词的最早代表，并且同意这个地名源自秦国之名。[4]哈拉普拉萨德·雷易（Haraprasad Ray）详细说明了许多出现在不同的印度古典文献中的Cīna。[5]支持荆国而不是秦国更有可能是China一词来源的论点。

这本质上是哪个地方是今日我们所理解的China一名的起源地。[6]早期西方学者几乎可以说就此术语源自秦帝国的政权名称达成共识。一些中国和印度学者认为荆国更有可能是候选者，尽管至少一位中国历史专家认为以上两种起源说法都不太可能。[7]这里或许有必要指出，"秦"和"荆"是单音节词汇，

---

[1] 葛方文：《中国名称考》，《华东师范大学学报（哲学社会科学版）》1981年第6期，第45~49页。
[2] 苏仲湘：《论"支那"一词的起源与荆的历史和文化》，《历史研究》1979年第4期，第34~48页。
[3] 饶宗颐：《蜀布与Cinapatta——论早期中、印、缅之交通》，《梵学集》（上海：上海古籍出版社，1993年），第223~260页。这是饶宗颐教授的个人论文集，此文最早于1974年在中国台湾发表，特别参见第230~235页。
[4] 饶宗颐：《蜀布与Cinapatta——论早期中、印、缅之交通》，第235页。
[5] Haraprasad Ray, "The Southern Silk Route from China to India-An Approach from India" in *China Report*, Vol. 31（1995），pp. 177-95. 他引用了一本令人感兴趣的书《摩诃婆罗多》*Sabhaparva*卷，有一位*Pragjyotish*（阿萨姆）的君主从Cina招募"居住在山另一边的"士兵。见第179页。
[6] 韩振华：《支那名称起源考释》，陈佳荣、钱江编：《韩振华选集之一：中外关系历史研究》，香港：香港大学研究中心，1999年，第1~12页。此文对这些理论在中国的概况作一概述，然而，作者断定China一名源自对Seres（China即"丝绸之国"）的引用。
[7] 魏根深（Endymion Wilkinson）提出了另一种起源的观点，"cīna梵文意为'深思的'或'有教化的'，因此（China一名）更有可能源自cīna"。但是，此观点与唐代慧远意见一致，没有得到广泛支持，参见Endymion Wilkinson, *Chinese History: A Manual*（Cambridge, Mass.: Harvard University Asia Center, 2000），p. 753, n. 7.

Cīna的最早表现及其衍生词汇是双音节词汇，然而没有任何研究者认为此问题值得特别注意。下面将进一步讨论这个问题。

四、"夜郎"作为China

我们的调查给此问题带来了什么影响？一方面，我们有关于汉文名为"夜郎"并位于蜀地（今四川）以南大政权的证据。这很显然位于公元前数世纪华夏社会商品到达印度的路线上。另一方面，我们有China这一术语所有现代形式要么直接从梵文Cīna衍生而来，要么至少和它有共同起源的证据。最重要的说明是"夜郎"之名与Cīna和公元前3世纪中文"秦国"保持联系。以下让我们进一步探讨这两个问题。

夜郎的现代普通话发音为Yelang。即使并非历史语言学者也能理解汉字的读音随时间、空间的不同而不同。此研究基于音韵文献、诗韵和其他证据，学者们拟构了较早时期这些文字可能的音韵。高本汉（Bernard Karlgren）在这一方面做了许多开创性的工作，[1] 直到蒲立本（Edwin G. Pulleyblank）近期把大量相关资料汇编成便于使用的出版物。[2] 蒲立本早期中古汉语（可能是公元6世纪）将夜郎拟音为jia[h] lang。[3]

在此情况下，"夜郎"一词用的是夜郎的语音，而显然不是语义值或用汉字表现一个土著政权名称。居住在今该地区的这群人汉语旧称为Yelang/jia[h]-lang，并且有人追溯他们在倮倮/彝语言群体地区中的历史渊源。近几年出版了若干关于倮倮/彝传统历史的著作，并且这些著作使用了拟构地理、民族和政权的名字。这些历史材料中的大部分属于时间悠久的家谱，但直到近期才被书写记

---

[1] Bernard Karlgren, *Grammata serica: script and phonetics in Chinese and Sino-Japanese*, the Bulletin of the Museum of Far Eastern antiquities, No. 12, 1940. 1966年再版于台北成文出版社。

[2] Edwin G. Pulleyblank, *Lexicon of Reconstructed Pronunciation in Early Middle Chinese, Late Middle Chinese and Early Mandarin*（Vancouver: UBC Press, 1991）.

[3] Pulleyblank, *Lexicon of Reconstructed Pronunciation*, pp. 364, 183.

彝文	注音	逐字	译文
	yeɤ hɤɹ hɤɹ niɹ tʼɤɹ	额 哼 哈 乃 一	一代额哼哈，
	hiɹ hɤɹ dzuɹ dʑeɹ niɹ	哼 哈 足 哲 二	二代哼哈足哲，
	dzuɹ ndzeɹ toɹ ɤɹ	足 哲 多 乃 三	三代足哲多，
	toɹ tʼoɹ miɹ niɹ tiɹ	多 同 弭 乃 四	四代多同弭，
	tuɹ ʔaɹ piɹ niɹ ŋuɹ	同 弭 匹 乃 五	五代同弭匹，
	piɹ ŋoɹ moɹ niɹ tɕoɹ	匹 鄂 莫 乃 六	六代匹鄂莫，
	moɹ ʔaɹ feɹ niɹ ɕiɹ	莫 雅 费 乃 七	七代莫雅费。
	ziɹ naɹ doɹ zeɹ noɹ	夜 郎 朵 世 呢	夜郎朵之世，
	ziɹ naɹ guɹ dʑiɹ dʑiɹ	液 那 勾 纪 居	居液那勾纪③。
	miɹ tʼuɹ tpɤɹ feɹ iɹ	天 苍 收 权 掌	代高天掌权，
	ʂʼuɹ naɹ soɹ kʼuɹ haɹ	地 大 找 护 守	为大地守境。
	ziɹ naɹ miɹ miɹ tʂɹ	夜 郎 天 地 代	夜郎天地子，
	ndzɤɹdzuɹtsʼɯmuɹbaɹ	君 住 代 地 成	兴起君长制，
	ziɹ naɹ tʼaɹ miɹ voɹ	夜 郎 一 天 有	夜郎占一方，
	dɤɹ ʟeɹ tʼɤɹ ʔaɹ hɯɹ	说 来 其 呀 是	说的是这事。

插图　《夜郎史传》（四川民族出版社，1998年）中的一页

录。[1]其一般与居住在沿今四川省和云南省交界处乌蒙、凉山和哀牢地区分布民族的祖先有关。就目前的调查而言，其中关联最大的是已发表汉文名为《夜

---

[1] Wu Gu（乌谷），"Reconstructing Yi History from Yi records" in Stevan Harrell（ed.），*Perspectives on the Yi of Southwest China*（Berkeley: University of California Press, 2001），pp. 21-34.

郎史传》的文献。[1]这是一个描述zina（夜郎）部落血统的史诗集合，追溯至约公元前500年以及此政权名称的演变。其包含zina（夜郎）部落在倮倮/彝分支武部之内的详细资料。《夜郎史传》描述了他们祖先在可能位于今云南东北部地区内建立了政权和统治者世系。从世代传承来看，这可能早在公元前500年。此部落居住于T'i-zi（太液）的南岸，有人认为这条河是汉代汉文文献所提及的，作为夜郎"竹王"诞生地的遯水。

通过结合鄂鲁默是倮倮/彝六位传说中的祖先、创始人Bu-ʔa mo的第十四代后人的两条线，全方位探讨、阐述其政权：夺取西濮都城可乐，[2]并将夜郎都城建于此地。夜郎政权后来向西扩张，并将最重要的政治中心转移至今云南曲靖。或许除了提及一个名为To-t'o的统治者被确认为汉文文献记载的夜郎王多同外，《夜郎史传》几乎没有可比年表作为基础。[3]

《夜郎史传》所描述的政权似乎大于汉文文献描述的夜郎，这表明倮倮/彝认为汉文文献提到的各种其他政权如且兰、头兰和濮是大夜郎的一部分。

但此处我们的目的不是研究夜郎的发展或比较汉文与倮倮/彝文间的记载。准确地说，对于当前的主题，最重要的是中国文化中被描述为夜郎的土著政权的名称。整部《夜郎史传》所围绕的部落和政权，在整部文献中所使用的术语是——

zi˩ na˧
夜郎

土著名称的第一个音节由起始的浊龈颚擦音和终结的短元音i组成，而第二个音节由齿龈鼻音n与终结的短音a组成。两千多年前的汉人创建"夜郎"

---

[1] 王子尧、刘金才主编：《夜郎史传》，成都：四川民族出版社，1998年。

[2] 位于今中国贵州省赫章县。

[3] 王子尧、刘金才主编：《夜郎史传》，第5页。

一词来代表这个土著名称，使用jia^h（夜）表现第一个音节，使用lang（郎）表现第二个音节。在南方汉语中，l、n替换是一个公认的现象，这解决了对这篇论文主要不同意见中的一条意见。汉语表现的语音需要由专家进一步探讨，但毫无疑问的是，如同梵文表现Cīna这个几乎完全匹配的语音，土著名字两千年前的发音就像今天一样。

五、结论

我们可以得出被倮倮/彝族人视作汉文"夜郎"的ẓina实际上是China一词起源的结论吗？我相信我们可以做到，所引用的证据包括：

1.ẓina和China语音远比以往认为的要更相似。夜郎国名和China均为双音节词汇。

2.地理学上，ẓina/夜郎政权完全符合Cina/China的所有早期证据。例如《红海航行纪》所述Thinai（θίναι）位于印度洋的最北部，在Chrysê的另一边。

3.这篇论文也有助于解释印度语《摩奴法典》（*Laws of Manu*）和《摩诃婆罗多》中Cīna的存在很可能早于秦始皇。伯希和拒绝这一材料，并特别反对Cīna最初可能是喜马拉雅部落名称，只有当中原人的名字传到印度时，Cīna指代的名称才有扩展到中国的可能性。[1]伯希和认识到梵文文献"使用Cīna的人分布在印度北部和西北部"，但试图通过以下的言论来解释这一现象，"我们不能忘记公元前二世纪末的中国派出使者穿越中国新疆，在接下来的一个世纪，以及公元一、二世纪成为这一地区的主导力量。尽管早期有一条通过云南和缅甸，由中国直达恒河的道路，但无论贸易还是外交，印度主要通过西北通道与中国联系。我暂时倾向认为更确切的推想是梵文文献中的Cīna从原则上和一开始就代表了中国"。[2]虽然，很可能唐朝时对Cīna和Mahācīna的引用指的是唐

---

[1] Paul Pelliot, *Notes on Marco Polo*, Vol. I, p. 269.

[2] Paul Pelliot, *Notes on Marco Polo*, Vol. I, p. 269.

朝的一部分，[1]和伯希和一样，我们当然不能假设Cīna一词或许早在一千多年前最早使用时就是这样的。在伯希和研究基础上的各种印度文献Cīna的参考文献中，饶宗颐认为："印度史诗中所言之Cina，其地正在藏缅交界之印度东部。"[2]

4.印度资料中的Cina显然是一个有影响力的政权。ẓina/夜郎政权显然也很强大，并且是印度次大陆与东亚间联系的关键节点，控制了喜马拉雅山脉尽头低地，向北与华夏文化、向南与越文化、向西与印度次大陆相连接的民族/政权。因此，印度文献经常提及这个政权。

以上概述的证据非常有力地说明China一名最初源自ẓina，即汉文文献记录的僰僳/彝政权的土著名称"夜郎"（早期中古汉语jiaʰ lang或现代汉语Yelang）。这是与印度语文献提及的Cina相同的政权。

因此（这里我们回到本文开始时使用的成语上来），我们现在可以看到，夜郎曾经是东亚强大的政治力量之一，控制着喜马拉雅山脉东端的土地，在东亚和南亚经济之间发挥桥梁作用，而不是夜郎有一种不应有的自负感。通过这种相当长期的重要作用，夜郎在文化和政治上逐渐附属于北方邻居，ẓina/Cina一名最终成为我们今天所提及伟大文明的代名词China。

---

[1] 例如，参见公元730年记述，重印于《宋高僧传》的注释，"印度俗呼广府为支那。名帝京为摩诃支那也"，参见Pelliot, *Notes on Marco Polo*, Vol. I, p. 272.《大唐高僧求法传》中有类似的说法。
[2] 饶宗颐：《蜀布与Cinapatta——论早期中、印、缅之交通》，第231页。

商周时期青铜农具及其功用

刘雪婷

（贵州省博物馆）

摘　要　商周时期的青铜文化高度发达，除了常见的食器、酒器、乐器、兵器等，人们开始使用较为稀少的青铜农具来进行农业生产劳动。文章在前人研究的基础之上对商周时期青铜农具的定义、分类及发展进行了简单的阐述，同时对商周时期青铜农具的功用进行了探讨，认为该时期的青铜农具具有祭祀和实用的功能。

关键词　商周时期；青铜农具；功用

农业的生产发展依赖于农业生产工具。新石器时代的农业生产工具是以磨制石器为代表的。随着农业发展，商代开始有了青铜质地的农业生产工具。青铜农具的出现，在一定程度上促进了农业的发展，其自身也在不断发展和演变。有关青铜农具的研究大部分都趋于商周时期是否大量或普遍使用了青铜农具。第一种观点是以于省吾为代表，认为中国商周时代中原地区很少或不普遍使用青铜农具。另一种观点则是以唐兰先生为代表，认为"商周时代确实曾经普遍地使用青铜农器"。另有学者对青铜农具的定名、使用和制作工艺等方面进行了相关的讨论。但是对青铜农具的功用和性质的探讨则是少之又少。因而文章将结合前人的研究，首先对青铜农具进行界定，其次对青铜农具的分类和功用、发展和性质等进行简单的阐述。

一、青铜农具的定义

在出土的商周时期青铜器中，哪些类属青铜农具，这是长期以来一直争论的问题。特别是近年来青铜农具先后出土，更是引起了学界的关注。目前已经出土的商周时期农具有铲、镬（镢）、锄、耨、镰、铚等，这些出土器到底是否该归属于青铜农具中，学界有不同看法。因为古代社会对日常生活生产工具和农业生产工具的界定不是很明确，有些生产工具会一物多用，既用于日常生产生活当中，又用于土地耕作中，所以在研究青铜农具时需要对其进行范围界定。

青铜农具，顾名思义就是只在农业生产劳动中，用于挖土、松土、平整土地、除草和收获的青铜质地劳动工具，包括起土器、种耕器、收割器等，其功能用途只与农业工作有关，除此之外的其他一些生产工具则不属于青铜农具的范围。

二、青铜农具的分类

商周时期，用于农业领域的青铜农具已经有铲、犁铧、镬、镰等。在农业生产的各个阶段则有相应的青铜农具来进行作业，因而便形成不同的器类。关于青铜农具的分类，学界历来都各执己见。杨宝成从青铜农具的形制特征、按柄方式、刃部形状及使用痕迹等方面，结合石器时代的石、骨、蚌、木质同类型工具给予综合研究，将青铜农具分为了三类。下面将按此种分类做一简述：

1. 掘土器

掘土器主要有耒、耜、犁铧、锸等。

耒和耜最初都是木制的，直柄直尖，柄和刃在同一平面。陈振中认为耒和耜是从人类最早使用的工具之一——尖头木棒发展而来，主要用于掘土翻地。由于直柄直尖的耒发力时扳动角度比较大，会消耗大量的体力，因而后来在实践中逐步改进为曲柄斜尖的耒，并由单齿变为双齿。耜主要用于掘土翻地。由于木质耒的刃部易磨损，难以长期保持锋利，于是便在耒端装上材质坚硬的刃部，这就为木耒向金属耒发展提供了一个过渡阶段。

锸，也称臿，与耒相近。锸产生于原始社会的新石器时代，是从木耒、石耒中分离出来的。到商周时期，出现了青铜锸。铜锸，可视为一种铜口锹，即于木锸或木耒刃端加上青铜套刃，成为锋利的掘土器械。该器多为凹字形，有扁銎直体、凹口銎宽体等形式，用于挖土、起土、培土等，有平刃、弧刃等形式，竖向直插木柄，横斫作业。因其器面稍宽，故一般不置脚踏之横木，也是其与铜耒之间的区别。

犁铧，是一种牵引式农具，是农业生产中一种耕地整地的工具，具有垦土功能。石犁铧的产生，使古代中国的耕作技术前进了一步，由以前的撒种逐渐转为垄种，此种农具的出现，无疑在中国农具史上产生了重大意义。商代时期，出现了青铜犁铧，其外形与石犁铧相似。铜犁铧包括后来的铁犁铧，是中国传统农业的核心器械，是最为重要的生产设施，它是通过破土开沟来进行垦土整地和播种作业的。与耒、耜等工具相比，它们翻土深度均，速度更快、更省劲。

2.除草松土器

除草松土器，主要包括钱、锄、耨等。

钱，即铜铲，也称为铜镈，属于耕地工具。是由新石器时代的木铲、石铲演变发展而来的。铜铲是一种直插式的破土和整地工具，可分为无銎铲、有銎铲、铜柄铲三大类。每类又可以分为不同的型和式，但功用大体相同。铜铲是一种直插式的破土和整地工具，可用于取土和挖耕。

锄，来源于石锄，是一种除草工具。青铜锄最早出现于西周，一直沿用到战国时代，少数地区使用到汉代。早期的铜锄，为方板形锄面，安装横柄，以供农人用拉动的方式劳作。青铜锄是中国传统的主要田间农作器械，更是中国北方旱作农业区最重要的耕种工具。

耨，短柄的铜锄，其结构与大锄相似，中间作为銎部，两侧连接双翼，刃部较锋利。到战国、汉代，出现了锄头片顶端有銎口的铜锄（包括铁锄），用曲棒纳于銎中，仍为横装木柄。使用方便，奠定了后世锄头的基本器形。

3.收割器

收割器包括铜镰和铜铚两种。

铜镰，又称艾，也叫刈，大镰又称芟。在新石器时代晚期，由石刀发展出了石镰。石镰呈长条形，薄刃尖头。有的刃部还加工成锯齿，以增强收割功能，提高生产效率。商代以后还出现了青铜镰，长江流域和黄河流域皆出土有青铜镰。从目前的出土情况看，大体有两类：一类是无銎镰，含光刃、齿刃、平刃、弧刃几种，基本继承了石镰刀器形，其中，有齿刃者占多数。另一类是有銎镰，其镰刀尾部作銎，以供安柄，其形制接近于近世的铁镰刀。因其属于改进型的器械，非为普及型器械，故出土不多。

铜铚，是古代民间的农用器物，也是手镰，为收割工具，主要是承担割穗之作业。来源于新石器时代的方条形石刀，该石刀（包括相关的蚌刀）是古人类用来割取谷物穗的常用器械。商代出现了酷似于原始方条形石刀的青铜铚，如江西新干出土了一件商代青铜铚，呈长方体，器刃扁薄，背部较厚，长孤刃，并有三个狭长形的穿孔，用以穿绳拷手，防止脱落。湖北红安金盆出土的西周铜铚，云南呈贡龙街出土的战国铜铚，器形大体相同。它们虽然保持了从前石刀的基本器形，但以其金属工具的本身优势，比古石刀更加轻薄、灵便，且锋利了许多，从而较大地提高了生产效率。

三、青铜农具的发展及功用

（一）青铜农具的发展

徐学书《商周青铜农具研究》将青铜器的发展分成两个阶段：第一阶段为商代中期至春秋中期，此阶段青铜农具使用较少，石、骨、木、蚌等农具在生产中仍占主导地位。这一阶段铜农具的主要特点是数量上较少；种类形式少；

发现青铜农具的地点少，范围窄；考古发现的商代至春秋中期的青铜铸造作坊已不少，但未发现有以生产青铜工具为主的作坊；考古发现的该阶段各类生产工具大量的仍是石、骨、蚌质的，还应有未能保存下来的木质工具。第二阶段为春秋晚期至战国中期，为青铜农具普遍使用的时期，青铜农具在生产中占主导地位。该阶段情况发生了较大的变化，考古发现的青铜农具的数量多；种类形式多，发展快；发现青铜农具的地点多，范围广；在山西侯马发现了春秋晚期晋国铸铜作坊生产青铜铲和镬的一些陶范，可以看出当时青铜农具生产规模巨大；春秋晚期至战国中期的墓葬、窖藏、遗址中青铜农具的出土量大增。

可以看出，中国商周青铜农具的发展经历了较长的阶段，其发展趋势则是由少到多，由落后到进步，至春秋时期才大量使用，促进了春秋晚期以来生产力的巨大发展。并且商周青铜农具在发展过程中存在各种不平衡性，包括各地区铜料的来源不平衡、当时社会经济政治发展的不平衡、地貌土壤不平衡等各种因素。

（二）青铜农具的功用

1.实用功能

青铜农具首先具备的属性自然是应用于农业生产中，即它的实用功能。从农具的结构上来看，其截面有钝角三角形、椭圆形或方形，以便于安装固定和劳作用力。另外有些出土青铜农具上有使用痕迹和磨损。这些都能体现出青铜农具在当时是用于农业生产中的，具有强大的实用功能，这也是青铜农具的首要功用。

2.祭祀功能

青铜农具的第二种功用则是祭祀功能，即充当祭祀品。王水根指出在新干出土的青铜农具中，有与青铜礼器和陶器纹饰相呼应、带有简化人面纹的双目纹铲，以及带有简化兽面纹或云雷纹的犁铧。其认为若不是为适应祭祀之目的，在容易磨损的青铜农具上装饰花纹，意义是不大的，有许多实用器并没有装饰花纹。

商周时期虽然使用了青铜农具，但相对于石质及其他材质农具而言，其优越性是有限的，而这类质地的农具在一定的空间和时间范畴内也还占有一定位置，在一些生产环节中，其他材质的农具功能性并不比铜农具差。不同地区在地貌、土壤、铜矿等方面的差异，也是影响青铜农具使用的重要因素。

商周青铜农具的发展经历了相当长的历史阶段，其发展趋势是由少到多，由落后到进步，至春秋时期才大量使用，金属农具促进了春秋晚期以来生产力的巨大发展。而这种现象与社会生产特别是农业的发展和铸铜技术的进步密切相关。

[参考文献]

1. 白云翔：《殷代西周是否大量使用青铜农具之考古学再观察》[J]，《农业考古》，1989（1）。

2. 白云翔：《我国青铜时代农业生产工具的考古发现及其考察》[J]，《农业考古》，2002（3）。

3. 陈梦家：《殷墟卜辞综述》[M]，北京：中华书局，1956年。

4. 陈振中：《青铜生产工具与中国奴隶制社会经济》[M]，北京：中国社会科学出版社，2007年。

5. 陈振中：《殷周的铚艾——兼论殷周大量使用青铜农具》[J]，《农业考古》，1981（1）。

6. 恩格斯：《家庭、私有制和国家的起源》[M]，北京：人民出版社，2018年。

7. 郭沫若：《奴隶制时代》[M]，北京：中国人民大学出版社，2005年。

8. 华觉明：《论商周青铜农具及其制作使用》[J]，《自然科学史研究》，1990（2）。

9. 黄展岳：《古代农具统一定名小议》[J]，《农业考古》，1981（1）。

10. 尚钺：《先秦生产形态之探讨》[J]，《历史研究》，1956（7）。

11. 唐兰：《中国古代社会使用青铜农器问题的初步研究》[J]，《故宫博物院院刊》，1960（0）。

12. 王水根：《江西青铜农具研究》[J]，《农业考古》，1996（3）。

13. 徐学书：《商周青铜农具研究》[J]，《农业考古》，1987（2）。

14. 杨宝成：《商周时期的青铜农具》[J]，《江汉考古》，1990（1）。

15. 于省吾：《从甲骨文看商代社会性质》[J]，《东北人民大学人文科学学报》，1957（Z1）。

贵州陶瓷史话：以考古发现与馆藏实物为中心

李二超　黄琳　　　　　　王秀楠

（贵州省博物馆）（重庆市巴南区文化遗产保护中心）

摘　要　本文指出贵州陶器的起源可以追溯到新石器时代早期，汉代贵州开始出现硬陶、釉陶和原始青瓷，六朝时期出现成熟的瓷器。从六朝至宋初，贵州境内的瓷器，主要为外部输入，直至宋代中晚期，贵州开始掌握烧制瓷器的技术，开始出现本土的瓷器。明清时期，贵州境内的青花瓷多为外部输入，但本地仍然保留着青花瓷的生产。民国以来，制瓷技术回旋式发展，釉陶器再次出现。时至今日，贵州境内还传承着原始的制陶制瓷技术。

关键词　考古；贵州；陶器；瓷器

　　贵州地处中国西南，处于云贵高原的东部，境内山脉众多，河流纵横其间。由于地理环境相对闭塞，贵州地区接受外部先进的陶瓷生产技术的时间相对滞后；由于陆路交通不便，水路成为对外交流的主要通道，因此考古发现的早期聚落遗址，亦多分布在河流沿岸。贵州早期的考古工作多由贵州省博物馆承担，因此，贵州省博物馆有着丰富的陶瓷器藏品，大体可分为陶器、釉陶、印纹硬陶、原始青瓷、瓷器五大类。通过对这些馆藏陶瓷器的梳理，再结合近几年的考古发现，可以简单勾勒出贵州陶瓷的发展历程。

一、贵州陶器的发展与传承

陶器是用陶土加水和其他羼和料，经成型、晾干、烧制而成的器具。早期的陶器主要用于制作日常生活所用的各种容器和炊器，后来也用于制作工具或其他用具、建筑材料和陶塑艺术品等，陶器的制作手法分为手制、模制和轮制三种。其中手制包括捏塑、泥片贴塑和泥条盘筑三种方法。

目前，中国境内发现最早的陶器为江西万年仙人洞遗址出土的陶器，其年代可以早到距今2万年，亦是目前世界上已发现陶器的最早年代。贵州境内在新石器时代已经出现较为成熟的陶器，比如平坝飞虎山洞穴遗址的彩陶片（图1），饰上下两条红色带状纹饰，与仰韶文化的红顶钵装饰方法类似。而彩陶也是仰韶文化的代表性特征之一，之后影响范围甚广，飞虎山洞穴遗址出土的彩陶可能是受到仰韶文化的影响所致，虽然仅发现一片，但足以说明彩陶文化的影响范围已到达西南云贵高原地区。到新石器时代晚期，制陶技术得到进一步发展，在贵州境内的黄金湾遗址已经发现了新石器时代晚期的陶窑。黄金湾遗址陶窑（图2），由火塘、窑箅、出火孔、烟道等几部分组成，烧陶技术十分

图1 飞虎山遗址出土彩陶片

图2 黄金湾遗址，新石器时代晚期陶窑（出自《中国文物报（文物考古周刊）》)

成熟。

商周时期，在贵州境内的赤水河流域，乌江流域，清水江、锦江流域，北盘江流域，牛栏江流域及黔中腹地等区域均发现有商周时期的文化遗存，并出土有大量的陶器和石器及少量青铜器，说明这一时期贵州境内的制陶技术更为成熟，并迈向了青铜时代。这一时期的遗址以威宁中水鸡公山遗址最为典型。鸡公山遗址出土的陶器器型主要有细颈瓶（图3）、折沿罐、直口罐、高领罐、敞口罐、敛口罐、折肩钵、敛口钵、圈足钵、匜（图4）、带流杯、喇叭口杯、带流盆等（图5），典型器物有细颈瓶、折沿罐、单耳带流杯、高领深腹大罐、双耳带流盆、器盖等，基本器物组合是细颈瓶、折沿罐、单耳杯、敛口钵和器盖。[1]

春秋战国时期至西汉中期，以普安铜鼓山遗址为代表，出土的陶器有罐（图6）、釜、豆、杯、碗、坩锅、支子等。不仅出土有陶坩锅，而且还出土有制作石范，陶坩锅和石范配合使用以浇铸青铜器。陶坩锅（图7），夹砂黄褐陶，手制，直腹，圜底，器型小且厚重，内壁及底部黏附少量铜锈。器表饰绳纹，残高6.7厘米，腹壁厚0.7厘米，底径7厘米，说明当时是用来盛装浇铸青铜器的铜液。而且经过验证，赫章可乐遗址出土的青铜戈可与普安铜鼓山遗址出土的戈范套合。[2]说明了贵州这一时期的青铜器有本地铸造的，见证了贵州这一时期青铜铸造技术的发展。

秦汉时期陶器的烧制技术达到顶峰，陶器制造技术也受到汉文化的影响，以赫章可乐遗址、兴仁交乐汉墓、安顺宁谷汉墓等为代表，还出现了表现生产生活的陶质明器，比如陶屋模型（图8）、抚琴俑（图10）、陶说唱俑等人物俑和陶鸡、陶狗（图9）等动物模型。秦砖汉瓦的烧造技术在这一时期扩散到贵

---

[1] 贵州省文物考古研究所、四川大学历史文化学院考古系、威宁县文物保护管理所：《贵州威宁县鸡公山遗址2004年发掘简报》，《考古》2006年第8期，第11~27页。

[2] 刘恩元、熊水富：《普安铜鼓山遗址发掘报告》，见贵州省博物馆考古研究所编：《贵州田野考古四十年（1953—1993）》，贵阳：贵州民族出版社，1993年，第65~87页。

图 3　鸡公山遗址出土小口细颈瓶　　　图 4　鸡公山遗址出土陶匜

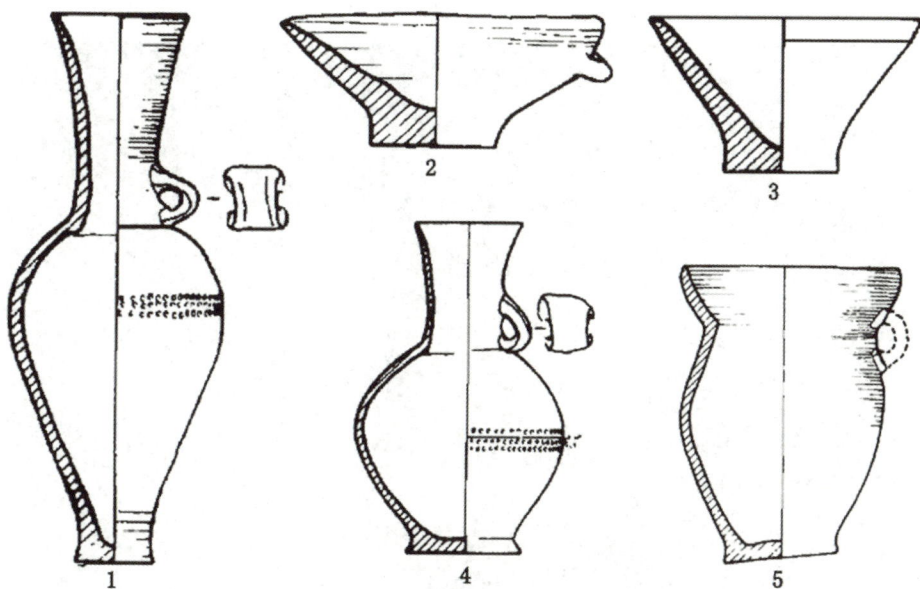

1.小口细颈瓶　2.单耳带流杯　3.杯　4.细颈瓶　5.折沿罐

图 5　鸡公山遗址出土器物（出自《贵州威宁县鸡公山遗址 2004 年发掘简报》）

图6 铜鼓山遗址出土陶罐口沿

图7 铜鼓山遗址出土陶坩锅

图8 东汉陶屋模型

图9 东汉陶狗

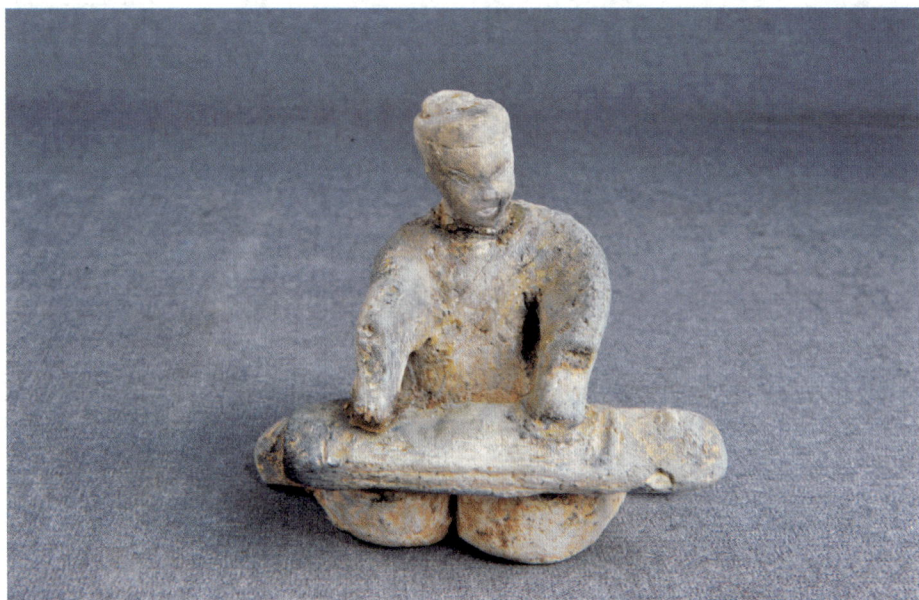

图10 抚琴俑

图 11　人牵牛车画像砖

图 12　绳纹板瓦

图 13　遵义新场遗址出土兽面纹瓦当和脊兽

州境内，如交乐汉墓和安顺宁谷汉墓均发现有较多的砖室墓，还有安顺宁谷发现了大量的汉代时期的陶瓦，贵州省博物馆藏有出土于汉代墓葬和遗址的人牵牛车画像砖（图11）、绳纹板瓦（图12）。在贵州境内还发现有汉代烧造建筑材料的窑址。2005年，贵州省文物考古研究所在沿河县洪渡镇发掘了6座汉代砖瓦窑址。[1]汉代以降，随着社会生产力的发展，瓷器作为生活用器，使用比重逐渐增加，陶器则逐渐成为明器，比如六朝时期的陶器和宋明时期播州杨氏

[1] 刘文锁、张合荣：《沿河洪渡汉代窑址》，见贵州省文物考古研究所编著：《2003~2013贵州基建考古重要发现》，北京：科学出版社，2015年，第163~167页。

家族墓地出土的陶俑等。陶器在生产生活中，则主要用于建筑构件，比如遵义新蒲新场遗址出土的兽面纹瓦当、脊兽（图13）等。[1]

二、贵州印纹硬陶器的考古发现

硬陶流行于长江以南，包括广东、广西、湖南、江西、福建、浙江及江苏南部等地区，用一种密度较大、含铁量高、黏性较强的当地黏土制成，高温烧成后胎质呈紫褐色。与灰陶相比，烧成温度更高，陶质更坚硬，故称硬陶。汉代硬陶继承华南地区自新石器时代后期以来的几何印纹硬陶的传统。一般圆形容器主要采用轮制，器物表面往往拍印细密的方格纹，或刻有波状纹、锯齿形纹等。[2]

硬陶和原始瓷的制作原料基本一致，皆非普通易熔性黏土，而是一种含Fe_2O_3较低的较纯黏土。普通陶器胎料的化学组成表现为中SiO_2、低Ai_2O_3和高熔剂$RxOy$（主要是Fe_2O_3）的特点，硬陶和原始瓷则为高SiO_2、中Ai_2O_3、低熔剂$RxOy$（主要是Fe_2O_3）的特点。由于后两者的制作原料中熔剂较低，所以比普通易熔性黏土可耐更高温度，其中硬陶的烧成温度一般为1100℃左右，最高可达1200℃，原始瓷的烧成温度一般在1200℃左右。[3]

贵州省博物馆藏的东汉硬陶罐（图14），折沿、鼓腹、平底，器身满饰拍印方格纹，具有典型的汉代硬陶特征，该件器物通高38.5厘米、口径21.2厘米、底径24.8厘米，为1966年平坝马场天龙大小山平M7出土，该件硬陶罐的出土，说明了汉代时期的硬陶器分布范围已经遍及云贵高原地区。

---

[1] 彭万：《遵义新蒲播州杨氏土司墓地》，见《2003~2013贵州基建考古重要发现》，第205~213页。

[2] 冉万里编：《汉唐考古学讲稿》，西安：三秦出版社，2008年，第65页。

[3] 牛世山：《殷墟出土的硬陶、原始瓷和釉陶——附论中原和北方地区商代原始瓷的来源》，《考古》2016年第8期，第86~96页。

图14 东汉方格纹硬陶罐

三、贵州釉陶器的考古发现

随着社会生产力的进步，在汉代，出现了不同于一般陶器的釉陶，釉陶与一般陶器相比，烧成温度更高，火候也更为均匀，器表施釉也使得器型更为美观和耐用，是陶器向瓷器发展的一个关键阶段。到唐代时，又出现了三彩釉陶，与汉代釉陶相比，三彩釉陶釉色绚丽，但多作为明器随葬于墓葬。

釉陶器是汉唐时期制陶业的突出成就之一，这一时期由于制瓷业的迅速发展，陶器在社会生活中的比重逐渐降低，除部分日用陶容器和陶质建筑材料外，大部分陶器发现于墓葬，多为随葬用。这一时期的陶器一般有灰陶或红陶，还有硬陶和釉陶。

1.馆藏汉代釉陶与考古发现

所谓釉陶，是指表面施釉的陶器，以普通陶土为原料，胎质较软，表面多施绿、黄褐等含铅色釉，因铅的熔点较低，在釉料中起到了助熔的作用，可以在700—800℃烧成，故这种釉陶属低温釉陶器，在商代遗址就有发现。河南安阳市孝民屯遗址出土一件釉陶瓿，编号H683:172，侈口、窄肩或广肩，深腹或腹较深，圜底下接圈足，肩下有竖穿耳，紫红胎，铁灰色釉暗中透亮，耳右侧残留戳印纹。残高6.1厘米。[1]

汉代以来，釉陶有了新的发展，汉代的釉陶，胎质为普通的泥质红陶，在氧化气氛中低温（700—800℃）烧制而成。釉料一般是以铅的化合物为助熔剂，又称"铅釉陶"。釉色有绿或黄褐色等，绿釉以铜元素为呈色剂，黄褐色釉则以铁元素为呈色剂，低温釉陶主要流行于北方地区。

贵州境内发现的釉陶器主要出土于墓葬中，器型以罐为主。如东汉方格纹釉陶罐（图15），于1958年清镇琊珑坝清M13出土，侈口、弧腹、平底，器身拍印细密的方格纹和零星分布的米字形方格纹，施黄褐色釉，通高35.3厘米，口径24厘米，腹径31.7厘米，底径25厘米；汉弦纹釉陶罐（图16），于1959年清镇芦狄村新新桥清M56出土，侈口、束颈、溜肩、鼓腹、腹部饰上下两道弦纹，施黄褐色釉，局部呈绿色，下腹部及器底不施釉，通高15.7厘米，口径13.8厘米，底径15.4厘米。

2.馆藏唐三彩与明代三彩器

唐三彩是唐代铅釉陶器的总称。"唐三彩"之名史无记载，相传20世纪初期修陇海铁路时，洛阳附近的唐代墓中出土了一批多彩釉陶器，时人称之为"唐三彩"，于是"唐三彩"之名出现并沿用至今。

唐三彩是在汉代以来黄、绿釉陶的基础上，对胎质和釉色不断改进而来

---

[1] 牛世山：《殷墟出土的硬陶、原始瓷和釉陶——附论中原和北方地区商代原始瓷的来源》，《考古》2016年第8期，第88页。

图 15　东汉方格纹釉陶罐

图 16　汉弦纹釉陶罐

的。北魏太和八年（484），司马金龙墓发现了大批绿釉和黄釉的陶俑。在安阳北齐范粹墓和濮阳李云墓里出土的铅釉陶器，以白色黏土作胎，造型规整，黄釉里挂有绿色彩带，已经接近唐三彩了。唐三彩以高岭土或其他白色黏土为原料，先将坯胎经1100℃素烧，取出后再上釉经800℃左右氧化焰焙烧而成。彩的釉料是铅和石英配制的透明釉，在釉料中加入适量的氧化铜后呈绿色，加入适量的氧化铁呈黄褐色，加入氧化钴则呈蓝色，并在此基础上配成了深绿、浅绿、赭黄、浅黄、天蓝、褐红、茄紫等色彩。一件釉陶器上往往多种色彩并存，因此所谓"三彩"实则是"多彩"。唐以后，三彩器逐渐衰落，但制作工艺一直传承，比如后期出现的"宋三彩""辽三彩""金三彩"，至明代，贵州境内杨氏家族墓葬中还出土有大量三彩俑。[1]

　　贵州省博物馆藏唐三彩主要有三彩人物俑、三彩动物俑、三彩枕等，多为其他单位调拨。唐三彩马（图17），为1959年上海市文管会拨交，该件三彩

---

[1] 张宏彦：《中国考古学十八讲》，西安：陕西人民出版社，2010年，第439、440页。

图17 唐三彩马

图18 唐三彩男侍俑

马前右足断粘补，前左足断补、尾断粘，两耳有磕缺；呈自然站立状，头微低垂偏向一侧，目视前方，马尾上扬，体型健硕，马头和马鞍施釉，釉色有黄色和褐色，通高47厘米、首尾长55厘米。唐三彩男侍俑（图18）为1959年上海市文管会拨交，该件男侍俑双手相握而立，手与身体相挨处有一圆孔，似握有东西，头戴高帽，身披长衣，下摆至脚面，头部素面无釉，仅在帽檐处有釉，外衣和下摆施黄色釉，左侧施釉至脚，部分地方流釉至底部，中空，通高28厘米。

贵州省博物馆藏明代三彩吹号骑马俑（图19），出土于明成化十九年（1483）的杨辉墓中，为仪仗俑中的一件，全身施绿、黄、褐三种釉色，作骑马吹号状，骑士头戴折沿黄釉帽，左右执号，右手曲肘放于胸前，身穿绿色右衽长衣，骑在马背，马作自然站立状，施黄色、褐色釉，通高24厘米。

图19 明代三彩吹号骑马俑

四、馆藏原始青瓷器与考古发现

原始青瓷属于釉陶的一种，因其以高铝低铁黏土为原料，胎质较硬，表面有青灰或青绿薄釉，火候高达1200℃左右，属高温釉陶器。其性质介于陶与瓷之间，因此被称为原始瓷器。又因这类瓷器多施青釉，所以称之为原始青瓷。

就全国范围来看，原始瓷在夏商时期的中原和南方地区就已出现，目前发现最早的原始瓷是二里头遗址第四期和第二期出土的原始瓷盂，均在器表施酱色釉，第四期的原始瓷盂还饰有印文。[1]而贵州境内发现的原始青瓷，主要出土于汉魏六朝时期的墓葬中，器型有罐、壶、砚等。

贵州省博物馆藏原始青瓷也较多，多出土于贵州地区汉魏六朝时期的墓葬中，少数在当地征集。如东汉四系青瓷罐（图20），于1972年威宁中水出水公社马家院子龟山征集，侈口、溜肩、鼓腹、平底，在肩部贴塑四系，通体施釉不及底，釉色为青色，釉面开裂严重，器型小巧，高7.7厘米，口径7厘米，底径8厘米；六朝青瓷圆砚（图21），于1959年清镇大冈牧马场清M105出土，子母口，推测还有器盖，器外壁及器底施釉，呈青绿色，施釉不均匀，器底三

图20　东汉四系青瓷罐　　　　　图21　六朝青瓷圆砚

---

[1] 鲁晓珂等：《二里头遗址出土白陶、印纹硬陶和原始瓷的研究》，《考古》2012年第10期，第89~96页。

支乳钉形矮足，直径14厘米，通高仅2.5厘米。

五、馆藏瓷器与考古发现

瓷器用瓷石或高岭土做坯，在1200℃左右的高温中烧成，坯体烧结坚硬，坚固耐用；瓷器在胎的表面上一层釉，胎釉紧密结合，不会脱落，釉层表面光滑，不吸水，接触污物后容易洗净，还可在高温中消毒，清洁卫生；坯土具有可塑性，可以做成各种形状的器物，便于满足人们各方面的需求。

学界普遍认为中国在东汉时期就已烧制出成熟的瓷器，而贵州境内发现的较为成熟的瓷器多为六朝时期，馆藏六朝时期的瓷器有六系罐、盘口壶、蛙形水注、碗、唾壶等。青瓷鸡首壶（图22），1965年平坝马场万人坟平M37出土，盘口、细颈、溜肩、斜腹、平底、柄残，在肩部贴塑鸡首，并贴塑桥型系，为典型的南朝时期青瓷器，残高28.4厘米，口径11厘米，底径14厘米。虽然为贵州境内出土六朝时期的瓷器，但在贵州境内尚未发现这一时期用于烧制瓷器的瓷窑遗址。

唐宋时期，制瓷业高度繁荣。唐代形成了以浙江越窑为代表的青瓷和以北方邢窑为代表的白瓷两大瓷窑系统，并出现了有评品瓷器高下的《茶经》。宋代五大名窑名扬中外，馆藏宋代瓷器有青瓷、青白瓷和影青瓷等。

北宋中后期，北方制瓷业极为发达，后世选取"定、汝、官、哥、钧"并称为五大名窑。馆藏的白瓷碗（图23），于1984年桐梓夜郎坝后台窝宋代墓葬出土，敞口、圈足，内外壁均施釉，器外壁施釉不及底，口径10.5厘米，底径4.5厘米，烧制工艺精美，只是釉面剥落严重，与定窑系产品器型一致，当为定窑系所产。据文献记载，定窑以烧精美的白瓷名扬天下，兼烧黑釉、绿釉、酱釉及白釉剔花等品种，以其布局严谨的印花瓷器最具特色。

南方宋代瓷窑以景德镇为代表，景德镇窑始烧于五代，至宋代，制瓷技术成熟，规模及质量都有很大的发展与提高。元明两代不断出现创新品种，并成

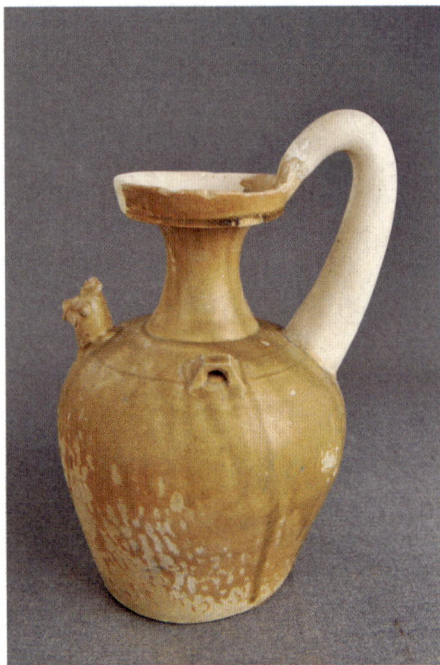

图22　六朝青瓷鸡首壶

图23　宋代白瓷碗

图24　宋代影青瓷碗

为全国制瓷中心。清代前期继承明代的优良传统，在彩瓷及釉色品种上又有突出成就。

宋代景德镇主要烧制青白瓷单一品种，青白瓷以其釉色介于青白之间，说它是青瓷又青中显白，说它是白瓷又白中泛青。这种介于青瓷、白瓷二者之间的青白瓷具有景德镇独特的地域特色。晚清以后青白瓷一般被称为"影青"，宋文献仅见青白瓷名，无影青之称，晚清以至民国初年出版的瓷书又有"隐青""映青""印青"等名称，所指均为青白瓷。景德镇发现烧青白瓷的宋代瓷窑遗址有湖田、湘湖、胜梅亭、南市街、黄泥头、柳家湾等多处。贵州省博物馆藏宋代影青瓷当为景德镇所产，如宋代影青瓷碗（图24），于1954年桐梓元田坝冷家坡宋墓出土，敞口、腹部微弧，内收，圈足，内外施满釉，口径24.2厘米，底径6.3厘米。

目前在贵州境内发现的最早烧制瓷窑的窑址，当属天柱县远口镇的瓦罐滩窑址。该窑址出土器型以碗、盘、茶盏为主，其中碗有青釉碗、青黄釉碗、青灰釉碗、酱釉瓶等（图25、图26），这些瓷碗内外均施釉，但施釉不及底，施釉均匀，釉层较薄，釉色透亮，部分碗内还粘有垫珠；另外还出土有窑具，如地柱（支座）、羊角形窑具、垫圈、垫饼、垫棒、垫条、垫珠、楔形垫具、弧形垫具等。其时代为宋元时期，发掘者认为其销售范围为贵州西南部和东南部。另外在天柱县江东乡发现的溪口窑址，其烧造年代从宋代延续至明代初期。[1]说明至迟在宋代，贵州居民已经掌握了瓷器的烧造技术，采用的是垫圈、垫饼、垫珠叠烧等方式。

总体来讲，贵州省博物馆陶瓷器藏品多样，陶器、釉陶、印纹硬陶、原始青瓷、瓷器等器物见证了贵州陶瓷的发展历史，各个时期发现的窑址又印证了贵州本地陶瓷烧制技术的发展与进步。

贵州陶器的起源可以追溯到新石器时代早期，到新石器时代晚期，陶器烧制技术成熟，并发现了加工较为规整的陶窑，商周时期制陶技术更为进步，在境内的主要河流沿岸均有发现，且这一时期发现的陶窑数量大为增加。到汉代，贵州开始出现硬陶、釉陶和原始青瓷，六朝时期出现成熟的瓷器。但贵州境内目前尚未发现烧造釉陶和原始青瓷的窑址，而且贵州境内出现的这些釉陶器和原始青瓷的器型多与中原地区和江浙一带的器型相似，而江浙地区在汉代时期是釉陶器和原始青瓷的主要产地，因此，推测贵州汉代时期的釉陶器和原始青瓷可能是从其他地方传入。从六朝至宋初，贵州境内的瓷器主要为外部输入，直至宋代中晚期，贵州开始掌握烧制瓷器的技术，开始出现本土瓷器，虽然烧制技术不够成熟，但标志着贵州地方制瓷业的出现和发展。而到明清时期，随着交通运输的便捷，贵州境内的青花瓷多为外部输入，但本地仍然保留

---

[1] 白彬：《天柱远口瓦罐滩窑址》，见《2003~2013贵州基建考古重要发现》，第219~221页。

图25 天柱远口瓦罐滩窑址出土器物

图26 天柱远口瓦罐滩窑址出土器物及窑具

着青花瓷的生产。民国以来，制瓷技术回旋式发展，釉陶器再次出现，比如馆藏黄褐釉陶罐、壶等。而且，时至今日，贵州境内还传承着原始的制陶制瓷技术，比如织金的砂陶、黄平的泥哨等。

贵州省博物馆藏李端棻相关文物与其生平述略

叶敏

（贵州省博物馆）

摘　要　本文研究贵州省博物馆藏李端棻相关文物并概述其生平。

关键词　李端棻；教育；变法

李端棻，字苾园，道光十三年（1833）出生于贵州省贵筑县（今贵阳市），祖籍湖南清泉县（今衡南县），曾祖、祖俱顺天府尹，自祖辈入黔，李氏叔侄两代皆朝廷重臣，李端棻自幼成长在山清水秀、人文俊拔的环境里，耳濡目染，受教有方。先是受业于舅父何中宪，初学有成，弱冠即补学士弟子员，随后从叔父朝仪学诗、书、经、史。李端棻晚年向表弟何麟书谈其一生的成长道路时说："吾一生为人之道，得之吾叔；为学之道，得之吾舅。"梁启超《清光禄大夫礼部尚书李公墓志铭》载："公幼而孤，依母以育，而季父京兆公朝仪，实教养之……故公终其生立身事君，大节凛然不可犯，一如京兆公。"同治元年（1862），李端棻应顺天乡试中举，二年（1863）会试联捷成进士，入翰林院编修。同治十一年（1872），李端棻出任云南学政，因母亲何氏在云南住所逝世丁忧去职。光绪四年（1878）丁忧期满重返京师，次年迁监察御史，后因其叔父擢升顺天府尹，为回避，又回翰林院任大学士。李端棻自同治六年（1867）任山西乡试考官以来，曾多次出任地方学政，其一生中任主考时，所拔之才皆为当世之名士。光绪十五年（1889），李端棻奉旨出任广东乡试正考官，慧眼识拔梁启超，以堂妹李蕙仙许之，自此与梁结为姻亲。光绪十八年（1892），李端棻升迁刑部侍郎。

光绪二十二年（1896），李端棻上《请推广学校折》，全名《时事多艰，需才孔亟，请推广学校，以励人才而资御侮折》。李端棻通观全局，统筹兼顾，认为"人才之多寡，系国势之强弱也"，建议"自京师及各府州县皆设学堂"，普及教育，以培养时用人才。提出了一整套办学纲领，由低到高，根据各级学堂的不同要求来设定学制以及教学内容：要求府州县课程设诵"四书""通鉴"等书，辅之以粗浅的外文、算学、天文、地理等；省学课程中增设天文舆地、算术、农桑、制造、兵矿、时事、交涉等；京师大学课程"惟益加专精，各执一门，不迁其业，以三年为期"。由于科目繁多，建议"分斋讲习，等其荣途，一归科第，予以出生，一如常官"，以达到"风气自开，技能自成，才不可胜用"之目的。涉及办学经费来源、讲课讲习等方面，李端棻经过调查研究，根据当时清廷现实状况，提出了切实可行的对策。此外，还提出在各地兴建藏书楼、仪器院、译书局，广立报馆，选派游历等。光绪帝对这份奏折十分重视，即诏谕总理衙门议行，总理衙门经商议后又以《议复李端棻推广学校疏》上奏光绪帝，肯定李端棻"请推广学校"之主张"于今诚为切要"，遂按李端棻奏文建议各条拟定实施办法多项，奏请"饬下各省责令实力奉行，以期得收实效"。此奏折为我国近代教育的先声。

光绪二十四年（1898）6月11日，光绪皇帝颁布《定国是诏》，要求将京师大学堂作为变法的首件大事来办，这也是百日维新的开始。7月3日，总理衙门上《遵筹开办京师大学堂折》，并附呈由梁启超草拟的《京师大学堂章程》。自此，中国近代第一所国立大学京师大学堂建立，标志着中国近代国立高等教育的开启。7月10日，康有为上《请改各省书院为中学堂，乡邑淫祠为小学堂，令小民六岁皆入学折》。李端棻的教育改革方案成为百日维新时期教育改革的主要内容，为近代中国推行新教育事业作出了开拓性的贡献。这一年，李端棻被擢升为礼部尚书，负责掌管全国教育行政。

光绪二十四年7月24日，为保卫戊戌变法成果，李端棻上《变法维新条陈当务之急折》，该折内容有："一请御门誓群臣、以定国是；二曰开懋勤殿，选通人入值，议定新法；三请改定六部之则例；四曰派朝士归办学校，请派各省通才办学堂。"梁启超曾评价李端棻说："二品以上大臣言新政者，一人而已。"戊戌变法失败后，李端棻被革职流放新疆，中途因病滞留甘州。

馆藏《李端棻行书诗屏》(图1)抄录了李端棻诗作六首，开篇"乡心岁岁

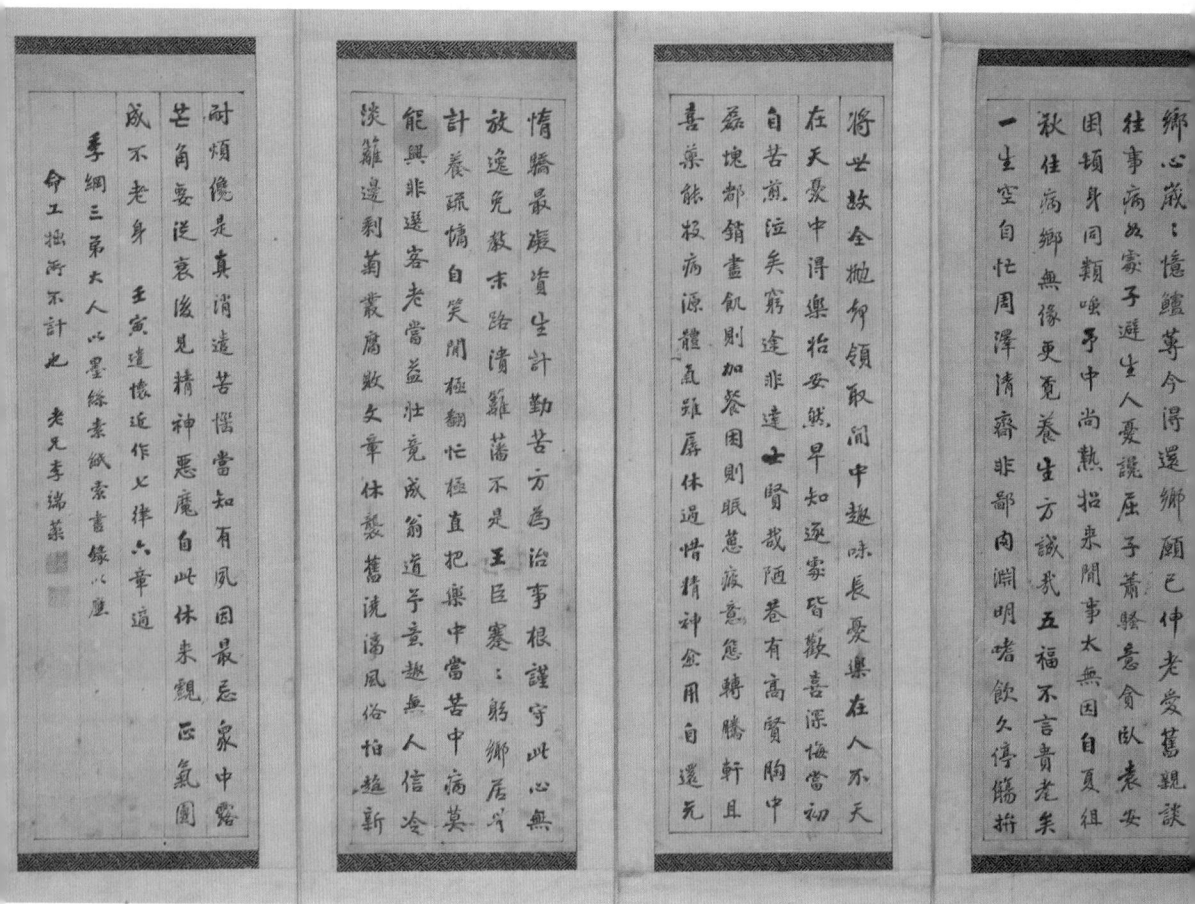

图1 《李端棻行书诗屏》

忆鲈莼，今得还乡愿已伸。老爱旧亲谈往事，病如处子避生人。忧谗屈子萧骚意，贪卧袁安困顿身。同类嗤予中尚热，招来闲事太无因。"从内容上可知此诗作于朝廷下诏赦归黔之后，作者因病情加剧而思绪纷飞，不禁感慨万千。"自夏徂秋住病乡，无缘更觅养生方。诚哉五福不言贵，耄矣一生空自忙。周泽清斋非鄙肉，渊明嗜饮久停觞。拼将世故全抛却，领取闲中趣味长。""腐败文章休袭旧，浇漓风俗怕趋新。耐烦才是真消遣，苦恼当知有夙因。最忌众中露芒角，要从衰后见精神。恶魔自此休来觑，正气团成不老身。"（图1）这些诗

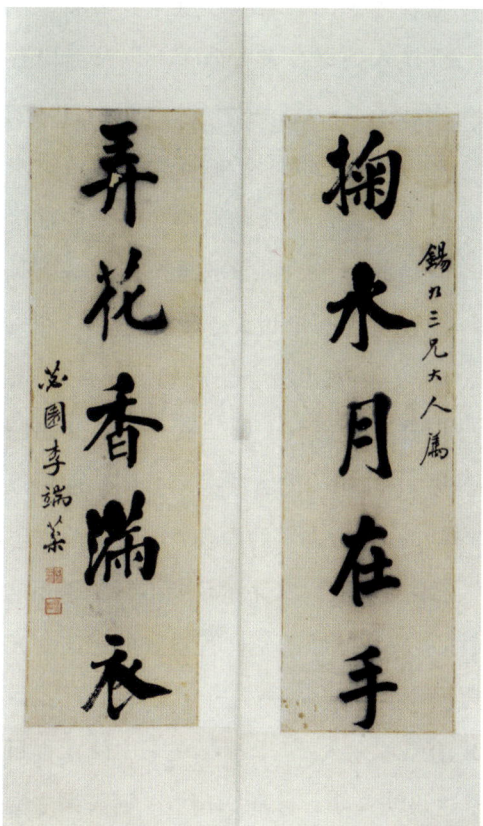

图2 《李端棻楷书五言联》

图3 《李端棻楷书八言联》

图4 《李端棻行书七言联》

句表达了作者经历跌宕起伏后的复杂心情。此外，馆藏还有李端棻楷书五言联"掬水月在手，弄花香满衣"（图2）、楷书八言联"秋月照人如镜临水，春雨润木自叶流根"（图3）、行书七言联"图书左右天香满，烟月高深地位清"（图4）等作品。

变法虽败，李端棻亦认定新学、新政、新思想是治国之道、富强之路，耄耋之年仍决心继续其未竟事业，积极投入到家乡教育改革，以开启民智为己任。光绪二十八年（1902），李端棻应贵州巡抚邓华熙聘请，主持贵州经世学堂，积极向贵州年轻一代宣传自己的民主、科学的思想。第一次月课让学生写论说文，就出题为"卢梭论"，阐发民权自由思想，导引后进，以开黔中风气。第二次月课，又出题为"培根论"，还把自己所藏《新民丛刊》中的相关内容给大家抄阅。面对家乡落后、闭塞的状况，对如何讲学，选择什么作为讲学的内容，李端棻陷入思考，其诗《应经世学堂聘》记载"糟粕陈编奚补救，萌芽新政要推行。暮年乍拥皋比位，起点如何定课程"，由此表明李端棻已经萌生课程设置的想法。光绪二十九年（1903），李端棻写了《普通学说》，他强调："当今之世所最急者，教育与政治；所急需者，教习与深于政治原理之人。"李端棻在书中就课程目的、课程内容发表了重要的见解："为学之最初一步，普通学是也。西人谓之文学、质学。质学，东人又谓之科学，凡人类应有之智识悉具于是。学校用者谓之教科书，程度之高低，则随学校之大小而异。不明普通学，不能学专门，欲求专门之大成，则普通学之程度亦须随之而高。"最后还开列了普通学的一些书，有几何、算数、地理、历史、政治、经济等十六个科目。该书为学生的学习起到了积极的促进作用，为贵州的近代教育事业改革提供了基本依据。

光绪二十八年（1902），李端棻和于德楷、乐嘉藻等贵州名士在贵阳城北正本书院（今贵阳市公安局云岩分局所在地），创办了贵州第一所公立中学堂，名"贵阳府中学堂"。民国《贵州通志》言："光绪三十一年十月，在籍前礼部尚书李端棻、四川候补知府于德楷和内阁中书唐尔镛、任可澄、前仁怀厅训导华之鸿，呈请就次南门外雪涯洞创设中学堂。经贵州巡抚林绍年批准，将原设在本书院的贵阳府中学堂改移来雪涯洞，并更名'贵阳中学堂'。"学校更名为"贵阳中学堂"后，于公元1906年3月正式招生开学。随着学院和办学规模的不断扩大，雪涯洞校址渐显狭隘，远不能满足办学所需，又在南明河对面的河神庙另辟新址，兴建校舍。新校落成后，当即面向全省招生，生源不仅限于贵阳府，故学校更名为"贵州通省公立中学堂"。这是清末贵州规模最大、校舍设备最好、教学质量最高的中学，后经多次演变，于1950年与省立贵阳中学等四校合并，始称"贵阳一中"。

从光绪三十三年（1907）范鸿翔贵州通省公立中学堂第一学年修业凭照（图5）看，开设的科目依次有修身、算学、讲经、历史、地理、国文、东文、博物（动物和植物）、国画、体操，包含了近代贵州新式教育的方方面面，为之后贵州辛亥革命造就了大批人才。同年，李端棻还与唐尔镛、任可澄、华之鸿等人发起成立贵州教育总会筹备会，对近代贵州教育的发展有重要的推动作用。

光绪二十八年（1902）四月，李端棻与贵阳士绅于德楷、乐嘉藻、李裕增四人出于"谋黔省教育之发展，振兴贵州文化，培养新学师资以应教育发展之需求"之目的，在贵阳次南门外名胜雪涯洞、丁公祠、昭忠祠、来仙阁创办了贵阳公立师范学堂，是贵州第一所师范学堂。光绪三十二年（1906），在学

図5 范鸿翔贵州通省公立中学堂第一学年修业凭照

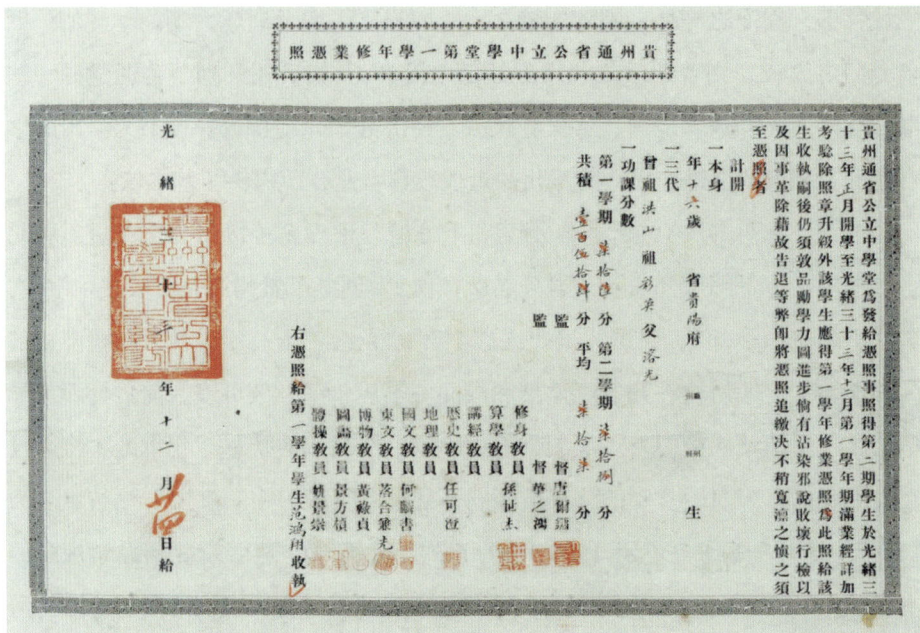

图5 范鸿翔贵州通省公立中学堂第一学年修业凭照

堂原址之一的来仙阁办师范教育讲习会，后创设师范传习所。光绪三十三年（1907），师范传习所迁大十字贵阳贡院，改称"贵州官立师范传习所"。是年，贵州官立师范传习所再迁位于今贵阳省府路的贵山书院，改设为师范简易科。光绪三十四年（1908），师范简易科迁回雪涯路原址，改办为贵州优级师范选科学堂。范鸿翔贵州全省官立优级师范学堂文凭（图6）就是宣统元年（1909）由该校所发，从文本内容看，设置科目有伦理、物理、英语、教育、化学、体操、论理、数学，还有平时考勤分数计入总成绩。宣统二年（1910）和宣统三年（1911），范鸿翔继续升学受教，并顺利毕业拿到毕业证书，即贵州优级师范预科毕业证书（图7），文本显示这一年他十八岁，所修科目有伦理、地理、化学、天然画、国文、数学、博物、体操、历史、物理、几何画、外国语。宣统三年（1911）底，贵州全省官立优级师范学堂改办为贵州两级师范学堂，培

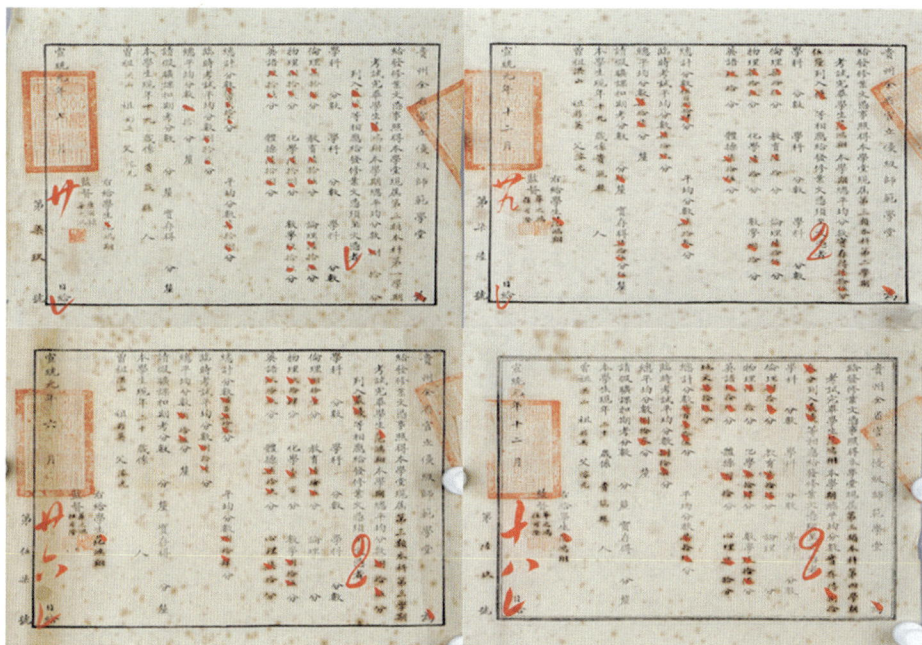

图6　范鸿翔贵州全省官立优级师范学堂文凭

养中小学师资，只招男生，故又名"男师"。1912年改名为贵州省初级师范学校，1913年改称贵州省立师范学校，1935年更名贵州省立贵阳师范学校。1957年该校由省属改为市属，由贵阳市教育局直接领导，定名为贵阳市师范学校，2009年并入贵阳学院。

戊戌变法后两年，义和团运动、庚子事变和《辛丑条约》的签订进一步打击了清政府的统治，中华民族危机加重。面对列强的凌逼和形势的巨变，越来越多的中国人意识到更深层次的教育危机，改革传统教育的呼声再一次高涨。光绪二十七年（1901），清政府再次进行改革，改革内容多与戊戌变法近似，但比戊戌变法更广更深。在这样的历史背景下，贵州教育开始了从传统到近代的转型。1902年，贵州巡抚邓华熙奏请将贵山书院改为贵州大学堂，并下令各

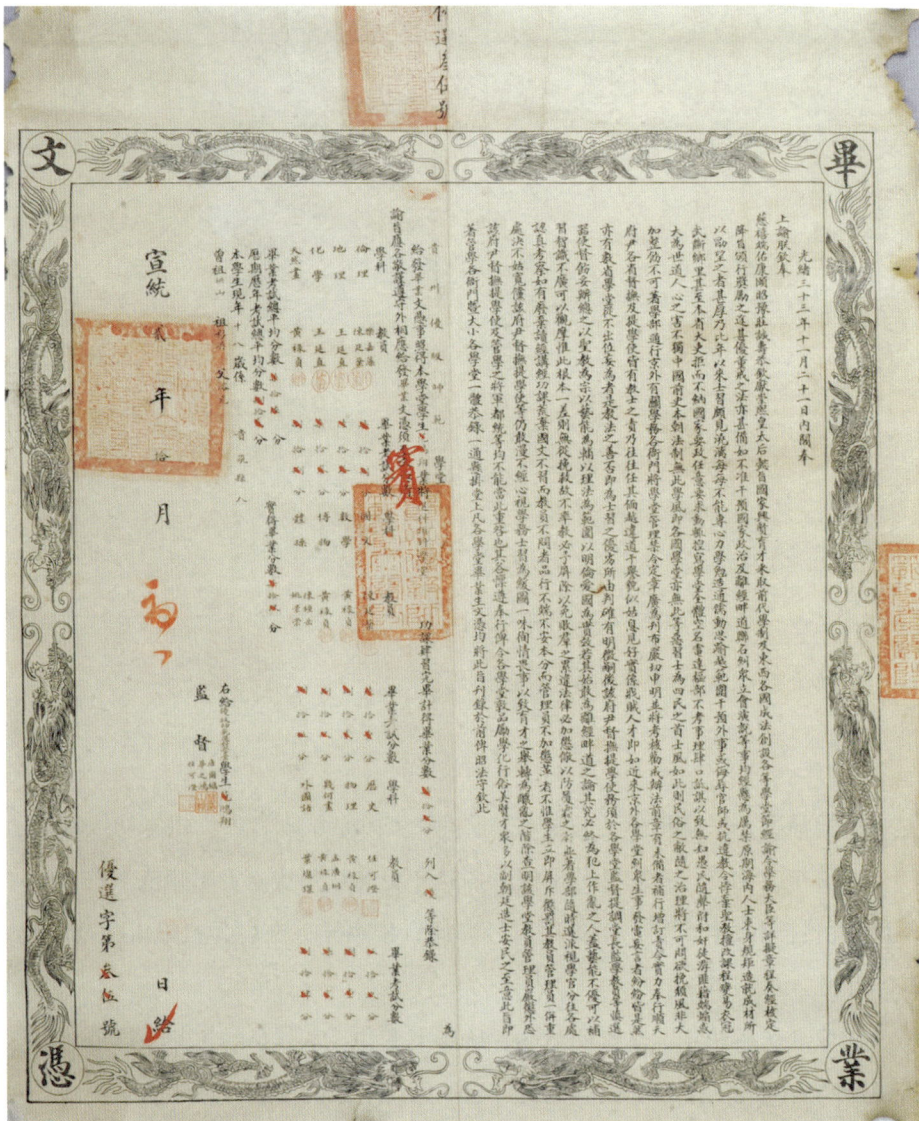

图7　范鸿翔贵州优级师范预科毕业证书

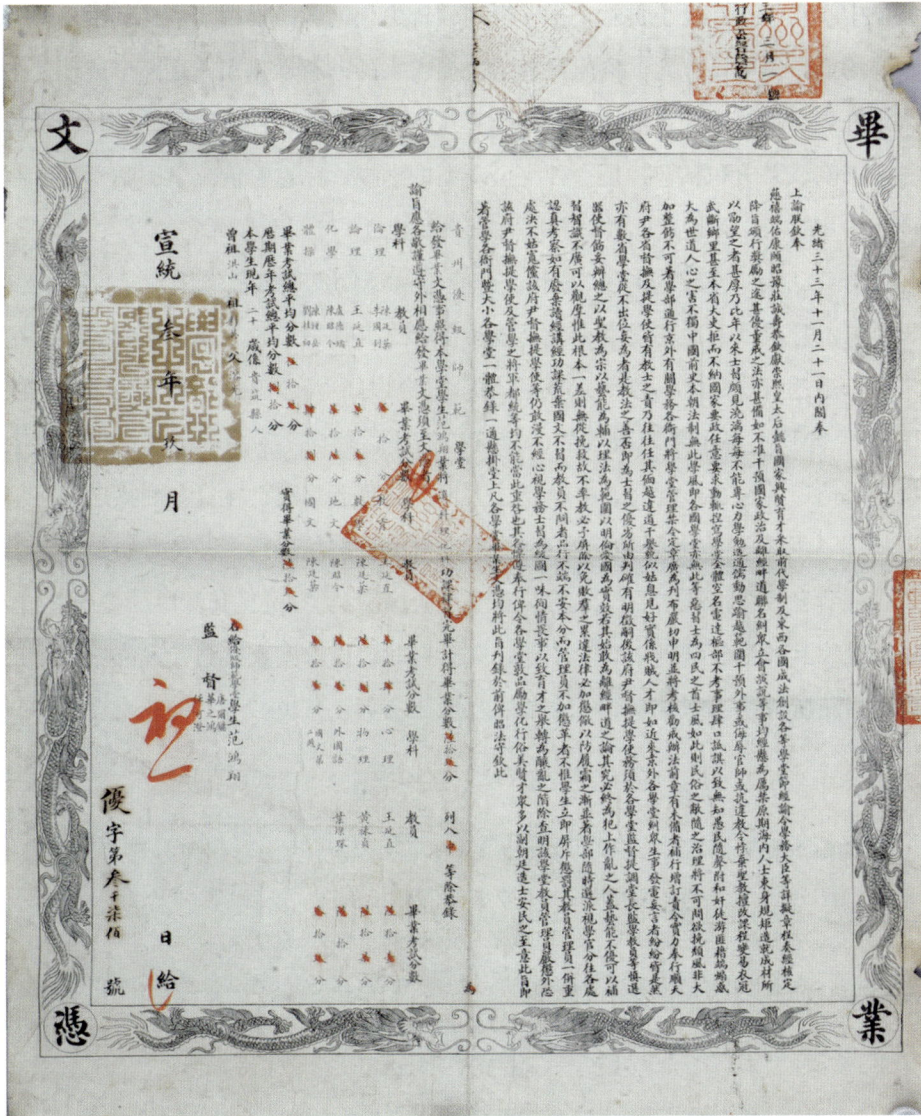

图 8 范鸿翔贵州优级师范学堂毕业证书

府设中学堂，各县设小学堂。据《贵州教育史》记载，李端棻也在其中发挥了重要的倡导作用。自此，贵州掀起了规模宏大的办新学热潮，逐渐形成了从初等到高等、门类比较齐全的学校系统。这些学校虽然条件还较差，但相对于过去的书院、义学和私塾，是一种完全新型的学校，标志着传统学、私学教育制度在贵州的消亡和近现代教育制度在贵州的建立。

光绪三十三年（1907），凌惕安编著的《清代贵州名贤像传》记载："惕安于丁未八月得见于达德学堂纪念会场，侍者二人扶掖登阶，双目炯炯如电，蹑朱履，袍色蔚蓝，修髯若雪，时距梦奠才二月耳。及今思之，老辈风徽，至深引慕。"年逾古稀、步履艰难的李端棻，仍挂心教育，并命养子李葆忠在其去世后将遗产捐赠给通省公立中学堂，去世前数月还给流亡在日本的梁启超写信道："昔人称有三岁而是翁，有百岁而童，吾年虽逾七十，志气尚如少年，天未来死我者，犹将从诸君子之后，有所尽于国家矣。"可见其深厚的爱国之情。李端棻终其一生，献身于政治革新，兴学育才，以求国家富强，民族振兴。正如梁启超所说："盖其为民请命之心，历数十年如一日也。"

[参考文献]

1. 冯楠总编：《贵州通志·人物志》[M]，贵阳：贵州人民出版社，2001年。

2. 黄江玲：《"诗界革命"的宿将——评李端棻〈苾园诗存〉》[J]，《贵州文史丛刊》，2010（2）。

3. 孔令中主编：《贵州教育史》[M]，贵阳：贵州教育出版社，2004年。

4. 凌惕安编著：《清代贵州名贤像传·第一集》（第四卷）[M]，上海：商务印书馆，1946年。

5. 秋阳：《李端棻传》[M]，贵阳：贵州民族出版社，2000年。

6. 任可澄、杨恩元纂：（民国）《贵州通志》[M]，贵阳：贵阳书局，1949年。

7. 王美东：《李端棻年谱》[A]，见卢云辉、杨昌儒主编：《贵州世居民族文献与文化研究》（2016年卷）[C]．北京：中国社会科学出版社，2019年。

8. 张羽琼、郭树高、安尊华：《贵州：教育发展的轨迹》[M]，贵阳：贵州人民出版社，2009年。

9. 钟家鼎：《李端棻评传——兼论维新官僚在戊戌变法中的地位与作用》[M]，海口：海南出版社，2004年。

10. 朱良津：《古黔墨韵——贵州书法文物阐释》[M]，贵阳：贵州人民出版社，2013年。

张石麒先生纪功碑
——记贵州辛亥革命首功张百麟先生

黄琳

（贵州省博物馆）

摘　要　本文通过几件与张百麟相关的贵州省博物馆藏品，阐述张百麟人生轨迹，见证其创立自治学社、成立大汉贵州军政府、追随孙中山参与护法运动等波澜壮阔的一生。

关键词　张百麟；自治学社；辛亥革命

贵州省博物馆文物库房中，有一方朴实的石碑，材质是白沙石，石体呈长方形，没有多余的棱角，碑面简洁，没有繁复的纹饰，只刻了两行字，居中是十个苍劲有力的楷书大字："张石麒先生光复纪功碑"，左下方刻有："平刚拜题"。（图1）

石碑上所说的张石麒，即张百麟。张百麟，字石麒，中国近代民主革命家，他出生于1878年，卒于1919年，享年41岁。张百麟祖籍湖南长沙，因他的父亲张翰分发至贵州做知县，遂全家迁往贵

图1　张石麒先生光复纪功碑

阳，于光绪四年（1878）在贵州贵阳生下张百麟。

或是因为老来得子，且张百麟又是家中独子，他的父亲对他非常宠爱，他的成长不受过多拘束，性格得以个性化发展，他豪爽、豁达、不拘小节，颇具古人的侠义之气，喜欢结交朋友，无论贵贱，不分身份，他曾说过："宁可灶中无烟，不可座上无客。"[1]张百麟与父亲去往贵州坡脚（在今安龙境）厘金时，路过贞丰，结识了"仁学会"及"同济会"的钟振玉（子俊），钟振声（子光）、胡刚（寿山）等十余人。随其父调任开州（今开阳）时，又结识了钟昌祚（山玉）等。张百麟到贵阳时，与"科学会"的乐嘉藻（采澄）、周培艺（素园）、平刚（少璜）、黄泽霖（莘卿）、彭述文（明之）等贵阳名士交往，待他进入官立法政学堂，与教员张鸿藻（显模）、学员张泽钧（秉衡）等有交往，他的朋友圈涵盖"三教九流"，纳而不拒。广交朋友使得他接触了不同阶层的生活，再加上他个性洒脱、自由，对当时的社会局势有自己的思考，对新兴的思想也有很高的接受度。

张百麟的少年时期正处于清朝末年，面对西方列强的侵袭，战败后的清政府背负着巨额战争赔款。清政府将这些财政危机以赋税的名义转嫁给各省的民众来承担，这对当时经济发展本来就位居全国倒数的贵州来说，无疑是雪上加霜。早在光绪五年（1879），时任贵州巡抚岑毓英在其奏稿中指出，当时的贵州"秋粮市价，每石银一两，折征二两，是加一倍也。又改银收钱，钱价换一千六百文，折收三千二百文，又加一倍也；复加以粮房钱票、催差杂费，又加一倍也。加上实米，除例征耗米外，另有地盘样米、尖斗尖升等项浮征，致上粮一石，非二、三石不能完纳""至收条银、百姓纳银，到时则曰'银水不足，□□不足'，多方刁难。或改钱折收，借称市钱市价，必加赢'平库'色，任意勒索。以致每完条丁银一两，加至二、三两不等"。[2]同时，统治阶级为了

---

[1] 史继忠：《张百麟：贵州辛亥革命第一功》，《人大论坛》2013年第3期，第48页。
[2]（清光绪）锦屏县新民《严禁加收钱粮碑》，见安成祥编撰：《石上历史》，贵阳：贵州民族出版社，2015年，第37、38页。

100　　　　　　　　　　　　　　　　　　　　　　　　　　　　　　贵博论丛　第二辑

维持他们骄奢淫逸的生活，加重了对劳苦大众的经济剥削，最终使得贵州各族农民"终日采芒为食，四时不能得一粟入口"，不少人家"田园卖尽，始而鬻卖屋宇，继而鬻卖男女"，"更有逃亡故绝者"。[1]极端的贫穷激化社会矛盾，直至辛亥革命爆发前夕，大大小小的起义与战斗此起彼伏。

面对社会矛盾，以及经济、社会、政治等方面的危机，清政府也不是毫无作为，他们开始兴起了以"富国强兵"为目标、以"自强""求富"为指导思想、以"师夷制夷""中体西用"为方式的洋务运动，大规模引进西方先进的科学技术、军事装备、生产机器，兴办近代化军事工业和民用企业以挽救清朝统治，推进了中国近现代工业化的发展。同时，清政府还大力推行新政，创办新式学堂，开始了中国近代化教育的篇章。新式学堂培养了一批新式人才，如翻译人才、军事人才、技术人才等，采用了新的教学组织形式、实施分年课程和班级授课制等。光绪三十一年（1905），清政府决定推行法政教育，贵州于光绪三十二年（1906）开办官立贵州法政学堂，该学堂学制二年，课程主要是学习欧美、日本的法律、政治，培养了一批在贵州进行资产阶级宪政改革的人才。

张百麟身处这样特殊的时期，深受这些思想和新政的影响。1907年，张百麟进入贵州法政学堂，他与一批志趣相投的朋友组建了读书会"自新学社"，揭露列强瓜分中国的险恶用心。此时，维新变法的思想也在贵州传播开来，进行宣传的刊物也在暗中流传，随后，张百麟在自新学社的基础上，与张鸿藻、张泽钧、周培艺等黔中名士，在贵阳田家港镜秋轩的照相馆内创建了爱国团体自治学社，这是"以预备立宪，催促立宪为宗旨"向官方申报立案的团体，成员都是接受了新思想的知识分子，张百麟既是组织者，也是领导者。而新思想的发源地镜秋轩，既是张百麟在贵阳的居住处，又是其革命活动中的重要场所。他在前院开了镜秋轩照相馆，聘请来自广东的摄影师谢石琴开展摄影工

---

[1]（民国）刘显世、谷正伦、任可澄、杨恩元纂:《贵州通志·前事志》卷二十二，贵阳：贵阳书局，1948年，第11、12页。

作，先进的技术和良好的服务，使得照相馆生意兴隆、门庭若市，为张百麟的革命事业提供了充足而稳定的经费来源，也给自治学社的成员提供了一个安全可靠的活动场所。此后，自治学社在全省陆陆续续建立了许多分社，社员上万人，是当时贵州最有影响力的社会团体。

自治学社创立的初衷，是以变法立宪为宗旨，据《自治学社社章》介绍："本社名曰自治学社，几个人自治、地方自治、国家自治之学理，皆当次第研究之。同人认定个人自治为单位，务期人人有道德智识，养成善良品行，造就完全人格，以赞助地方自治之实行，达国家自治之希望。"[1]自治学社成立的初衷，还是为了更好地研究谈论新政和变法，在《发起自治学社意见书》中有如下规定："发起人以助成立宪为宗旨，赞成者，当先审定，然后认可。"《自治社章摘要》中可见："本社以预备立宪，催促立宪为宗旨，立论者必列表与他党有别。"[2]为了更好地宣传自治学社的思想和理念，成员们创办了《自治学社杂志》。贵州省博物馆的藏品中，便有一本光绪三十四年（1908）发行的《自治学社杂志》，此藏品自民革贵州省委常委陈纯斋先生处征集。这套《自治学社杂志》共有三册，一册尺寸为26.1厘米×14.8厘米；另两册尺寸为24.5厘米×13.9厘米，官堆纸铅印。（图2）《自治学社杂志》探讨和宣传"自治之学理"的创办理念，可以从这套《自治学社杂志》的部分文章窥见一斑，第一期有张百麟发表的《发起自治学社意见书》一文；第二期文章大多都是关于"自治之原理"的论述；第三期主要文章有《日本之野心》等。可见《自治学社杂志》对于宣传反帝反封建、传播科学与民主以及启迪民智等方面，都做了一定的贡献。

与此同时，国内的各种矛盾也越来越尖锐，随着大量下层知识分子加入自治学社，自治学社成员们的思想也逐渐发生改变，他们开始认识到，面临国家被列强瓜分的国际危机和国内日益尖锐的阶级矛盾，一部分新兴知识分子想通

---

[1] 伍小涛：《贵州自治学社的思想轨迹》，《当代贵州》2013年第24期，第63页。
[2] 同上。

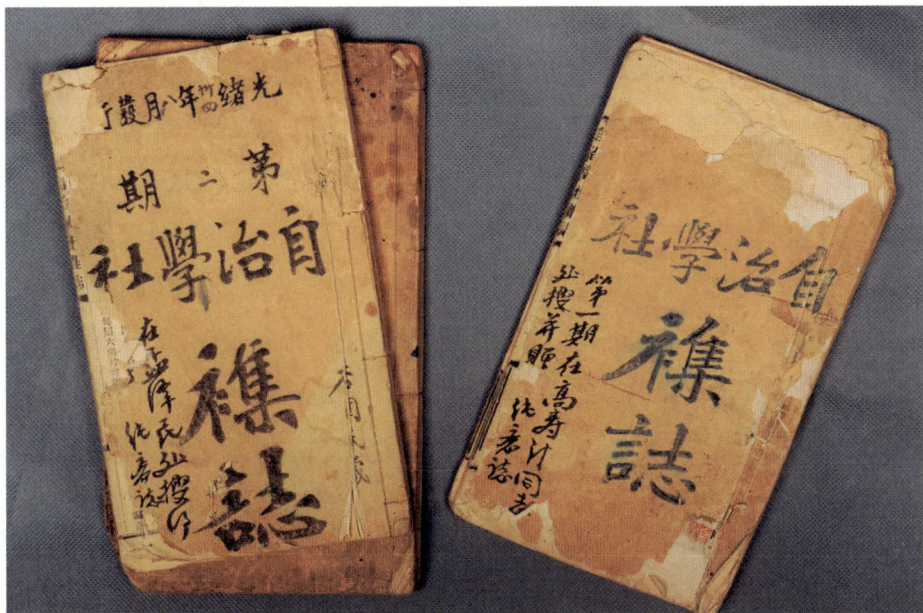

图2 《自治学社杂志》

过立宪改良来挽救腐朽的清王朝，但残酷的现实告诉他们：只有推翻清王朝的统治，才能推动社会进步和国家的繁荣昌盛。而自治学社的发展也受到立宪派和官府的诸般压制，1911年新上任的贵州巡抚沈瑜庆，更是与宪政派串通一气排斥自治学社，这成为自治学社转而倡导革命的重要原因之一。一系列的社会现状，促使以张百麟为主的自治学社成员在革命的风暴到来前夕，有了革命的觉醒。而平刚的到来，则坚定了他们的信念，转而赞成革命。

平刚，字少璜，光绪四年（1878）出生于贵筑县余庆堡（今属贵阳市花溪区青岩镇），他是贵州辛亥革命的先驱。流亡日本期间，平刚加入了孙中山先生在东京成立的中国同盟会，任同盟会贵州支部长。在自治学社成立之后，平刚便呈请孙中山先生，批准将自治学社纳入同盟会组织，使之由立宪转为走上革命道路。1910年，孙中山先生指示"各省同志，各回本省运动革命，以壮声势"。平刚回到贵州，开始与张百麟策划起义的相关事宜。

1911年10月，在孙中山先生的领导下，随着武昌起义的枪声响起，辛亥革命爆发，结束了清政府的统治，推翻了在中国历史上延续两千多年的传统帝制。继武昌起义成功并建立湖北军政府后，湖南、陕西、山西等地陆续响应，10月31日，云南也宣告独立，清政府在贵州的末任巡抚沈瑜庆依靠地方官绅势力，急调刘显世带兵赴贵阳，意图联合密谋杀害贵州自治学社领袖人物张百麟、黄泽霖、周培艺等人，妄图扑灭革命火焰，此刻形势十分紧张。"武昌起义爆发，贵州的革命形势日益高涨，自治学社与新军、陆小革命力量的结合及派往各地发动会党、驻军的行动已被贵州当局察觉。巡抚沈瑜庆为防止革命爆发，命令将陆军小学子弹全部收回。"[1]11月3日，张百麟等人得知刘显世抵达关岭，决定在11月4日发动起义。当晚，陆军小学学生及新军官兵却率先发动起义，沈瑜庆见大势已去，只好交权。至此，兵不血刃，光复贵州。次日上午，贵州各界人士携手合作，由自治学社领导的民主革命派夺取政权，宣布贵州光复，成立大汉贵州军政府，由都督府、枢密院、立法院组成，以杨荩诚为都督。另设枢密院，以张百麟为院长，原咨议局改为立法院，各地设府、厅、州、县。此后一个月内全省各地都顺利归入大汉贵州军政府的旗帜下，不少地方官员照旧叙用。

贵州省博物馆藏有一张大汉贵州军政府枢密院院长张百麟与主要成员的合影。（图3）照片尺寸为32.5厘米×24.5厘米，照片中的人物从左至右：第一排第五人张百麟，第八人黄德铣，第九人黄泽霖，第二排第三人周培艺。拍摄地点为清代巡抚衙门侧的紫微厅，拍摄者是镜秋轩照相馆的摄影师谢石琴。这张照片是反映贵州辛亥革命这一重要历史事件的珍贵资料，1958年由胡刚先生捐赠。

大汉贵州军政府成立后，选举出一批新的领导人，制定了一系列革命措

---

[1] 何仁仲主编：《贵州通史》（三），北京：当代中国出版社，2003年，第700页。

图3　大汉贵州军政府枢密院院长张百麟与主要成员合影

施，发布了《檄文》《示谕》和《大汉贵州军政府令》等文告。贵州省博物馆藏的《大汉贵州军政府令》，作为贵州辛亥革命胜利后由临时军政府发布的第一号安民告示，有着极其重要的历史意义。透过这张告令，可以直观地感受到彼时的社会思想。它的尺寸为65厘米×57厘米，白皮纸石印扁宋体字。以横排"大汉贵州军政府令"作标题，正文为："贵州宣布独立，已于前日举行。所有专制苛政，一切扫除勿存。创此空前盛举，人民更庆再生。无论官绅士庶，各自安堵勿惊。倘有借端骚扰，立予斩首不徇。为此剀切晓谕，其各一体懍遵。"共六行，每行分上下两句，自右而左直排。在标题"州""军"之间钤有长方形紫泥大印，11厘米×7厘米，阳文篆书"大汉贵州军政府关防"。（图4）此布告于1961年9月由岑巩县城九旬老人聂宝先生捐赠。

　　新政府初成立，虽有系列措施，仍难免困境重重。自治党与新军明争暗

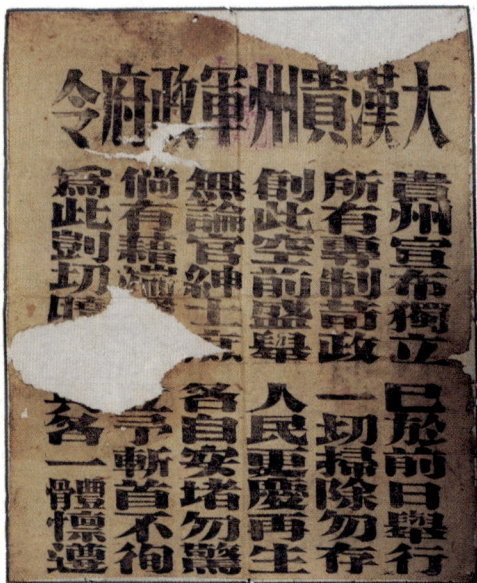

图4　大汉贵州军政府令

斗，新军内部亦矛盾重重；自治党虽与宪政派暂时合作，但二者矛盾依然没有解决，宪政派不甘于自治学社得势，私下动作不断，伺机夺权。1911年12月20日，宪政派利用张百麟出巡在外之机，以枢密院的名义向蔡锷发电，要求滇军以北伐取道为名"代定黔乱"。1912年1月27日，蔡锷派唐继尧为司令，带兵三千"入黔"，消灭贵州资产阶级革命派的力量，扶持宪政党等势力。1912年2月2日爆发了"二二政变"，宪政派密谋行刺张百麟与黄泽霖，黄泽霖惨遭枪杀，张百麟得陈守廉带兵前来营救，有幸逃离。随后钟昌祚、赵德全、许阁书等大批革命党人被杀害，各府厅州县的自治学社负责人也先后被捕杀。约1600名新军士兵被集体枪杀于螺丝山麓阳明洞旁，当时"尸积成丘，血流彼道"，被民间称为"万人坑"。

　　张百麟离开贵阳之后，先后途经安顺、贞丰进入广西，又经过香港，最后抵达上海，经平刚的引荐，谒见了孙中山和黄兴，陈述贵州乱变经过。袁世凯窃取革命政权之后，任命唐继尧为贵州都督，授张百麟以浙江省长一职，张百麟慨然辞之。张百麟与其他被迫逃亡出省的自治学社成员和革命人士在大江南北奔走呼号，揭露贵州军变真相，控诉唐继尧等人的罪行，为无辜死难者鸣冤。他组织西南协会、政治促进会等团体，创办《惧报》，编印《民权报》，宣传民主共和，制造舆论，抨击和揭露唐继尧、刘显世等镇压革命的罪恶行径和破坏革命的险恶用心。

1913年3月20日，袁世凯为了实行专制独裁，破坏民主共和，派人于上海刺杀了主张"议会政治"和"政党内阁"的国民党代理理事长宋教仁，激发了各地的反袁行动，以此次"二次革命"为开始，全国开始了大规模的讨袁武装斗争。其间，黄兴在南京组织讨袁军，张百麟毅然加入，并担任秘书长。1917年，孙中山先生领导了反对北洋政府，护卫《中华民国临时约法》的"护法运动"，意在重新建立新生共和的民主法统，并在广州另立中华民国军政府，张百麟追随孙中山先生参加了"护法运动"，任广州护法军政府司法部长，却因病未能赴任。留在上海的张百麟仍心系政治时局，他撰写了《约法战争纪要》一书。1919年10月，就在《约法战争纪要》一书完稿后不久，病逝于上海法租界明德里寓所，享年四十一岁。孙中山先生听闻噩耗，随即派人仔细料理张百麟的丧事，并予以抚恤。

1922年（民国十一年），胡刚等人联名上书，为张百麟讼冤，民国贵州省政府这才承认了张百麟的贵州辛亥革命首功。1944年（民国三十三年）9月，经民国贵州省政府同意，在贵阳市河滨公园大门右侧土坡上建立了"张石麒先生光复纪功碑"石碑一座，碑文由平刚撰写，即本文开头所提及的石碑。解放后此石碑便移至贵州省博物馆悉心保存。直至2012年12月25日，为纪念辛亥革命百年，缅怀在贵州辛亥革命中牺牲奉献的先烈，根据贵州省政协十届三次会议上的委员提案，贵阳市人民政府在河滨公园内的原址处复立了"张石麒先生光复纪功碑"，以期更多的市民能够了解革命先驱的英雄事迹，宣传贵州历史文化，弘扬爱国主义精神。

邓恩铭烈士的家国情怀

——贵州省博物馆藏邓恩铭家书简述

简小娅

（贵州省博物馆）

摘　要　本文通过贵州省博物馆收藏邓恩铭从1918年—1931年的11封家书，简述了邓恩铭生平，展示了早期共产党人的理想信念和淡泊明志的情操，以及在国与家之间选择弃家救国，投身于时代革命洪流之中的家国情怀。

关键词　邓恩铭；家国情怀；家书

1921年，中国共产党成立，红船扬帆起航，乘风破浪，如今已经整整一百年。百年风云汇聚，先辈筚路蓝缕，开创了一代伟业。今天我们通过历史文献，去追寻中国共产党第一次全国代表大会代表邓恩铭烈士。定格青史，不忘初心，以激励后人沿着先辈开创的道路继往开来。

邓恩铭（1901—1931），字仲尧，又名黄伯云，贵州荔波县人，水族。1917年8月投奔在山东任县官的叔叔黄泽沛，随即在济南进入省立第一中学读书，年纪不大的他，很快成为该校学生自治会的领导人之一。1919年，他领导了学校的五四运动，这年11月和王尽美组织进步团体励新学会，出版了《励新》半月刊。1920年进而组织马克思学说研究会，不久改名为共产主义小组。1921年春参与创建山东的中国共产党早期组织。1921年7月出席了中国共产党第一次全国代表大会。会后，回济南建立中共山东支部，任支部委员。1922年

1月出席了莫斯科的远东各国共产党及民族革命团体第一次代表大会。回国后，主要从事工人运动，领导了胶济铁路工人和青岛日商纱厂工人大罢工。1925年8月，任中共山东地方执行委员会书记。1927年4月，出席在武汉召开的中共五大。回到山东后，任中共山东省执行委员会书记。党的"八七会议"后，任中共山东省委员会委员。1929年被叛徒出卖遭逮捕，曾领导越狱斗争，1931年4月5日在济南英勇就义，年仅30岁。

一、馆藏家信简述

邓恩铭烈士的革命活动主要在山东，有关他的事迹山东多有研究记述。这里主要对贵州省博物馆现藏邓恩铭家书略做梳理，希望对他的研究有所补益。

贵州省博物馆现藏邓恩铭家书计11通（书信原文中，"恩铭"皆名"恩明"），来源：1963年、1975年邓恩铭胞弟邓恩光于荔波县北街老屋捐赠6通；另外5通于1963年荔波县北街老屋邓家征集。其时间分别为：1918年2通；1920年2通；1922年1通；1924年1通；1925年2通；1927年1通；1930年1通；1931年1通。其内容分别为致父母、姑父、三叔、弟弟的家书。

现按时间将主要内容分别简述如下：

1. 一九一八年九月十九日致姑丈书

普通八行官堆纸，窄信封，长24.1厘米，宽12.8厘米。墨笔书写。正式信四页，衣服尺寸单一页，信封上写"山东省立第一中学校缄寄"下盖有"邓恩明"印。这是此批信中最早的一封。从内容语气中可以看出，邓恩铭刚刚去山东入学不久，经济上有困难，在他姑丈离开山东后写的。要他姑丈与其父亲商议拟在家乡借二三十元，又要他姑丈做衣服，并开了一张衣服的尺寸单以做夹衣。

2. 一九一八年十月致父亲书信封

长条竖写信封，长20.6厘米，宽19.6厘米。收信人"邓福臣"即邓恩铭的父亲。寄自山东省立第一中学。上有邮戳九枚。有济南、镇远、独山、郎岱、贵定五个地方可识，独山的年月日清晰可辨。缺内容。

3. 一九二〇年三月一日致父亲书

八行官堆纸，一通（两页，有信封），长24.2厘米，宽17.2厘米。八行信笺，栏头带弧形，墨笔书写两页。此信系邓恩铭在山东青城写给家里的信，此时他在山东济南省立第一中学读书，信中主要讲要求家里在祖坟边多种柏枝树，余下为一般问候及家事。

4. 一九二〇年九月十四日致父母书

八行官堆纸，一通（四页，有信封），长24.0厘米，宽16.5厘米。墨笔书写。邓恩铭从山东省立第一中学寄回家的信。信中谈到他代表学校出版部去南开大学，该校的规模大、学生多、功课好。回想自己小学、中学读了十多年的书还是"依然故我"。其余写的都是亲戚之中的家事。

5. 一九二二年四月六日致父亲书

一通（四页，有信封），长24.1厘米，宽16.9厘米。八行信笺墨笔书写，信三页，附言一页，信封上写"邓福臣先生安启""山东淄川县公署缄"。致信父母，要求他们在荔波收集歌谣，如水家歌、苗家歌等，以供北京大学出版一本全国歌谣，并告诉具体收集内容和办法。附言一页要家里给他同学买玉屏箫。

6. 一九二四年五月八日致父亲书（图1~4）

一通（三页，有信封），长24.6厘米，宽17.0厘米。普通八行红线栏毛边纸信笺，墨笔书写，共三页。信封上收信人处写："邓恩明家信"。此信是邓恩铭在山东济南写回家的信，信中除问候家中祖母等人外，谈到了婚姻之事，其中最重要的一段："儿生性与人不同，最憎恶的是名与利，故有负双亲之期望，但所志既如此，亦无可如何。"可见共产党人的高贵品质与对革命的坚强意志。

7. 一九二五年七月三十一日致父亲书

一通（三页，有信封），长25.4厘米，宽17.0厘米。八行棉纸信笺，墨笔

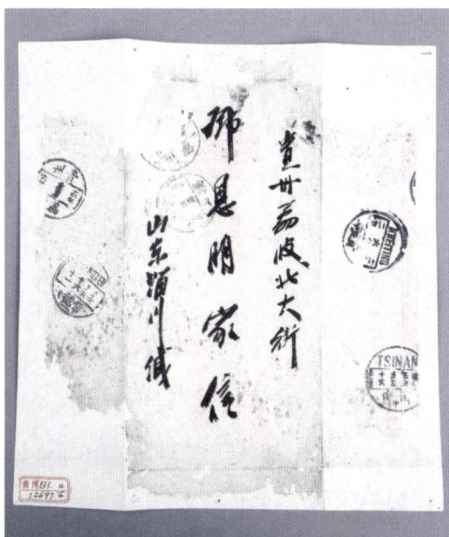

图1

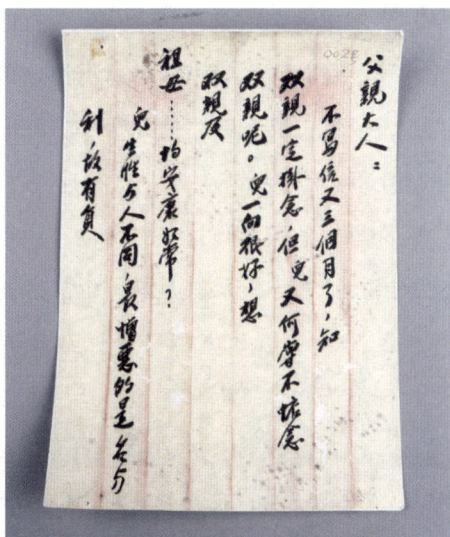

图2

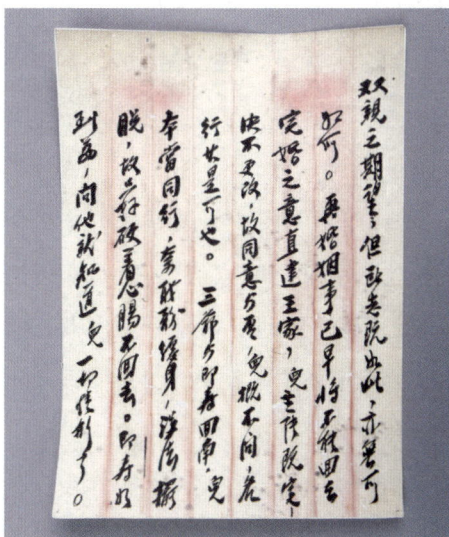

图3

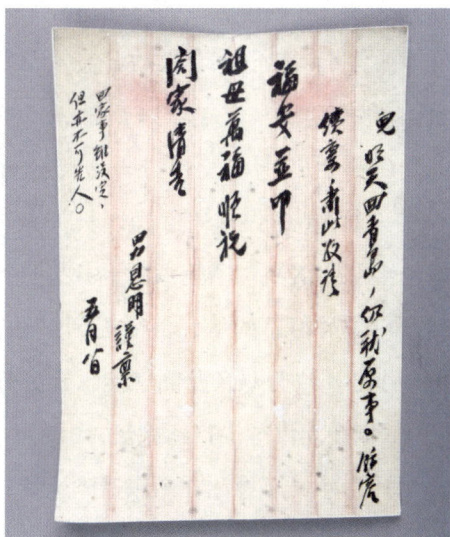

图4

图1~4：邓恩铭一九二四年五月八日致父亲书

书写，信尾署名"建勋谨禀"，这封信的主要内容是得知三舅死于山东沂水，死后耳、屁股均生蛆，认为这是他该得到的报应。三舅时时刻刻想谋夺印弟的产业，今春三舅居然写信到警厅告发他和印弟。要父亲转告外祖母，对这种儿子之死不必悲伤。

邓恩铭的三舅黄正华与他同在山东省立第一中学读书，黄正华借他哥哥黄从云当县长之势，无恶不作。邓恩铭坚决与他作斗争。

8. 一九二五年九月二十日致弟弟书

一通（四页）棉纸，长24.5厘米，宽17.0厘米。墨笔直行书写，全信分六段，一、二段在第一页，第二页有三段，第三页一段，最后一页全是问祖母、父母、亲戚安的。二页、三页均是嘱咐他弟弟要发奋读书、要孝敬父母的内容。重要的是第一页上的第二段："知道家乡米贵，但是我没有分文汇回去，使老少少受点穷苦，实在是罪过！但是，弟弟们，你们要原谅我，因为我赋性刚直，脾气不好，在这样的时代，实无我插身的地，兼之我又不会巴结，所以在外漂泊两年，只能谋个人的温饱，无力顾家，这实在是不得已的事情，不是我目无家庭也。"

9. 一九二七年三月二十五日致母亲书（图5~7）

一通（两页，有信封），长30厘米，宽21厘米。用"国民革命军总司令部政治部"信笺，墨笔书写，共二页，封套上写"邓恩明家信"。这是邓恩铭在汉口时写回家的信，信中提到："去年，父亲到山东时，男已平安出狱，做事不小心，致劳双亲及阖家挂念，更劳父亲数千里外跑来看望，男真罪该万死了！""现在北伐军将打到徐州，山东不久就可以打下"。

1926年，邓恩铭在山东遭到逮捕，这是第二次入狱，出来不久仍在积极参加革命活动，这次仍旧为此。不久将去上海。嘱咐母亲不要告诉父亲，免得他又害怕。

10. 一九三〇年十二月五日致母亲书

一张横长式的毛边纸，墨笔书写，无信封。长62.5厘米，宽25.5厘米。全

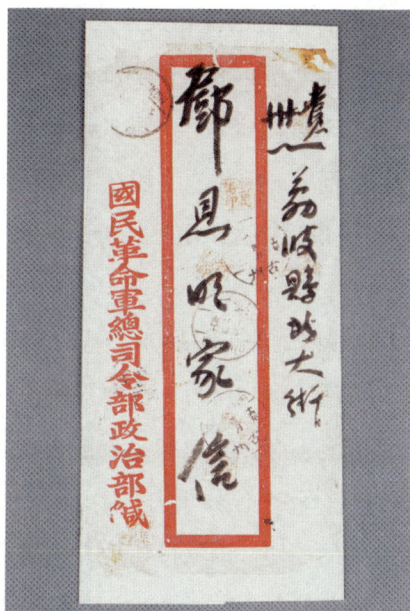

图 5

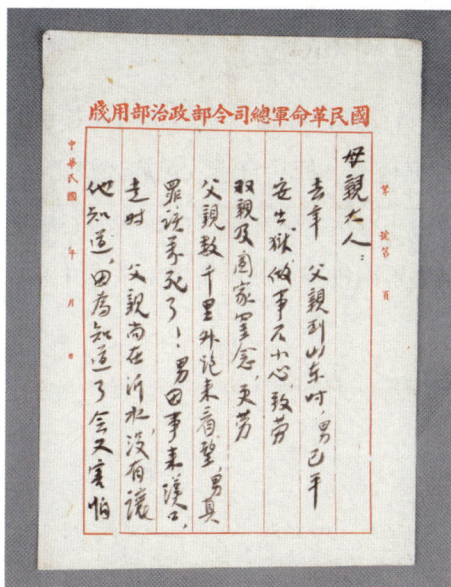

图 6

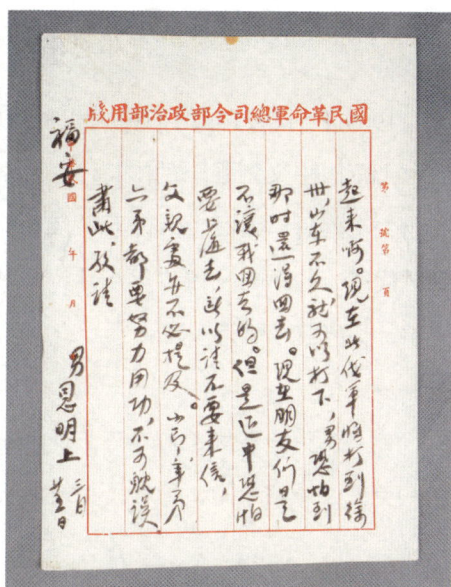

图 7

图 5~7：邓恩铭一九二七年三月十五日致母亲书

信内容分为三部分。第一部分问候祖母和父亲之丧，"儿都没有在家，这是多么不成器，多么不孝呵！但是儿子本心又何尝如此，不过为环境所使耳"。第二部分写婚姻事中称："云仙对儿之痴情，亦非儿所料及。"第三部分写："现闻将有大赦，儿多少总能蒙恩万一，则儿或许能在不久的将来恢复自由，则天幸也。"这封信是邓恩铭在狱中最后一次亲笔写给母亲的家书。

11. 一九三一年二月六日致三叔书

一通（三页），长24.4厘米，宽18.3厘米。八行白棉笺，墨笔书写，此信为邓恩铭第三次被逮捕在济南监狱时所写，信中开始谈到被捕、特赦及本年有出狱的希望，然后主要谈家境不好，二叔和父亲相继离世，借了三叔的钱，至今未还，"还望三叔宽些时日，将来倘如出去，定当早日如数归还"。邓恩铭希望三叔多加照顾，原谅家中的一切，语气恳切动人。邓恩铭为了党的工作为了革命，父亲和叔叔去世，均未归家，这种父子之情唯有在家书中流露出来。

二、邓恩铭家书中的家国情怀

1900年到1921年的旧中国积贫积弱，备受列强欺侮。各路军阀在各自的后台（帝国主义列强）的支持下，借势割据地方，拥兵自重。民族经济萧条，农业生产落后，人民生活苦不堪言。年轻的邓恩铭生活在这样的时代，必然受到时代风云的影响。1917年八月，邓恩铭去济南投奔二叔，备考山东省立第一中学，临离前，赋诗一首：

赤日炎炎辞荔城，前途茫茫事无分。
男儿立下钢铁志，国计民生焕然新。

诗文抒发了邓恩铭追求真理、献身革命的抱负和理想。

值得一提的是，在1924年五月八日写给父亲的信（图1~4）：

父亲大人：

不写信又三个月了，知双亲一定挂念，但儿又何尝不惦念双亲呢。儿一向很好，想双亲及祖母……均安康如常？

儿生性与人不同，最憎恶的是名与利，故有负双亲之期望，但所志既如此，亦无可如何。再婚姻事已早将不能回去完婚之意直达王家，儿主张既定，决不更改，故同意与否，儿概不问，各行其是可也。三爷与印寿回南，儿本当同行，奈职务缠身，没法摆脱。故只好硬着心肠不回去。印寿如到荔，问他就知道儿一切情形了。儿明天回青岛，仍就原事。余容续禀。

肃此敬请

　福安并叩

　　祖母万福顺祝

　　　阖家清吉

回家事虽没定，但亦不可告人。

男恩明谨禀

五月八日

这封信是1924年五月邓恩铭从济南回青岛的途中写给父亲的，邓恩铭以党的工作为重，只能将亲情放在一边，"硬着心肠不回去"。邓恩铭投身革命活动是违背家人意愿的，叔叔发现他参加革命后又惊又怕，终止了给他的经济援助。他的父母也希望他好好读书，考取功名光宗耀祖，并给他订下婚约要求回家完婚。邓恩铭面对家里安排的婚姻表述了"儿主张既定，决不更改""奈职务缠身，没法摆脱"。对自己投身无产阶级革命事业的执着信念更是言之凿凿："儿生性与人同，最憎恶的是名与利，故有负双亲之期望，但所志既如此，亦无可如何。"

这十余封信还多次谈到了经济问题及规劝弟弟、妹妹一定要好好读书，"无论如何总要叫他们念书""钱不够我可以在这边想法子""在外漂泊两年，只能谋个人的温饱，无力顾家，这实在是不得已的事情，不是我目无家庭"。

　　1931年二月六日，《致三叔》这封信里是邓恩铭在狱中的绝笔信，对家里的一切琐事心心念念地挂念着。"知父去世时借了三叔三百毫，至今未还，十分对不起。""将来倘如出去，定当早日如数奉还……"这些字里行间饱含着浓浓的亲情。但在国与家之间，邓恩铭还是毅然选择救国，投身于时代革命的洪流中去了。

　　邓恩铭身上体现了早期共产党人对理想信念的追求和对名利淡泊的情操。作为贵州穷乡僻壤里的农家长子，他肩负着家里的责任，有劳苦的父母、幼小的弟妹、苦等的未婚妻。他却忍一家之苦，义无反顾地走向舍家救国的道路。结果他被当时的社会吞噬，他的家庭也因此凋零。百年之后的今天，我们缅怀先烈为理想和信念舍身成仁的精神，捧信札而热泪奔涌，警醒当代，不忘初心。

绘画书法

庞薰琹《贵州山民图》组画评析

朱良津

（贵州省博物馆）

摘　要　本文通过分析庞薰琹《贵州山民图》组画的创作背景、经历等，指出庞薰琹将其考察贵州民间民族工艺美术的所得所思、关注的重点，非常自然地融入《贵州山民图》组画中，画作中凡是涉及人物服装绣饰图案的部分，表现得都很精细。其构图受刺绣、挑花图案构成方式的影响，紧凑、饱满、平面感强，富有装饰意味。

关键词　庞薰琹;《贵州山民图》组画;贵州少数民族

庞薰琹的《贵州山民图》系列图画，是民国时期描绘黔地少数民族风情、习俗、人物，不可多得的力作。

庞薰琹（1906—1985），字虞铉，笔名鼓轩。江苏常熟人。他在绘画上兼擅多能，在油画、水彩画、水墨画及白描等方面都有作品存世。对中国古代的图案纹饰、民族工艺美术的研究造诣颇深，致力于中央工艺美术学院的创建，并长期从事美术教育，为中国现代著名画家、工艺美术家及美术教育家。

庞薰琹早先学医，于1921—1924年就读于上海震旦大学医科，因热爱绘画，终弃医习画，并于1925年远赴法国巴黎，入叙利恩绘画研究所学习，后又于1927年在格朗歇米欧尔研究所继续深造。他1930年归国，在上海从事工艺美术设计及商业美术活动。次年任教于上海昌明美术学校及上海美术专科学校。与张弦、倪贻德、杨秋人、阳太阳等从法国或日本归来的沪上画家发起组织了"决澜社"，这是一个主张吸收西方现代绘画艺术成果，旨在推动中国现代艺术发展壮大的有宣言、有纲领的学术性社团，社团成员砥砺前行，探索与实践历四年之久。回溯中国现代美术史，"决澜社"与林风眠等人于1927年组织的"北京艺术大会"，可视为中国现代绘画艺术发展早期的先锋。庞薰琹于1936年任教于国立北平艺专。抗战爆发后，他辗转于昆明，经梁思成等人举荐，入中央博物院工作。自1938年始，他搜集研究中国古代装饰纹样和少数民族民间艺术。1940年，出任四川省立艺专教授兼实用美术系主任。1947年，任广东省立艺专教授兼绘画系主任兼中山大学教授。1948年，拒绝了司徒雷登等人的赴美执教之聘，由粤返沪。1949年5月29日，与雕塑名家、画家刘开渠、杨可扬、郑野夫、张乐平、朱宣咸、温肇桐、陈烟桥、邵克萍、赵延年等人联名，在上海《大公报》提出"为人民服务，依照新民主主义所指示的目标，创造人民的新美术"，此为上海美术工作者奋斗目标的联合宣言，在现代美术史上称为"上海美术宣言"，喻示了随着社会的巨大变革，在新旧政权的交替中，中国美术史上的国统区美术与上海近代美术史从此翻开了新的一页。

1956年中央工艺美术学院成立，庞薰琹任第一副院长、教授，中国美术家协会理事。翌年被错划成"右派"，直至1979年平反。1985年逝世。家属将其四百余件遗作捐献给他的家乡常熟。常熟市政府建庞薰琹美术馆，收藏陈列这些作品。

庞薰琹走出了属于自己的艺术创新之路。他存世的油画、水彩、白描以及精擅的图案和装饰艺术设计，无不显现了融入民族元素的鲜明个人风格。他的绘画代表作品有《大地之子》《路》《贵州山民图》及《瓶花》等。理论著述有《中国历代装饰画研究》《工艺美术设计》《图案问题的研究》和《论工艺美术》等。

因为抗战避难，庞薰琹得以与西南结缘，足迹遍及云贵川三省。在这段时期里，他除了从事绘画创作，还着力于研究中国古代装饰图案及纹样，对彩陶纹样、青铜纹样、丝绸、汉画像砖石都进行了探讨。身处西南，又为他关注少数民族的民间艺术提供了契机。1939年至1940年间，他所供职的中央博物院共组织了三项西南少数民族的文化考察和研究工作。其中一项就是以其为首的贵州民族民间艺术考察。1939年11月，他从昆明出发到贵阳，深入民族地区做实地考察，重点则是世居黔贵的少数民族中人口最多的苗族，尤其侧重于对该民族衣饰纹样的调查收集。其间，对花苗、青苗、白苗等服饰和图案纹样进行了解、征集、梳理。苗族的衣饰丰富多彩，为世人称道，中央博物院当时的拟办展览里，将西南民族习俗文化的展示列入了计划之中。以庞薰琹为首的这次考察活动，有着诠释和收集民族工艺品的使命。从1939年11月至1940年2月的三个月时间里，庞薰琹等人走访调查贵阳、花溪、青岩、龙里、贵定、安顺、清镇、平坝、镇宁等处的八十余座苗族、布依族村寨，收集蜡染、刺绣、挑花、服饰等民间工艺品四百余件，绘制了各式图案纹样，拍摄各类苗民风情、节日、风俗的场景照片。这一段为时数月，带有明确目的性的苗区亲历过程，对庞薰琹后来的工艺美术研究及艺术思想的影响是巨大的。正如其在回忆录中所言："我过去完全没有想到民族民间工艺是这样的丰富，同时它能表现出如此高的艺术水平"；"这些山里姑娘……没有出过那个县，百分之九十以上的姑娘没有上过学，既没有什么样底，也不需要什么底稿，拿起针来，凭着自己的想象，根据传统的装饰结构，绣出各式各样装饰图案，虽不全都是上品，但是决不会有废品"；"这种群众中潜在的艺术智慧，对我触动很大"。[1]除了对民族工艺美术产生了比较深刻的认识以外，对其在绘画上的作用最直接的反映就是产生了他一生中最为重要的作品之一——《贵州山民图》系列画作。

在这次考察后不久，中央博物院撤退到四川，他受聘于四川省立艺专。其间，除教学之外，在研究中国古代青铜器、漆器、丝绸等图案装饰纹样的基础上，庞薰琹将它们应用于日常生活用品的设计之中，完成了《工艺美术集》。这些工作在工艺美术设计方面具有开创性的意义，同时为后人深入研究奠定了基础。也就是在四川期间，他以亲历苗寨的印象和记忆，创作了《贵州山民

---

[1] 庞薰琹：《就是这样走过来的》，北京：生活·读书·新知三联书店，1988年，第238页。

图》，描写了黔贵苗民的生活日常、爱情习俗、婚丧嫁娶、劳作场景。庞薰琹是现代美术史上第一位在以贵州少数民族人物作为创作题材时，在作品中非常细腻地刻画民族服饰的造型、色彩与纹样的画家，他的这些作品即便是放在当下来看，也令人耳目一新。在庞氏之前，以苗族人物、习俗为创作专题的作品有多种流传本的《百苗图》。相较于《百苗图》纯粹运用传统中国画技法创作的作品，像庞薰琹这种具有西方美术视野的画家笔下的作品，面貌风格上已相去甚远，完全是截然不同的视觉感受。这组绘画，现在分别收藏于中国美术馆及其故乡常熟的庞薰琹美术馆。就庞薰琹个人而言，他所创作的《贵州山民图》组画，可视为其绘画艺术发展过程中，产生的一种极具个性特点的风貌。以往在欧洲留学所受到的西方绘画大师们的影响，使其在作品中有许多对西方大师的借鉴，这种状态在他回国以后相当长的时间里都是如此。西南民族民间工艺的考察活动，使他对少数民族的工艺美术有了非常细致的了解，在西方美术之外、在传统中国画之外，又有了民族民间工艺美术的视野，看到了另一片新天地，吸收民族工艺中的一些营养，使其在艺术上拓展了思维方式，在西方绘画与本土绘画中去寻觅交融点。

庞薰琹中西融合的绘画创作思考通过《贵州山民图》得以充分体现。具体地讲，《贵州山民图》系列图画是工笔重彩画，是庞氏大致于1940至1946年间创作。主要有：《黄果树瀑布》（作于1940年）；《畅饮》《贵定花苗跳花》《笙舞》《射牌》《挑水》等（作于1941年）；《橘红时节》《丧事》等（作于1942年）；《初恋》等（作于1943年）；《花溪青苗跳花》《垂钓》等（作于1944年）；《苗女拉猪》（作于1945年）；《捕鱼撒网》等（作于1946年）；另外还有一些白描作品。这些作品反映了作者在对古代装饰艺术进行研究，以及深入少数民族地区收集图案纹样与苗民大众的交往后，于创作探索中的所思所想。他用自己的画笔把西方绘画技巧融进中国画、中国传统装饰绘画的意境、情调之中，以此来描绘现实的社会和民众生活的细节，这种艺术诉求显而易见地在作品中表达了出来。这一系列画作，既具有欧洲油画的色彩层次、构图追求，又充溢着中国画的笔法、意境和传统装饰艺术的淡雅与清新，并且富有一派乡野、田园气息。

庞薰琹回国后，在对中国画的历史以及绘画理论、绘画作品进行研究的基础上，与许多海外归国的画家一样，明确提出倡导中西融合的绘画道路，主张艺术与社会相结合，反映社会现实的思想。基于这种思考，在吸收现代艺术方面，并不只是简单地去模仿西方，组织决澜社是期望以群体之力，相互切磋交流，砥砺前行，让现代绘画艺术在华夏大地发扬光大。虽然在决澜社及稍后的时期，他的一些绘画作品难以抹去西方现代绘画艺术的烙印，但就这些作品的内容、形式及效果而言，又都与之存在着显见的差异，到了他创作《贵州山民图》组画时，融合中西的思考、技巧已经更显成熟了。这组画作表现黔贵少数民族生活和劳动的不同的场面，刻画他们的愿望和愁苦。缘于作者与苗民近距离的接触，他十分熟悉笔下所描绘的这些对象，借助娴熟的绘画技巧来表现。他把西方的写实素描技巧融进中国画的情趣之中，从作品中人物面部似有的几许淡淡哀愁里，生动地传达了由内而外的情绪。丰富的想象力让他用浪漫的色彩在画上再现贵州的人和景，质朴的民族生活与艳丽的民族服装形成了鲜明的对比。在物象的描画上，他兼用传统国画中的兰叶描与铁线描，线条有力且有韵致。这组图画，虽然构图的思考有异，表现的手法不同，但均趋于写实且富有装饰意味。从构图及处理手法上看，这些作品呈现出两大类别：一类构图饱满，作者强烈的西方现代绘画意识，自觉与不自觉地弱化了西方传统绘画的空间概念及视觉规律，平面感较强，富有装饰趣味，注重色彩的搭配。人物的造型方式以及技巧的运用和敷色，又感到是中国式的。另一类构图疏朗，留白处多，颇似传统山水画的构图思维。分析这些画的创作思路、技法运用，即以西方的造型法则来描画贵州的少数民族人物，在人物的结构、人体各个部分的比例上，做到精准的表现；同时在造型上的线条，又运用了中国绘画中传统的白描方法进行勾画，并借用水彩画中色彩的晕染之法来加以敷色。在构图上，除受到西方现代绘画的影响外，亦借鉴了民族民间工艺的图案构成方式，作品呈现平面感和装饰趣味。他以这些技法及构图方式综合运用，创作了贵州少数民族的乡村生活、劳作场景、风俗民情系列图画。以西方写实绘画的造型技能、中国传统工笔白描的运线方式、水彩画的晕染着色方法以及平面化、装饰化的构图，创造了属于自己的艺术语言图式，具象地表达了在绘画上融合中西的思想。庞薰琹的《贵州山民图》有很浓烈的个人主观审美倾向，画中的苗族人物，其模样不全是写实的。这些人物形象在很大的程度上带着艺术家的自我想象，带着强烈的色彩主观，但这些人物形象又会让观者感到是真实的，因为那些劳作、歌舞、情爱的情景，尤其是服饰的样式、色泽与纹样，让那些到过苗寨的人们感到似曾相识，因为这些是经作者身临其境、真切感受后创作出来的。

在这些画作中，就载体的质地论，有些是纸本作品，部分为绢本画作，两种不同质地载体的作品，作者在表现技法上除了有明显的区别外，在构图方法上有如前述的饱满与疏朗之分，在此，笔者从中遴选几幅来谈谈感受。

《盛装》，设色人物画，纸本，创作于1942年，纵43.5厘米、横34.5厘米，现藏于中国美术馆。这是一幅苗族女性画，两个苗族女性背对而立。正面的面庞五官刻画，几近人物肖像画的精细程度，似有淡淡的几分愁容。画名既称《盛装》，服饰当是作者要表现的重点，在人物的穿戴描画上很是用心，从上而下，身上的银项圈、衣服上的绣饰图案运用了工笔画的描画方法，人物身后迎风摇曳的树叶和色彩淡而迷蒙的远山，与人物衣饰颜色的浓重对比，很好地起到衬景的作用，使人物主体突显。

《提水少女》，设色人物画，绢本，横26厘米、纵36厘米。在这幅画中，不难看出作者借用中国传统山水画的构图手法，但并没有将人物作为山水画中的点景元素，而是将其作为画中主体安排在山水中，视觉上舒展适度。画中描绘的是一位身着苗族衣裳的少女在河边提水，正准备回走的那一瞬间姿态。这位女子身上的穿戴，从上至下的头帕、银挂饰、上衣的袖口花边、粗布百褶裙与裙边的花纹、脚下的布鞋及布袜的样式，都经过精细的描画。少女身后是隔河的远山。这张画自然而然地表现出了庞薰琹这位受过严格意义上的西方绘画训练的作者的透视观及造型能力。这个女子的面庞眉目与民族村寨中那些女性面目感觉不尽相同，也与传统中国绘画中的美女五官相去甚远，这里面有作者对人物面孔的主观描画，不难看出其中隐含的西画影响。需要着重提到的是，存在于庞氏作品的普遍特点，即是他的敷色，即使是浓淡到极致的色彩，他都能让观者感到浓而可透、淡而可见，哪怕是一个局部的颜色，仍见色泽过渡自然、层次丰富。这当然只有美学意识与技巧手法同时成熟的画家才能做到。

《小憩》，设色人物画，纸本，横40厘米、纵52厘米，创作于1944年，现藏庞薰琹美术馆。画中一位劳作的妇女背着背篓，手持扫帚，坐在地上休息，五官清晰，表情淡然，身后是树林和远山，人作为主体占据了大部分的画面。相较《提水少女》，画面就不是显得疏朗的那种构图方式了，而是构图很满，人物所占的面积大，作为背景的远山及树木仅显部分。这张画与传统的中国人物画不同，作者受过西画素描训练的技能让观者可以感觉到衣裳里结结实实的身体存在，感受到人体的结构，这是与传统的中国人物画极大的差别。敷色的调子如同《提水少女》，妇女身上的民族服饰虽然没有那样丰富的纹样，但仍然勾画细腻，设色晕染过渡自然，光线下衣服皱褶的明暗变化所呈现出的色彩深浅，细致到位。

《笙舞》，设色人物画，纸本，横39厘米、纵52厘米，创作于1941年，现藏庞薰琹美术馆。表现的是苗族载歌载舞的节日场景，画面最前面的女性手牵手地跳舞，后面是男子热情洋溢地吹着芦笙，背景是远山和树木。整个画面是满构图。画面上的人物表情安详，面带微笑，一种欢度节日时发自内心的愉悦感跃然纸上。画面的色彩调子热烈，苗族服饰及纹饰图案的丰富色彩，都得到很细腻的描画。人物占据了画面绝大多数的面积。作者在构图上，并没有采用全景式的构图来表现节日场景，而只是取了一个局部来刻意描绘，如何把几个盛装的苗家少女与男子的面庞刻画得眉目传神成了作者创作的重点。洋溢在这些男女青年心中的节日喜悦，用正面、侧面、半侧面这些动态中的人物脸部表情来描绘，即使是背面的女性人物，观者都可以通过与之相对的人物的微笑，感觉到她的愉快。作者在人与人之间的位置安排上，设计得紧凑却并不拥挤；

在脸部的刻画上，既写实又有作者自己主观的变形夸张。

《挑水》，设色人物画，绢本，纵40厘米、横33.5厘米，作于1942年，现藏于庞薰琹美术馆。此画与前述的《提水少女》在构图上相似，都是将人物置于山水间。画中两个妇女，一个在田里网鱼，一个挑水在田坎上行走，人物姿势造型上有所顾盼。画中大量留白，通过网鱼、人物踏石行走，让观者感到空白表现的是宽阔的水田。远处的树和山峦，画得很简洁，树以单线表现，几乎没有勾勒，山没有勾皴，只是用有着浓淡过渡的颜色来表现。这幅画是中国画的构图思维，白描式的人物造型，水彩画的敷色方式。

《黄果树瀑布》，设色人物画，绢本，纵38.5厘米、横32厘米，作于1941年，现藏于庞薰琹美术馆。这幅画是庞氏《贵州山民图》组画中少有的点名题材的作品。历史上画过黄果树瀑布的画家有邹一桂、孙清彦，前者作品中题名曰《白水河》、后者命名为《犀潭夏瀑》。这张画从构图看，亦是山水中的人物画，画面前端，画一苗族妇女，肩挑竹篓，回视对面的飞瀑。人物衣着上，头帕、上衣、裙子上图案纹饰清晰可见。瀑布后面是连绵的群山，远处的山石、近处的土坡皆用水彩晕染敷色。庞薰琹、邹一桂、孙清彦三人画黄果树瀑布，所取的表现瀑布的角度几近相同，如观者正面观瀑，只是邹、孙二人的画作属于传统意义上的中国画，庞氏中西相融，介乎两者间，故差别大矣。

总览庞薰琹的《贵州山民图》，观者一定会感到他厚实的生活体验。虽然都是在画贵州的人和事，但不像另外一些画家，诸如黄向坚、邹一桂、闻一多等，他们在描绘贵州的作品中，无论是写意抑或写实，都是"指名道姓"地创作。他的这些作品是其离开贵州后，凭借自己的印象或者根据在黔时收集的素材而作，绝大多数作品没有具体指向是在表现贵州哪个地方的少数民族。他的这些作品或许可以说是一种由无数民族村寨场景叠加在自己脑海中创作的印象画。一个之前从未到过贵州的画家，在有了这段旅黔经历之后，将自己的苗、布依村寨亲历记忆述诸画笔，而这位作者，无论从绘画技巧、知识结构、艺术思想等方面看，都并非传统中国画意义上的画家，这些画中的表现方式，既非完全的中式，也非全部的西化，而是兼收并蓄。在这系列图画中，庞薰琹将其考察贵州民间民族工艺美术的所得所思、关注重点，非常自然地糅入其中，画作中凡是涉及人物服装绣饰图案的部分，表现得都很精细。另外，在那些纸本的作品里，如《盛装》《小憩》《笙舞》等，构图紧凑饱满，平面感强，富有装饰意味，能够感觉到那种受刺绣、挑花构图方式的影响，不难看到庞薰琹的《贵州山民图》，相较于他之前及同时期其他描绘贵州的作品，所具有的独特之处。

《清陈撰设色花卉册》赏析

刘恒

（贵州省博物馆）

摘　要　本文指出贵州省博物馆藏《清陈撰设色花卉册》为陈撰的代表之作，是扬州八怪画风的又一体现，体现了画家在诗书画上的深厚底蕴与功力，为我们探讨扬州八怪的艺术风格、深入研究陈撰的诗与画，提供了新的资料。

关键词　《清陈撰设色花卉册》；陈撰；绘画

雍乾时期，扬州经近百年的重建，恢复了昔日的繁盛，车马骈阗，富贾云集。方桂在《望江南十调》中对清代扬州花市就有这样的描绘："扬州好，花市簇辕门。玉面桃花春绰约，素心兰放气氤氲，宣石衬磁盆。"引领着扬州风气与潮流的徽籍富商们通过修亭筑院、种花养鸟、谈诗赏画来自诩重文，标榜风雅。《扬州画舫录》中就有"扬州以园亭胜"的说法。生活的喜好深刻地影响着人们的审美指向，花鸟画因而成了那些贾而好儒、亦贾亦儒的徽商们所喜好的对象，商人们常常向文人画家求画，或为装饰门庭，或作礼品赠人。已然商品化、世俗化的文人画也在有意无意间迎合这种市场需求。在当时，扬州就有这样的俗语："金脸、银花卉、讨要饭的山水画。"

此时，活跃于扬州的"八怪"画家群体，继清初画家八大山人、石涛之后，一反文人画竞尚山水的习气，更多地致力于花鸟画的创作，这既是顺应时代的审美要求，也是艺术自身发展的需要。清代画坛深受董其昌绘画理论的影响，强调"画有正派，须得正传，不得其传，虽步趋古法，难以名世"。因此，恪守衣钵，讲求师资传授和临摹学习古人，一变而为学画正宗。尤其是山水画，前代大师辈出，表现方法被固定到一定程式，对画家形成极大束缚。相对而言，花鸟画较为自由。而且内容丰富的花鸟画在利用比兴、题跋传达复杂情感上具有颇大的自由度，为画家开辟了一个比山水画更容易传达情感内容的天地，各种思想都可以在诗书画结合的范式中通过花鸟蔬果的题材表现出来。强调"以手写心"的"八怪"画家们便以花鸟画为突破口，不为古法所缚，在重视师法自然和表达自己的独特感受中，抒发个性，自成家法。他们继承了明代以来日益兴起的由工而放的简易画风，尤其是石涛阔笔大意、野逸纵横的画法，进一步丰富了大写意花鸟画的技法与内涵。擅画花鸟的"八怪"画家之一陈撰，正是这一画风的实践者。

陈撰（1679—1758），字楞山，号玉几山人，鄞县（今浙江宁波）人。"以书画游于江淮间，遂流寓扬州"，尤擅花鸟，与同样擅长花鸟画的"八怪"画家之一李鱓（号复堂）并称为"复堂玉几"。陈撰身世飘零，膝下仅有一女，且早故。尽管如此，他仍保持文人的清高，不仅不以卖画为生，而且也少"以诗酬应人"。幸得扬州富豪引为知己，成为清客，过着勉强安定的生活。他先居于栾江项氏家中，项氏中落后又馆于陈梦星的篠园十年之久。晚年再投于江鹤亭的康山草堂，直至辞世。相对安定的生活使他有足够的空间来彰显自己的文人本色，成为扬州八怪中唯一不卖画的画家。因而，作品少有传世，名声也不及"八怪"画家之中的其他人。但观他的诗与画一字一句，一点一画，在扬州八怪画派中实不敢说居于任何一家之下。现藏于贵州省博物馆的《清陈撰设色花卉册》便是陈撰为数不多的传世佳作之一。

此图册长30厘米，宽14厘米，共九幅（图1~9），以常见的花卉、果蔬入画，装订成册。原为民国时期贵州著名收藏家乐嘉芹收藏，后为贵州省博物馆购得。

图1 《荷花图》

图2 《兰花海棠图》

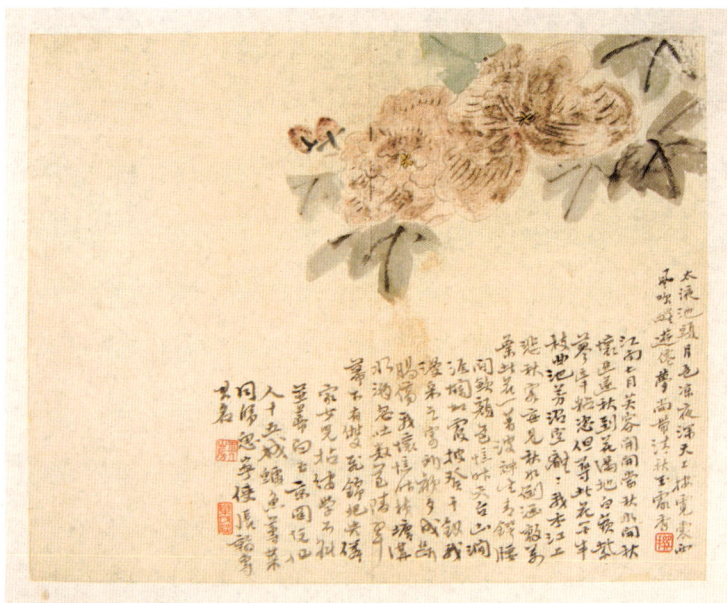

图3 《芙蓉图》

图4 《蕉叶图》

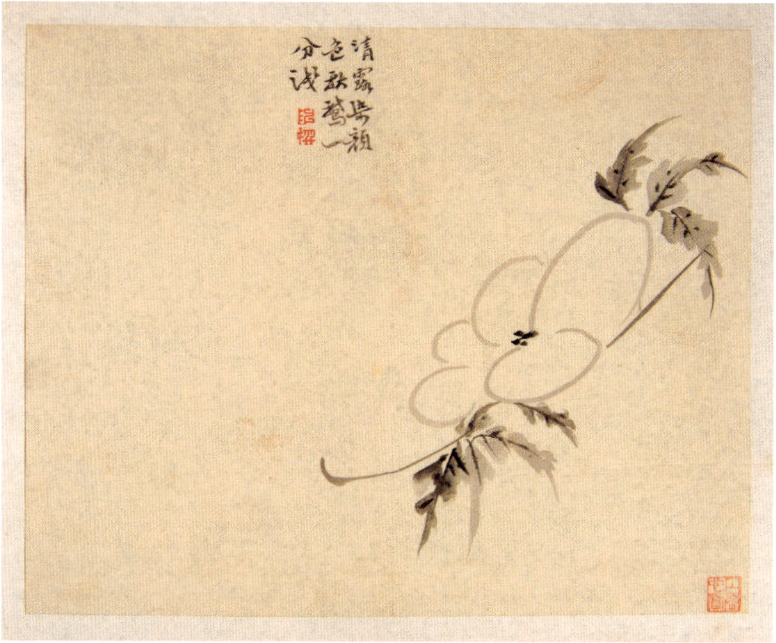

图5 《秋葵图》

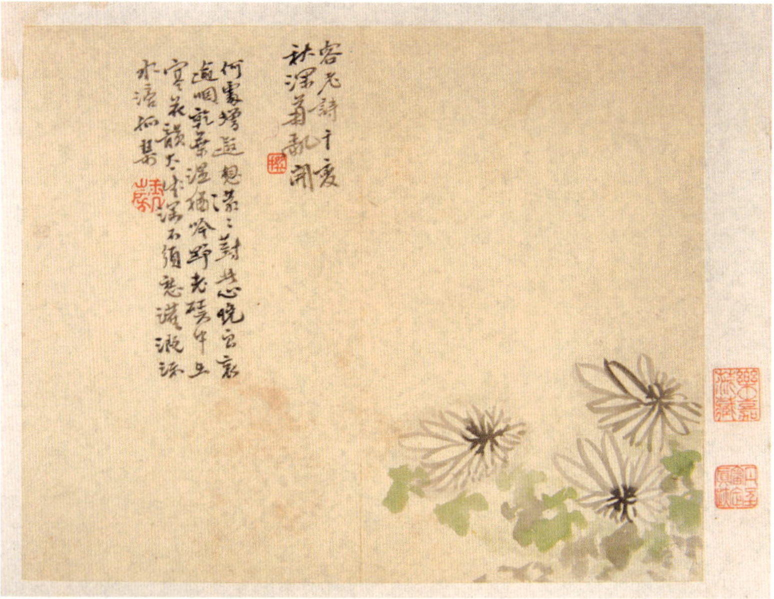

图6 《秋菊图》

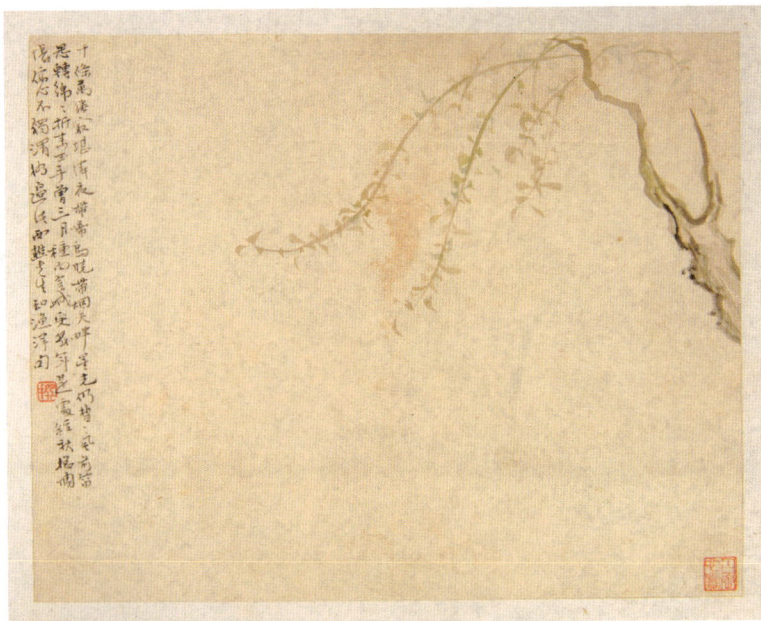

图7 《柳枝图》

图8 《丝瓜图》

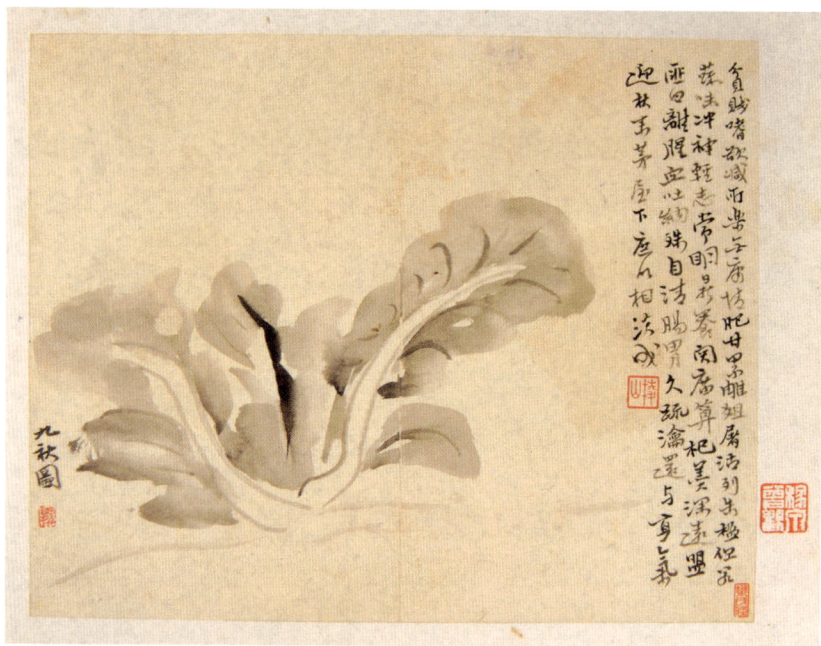

图9 《白菜图》

　　图册选题极为有趣，除传统九秋图中的荷花、秋葵、菊花、芙蓉、海棠、垂柳等花卉外，还画有白菜、丝瓜等果蔬，充分体现了文人画世俗化的倾向。同样为文人画家，扬州八怪画家不似宋人高居庙堂之上，也不似元人隐匿山林，而是作为中下层知识分子生活于大众之中，这就使得画家们能以平常物事入画，展现其平凡的生活情趣与独特的思想感情，让文人画充满市井之情。这是扬州八怪画家的画作受到民众喜爱的原因之一，也是"八怪"画家在文人画题材上的一个重大突破。陈撰的此花卉图册以白菜、丝瓜入画，正是这一特点的体现。

　　画册中的九幅画作构图独具匠心，幅幅置于边际角隅，画面留下大片空白，却无空虚之感，倒让人觉得空灵、旷达。所作花卉也极为简单，寥寥数笔，神形俱现。观《荷花图》（图1），右上角用淡墨勾出半朵荷花，欲开还开，若隐若现；半片荷叶衬托于旁，清润淡雅。左边落行楷七言诗两句。诗画占画幅不过四分之一，大片空白，若天若水，若云若雾，令观者思之神往。

从整体上看，此本画册用墨着色偏于清淡，色墨淡处近于水色，深得清初花鸟画家恽南田的设色精髓。如《兰花海棠图》（图2），画墨兰一枝，着色兰和着色海棠各一枝，用色清秀透明，花朵明丽不俗。再如《芙蓉图》（图3），着色沉静温和，温文尔雅，典型的恽氏用色。在笔法技巧上，除了吸收恽南田的没骨画法外，更多的是继承了徐渭、石涛等人阔笔大意、直抒胸臆的笔法。如《蕉叶图》（图4），以淡墨阔笔作叶，浓墨勾脉，大笔挥洒，酣畅淋漓，不事修饰，画出雨后蕉叶的清逸萧疏，亦隐现画家寄人篱下的一怀愁绪。画风既不同于院体花鸟画派工笔重彩的写实路径，也有别于常州派小写意花鸟画雅致秀丽的风格，更重视以纵情恣意的笔墨抒发内心感受，表达自己独特的个性。可以说，陈撰的花鸟画既吸收了恽南田没骨设色写生的明艳清雅，也把握了徐渭、石涛酣畅淋漓的笔墨意趣，且能兼两派之长。

陈撰曾师从著名学者毛奇龄，学识渊博，擅长诗文。乾隆元年（1736），赵之恒举荐其应博学鸿词科。而正在项氏玉渊堂点校刻书的陈撰无意仕进，辞不应赴。陈撰的此本花卉册页清隽淡雅、孤洁自高的格调，似乎正可看作画家淡泊心境的写照。在《秋葵图》（图5）中，一枝孤零零的秋葵从右上方斜探而出，遗世独立、清雅孤洁；《秋菊图》（图6）更是两三朵墨菊俏依边角，七八片花叶随意点染。淡墨勾花，浓墨点蕊，浓淡相宜，将画家的避世之心展现无遗。

正是因为这样的避世心态和相对平静的生活状态，陈撰的画风与同时代的其他"八怪"画家相较有所不同，独具鲜明的艺术个性。

陈撰与李鱓在画鸟写生上齐名，并称"复堂玉几"。《扬州画舫录》称陈撰"写生与鱓齐名"，《清史稿》谓陈撰"与鱓齐名，写梅尤隽逸"，《国朝画征录》也云陈撰"写生与复堂相伯仲"。陈撰与李鱓虽同为大写意花鸟画家的代表人物，在画风上，二人可谓各有千秋、旨趣殊异。从此花卉册页中可见，陈撰笔墨虽酣畅淋漓，却不泼辣放纵，少有破笔、飞白，意境更显清幽淡雅。而李鱓的花鸟画，用笔奔放泼辣，纵横驰骋，有老健酣畅、奇崛霸悍之风。在设色方面，李鱓以古艳见长，画牡丹、藤花多在颜色中间参用白粉以增加其厚度和质感。苍雄奔放的笔墨与娇艳鲜嫩的色彩对照互补，更增磅礴气势，与陈撰的清新淡雅之风迥然不同。

"八怪"画家，或宦海沉浮，或累试不第，或奔波于生计，心中多有块垒不平之气。他们将心底的狂澜尽情发于笔端，画风也显奇崛恣纵，突兀怪诞。如郑燮的墨竹、李方膺的兰花等。而陈撰虽身世飘零，生活却相对安定，加之性情清孤，所作之花草也多遗世独立之感，少纵肆偏奇之气。因此，陈撰的画作能在扬州八怪画家中独树一帜。

借画抒情，以诗言意，将诗、书、画熔为一炉，超越有限的时空，表达内心情感，是文人画的特质。尤其是画中题咏之诗，不仅拓展了绘画的审美意境和想象空间，同时也往往透露出画家的人格修养、内在品质和精神寄托。

陈撰在此本花卉册页中题诗九首，或五言或七言，多借咏物来表达自己内心所感。其间多以"凄断怨咽之音"，发其"穷愁寡合"之感。他在《蕉叶图》（图4）中题诗："休种芭蕉林，其如恼思何。秋来孤客枕，门外雨声多。"写尽了诗人寄寓他人门下的无奈与愁苦。再如《秋菊图》（图6）中题诗："何处增遐想，濛濛对此心。晚虫哀逾咽，干叶湿犹吟。野老碛中立，寒花韵太深。不须愁灌溉，流水滴孤琴。"借咏菊而发悲秋之感，抒发内心的凄婉沉郁之情。题诗中自然也不乏清新淡雅之句，如《秋葵图》（图5）中"清露染颜色，秋鹅一分浅"，《荷花图》（图1）中"秋波不剪素练净，碧盈盈移下秋影"等句。不过，最让人回味的还是《白菜图》（图9）中的题诗："贫贱嗜欲减，所乐无庸情。肥甘累雕俎，屠沽列朱楹。但若蔬味冲，神轻志常明。鼎养关广算，杞羹深远盟。匪白离腥血，吐纳殊自清。肠胃久疏瀹，还与真气迎。秋来茅屋下，庶几相淡成。"大赞白菜简单清淡的种种好处，借喻自己淡泊旷远的心境，正如陶潜《饮酒》诗云"此中有真意，欲辨已忘言"，其中自有一番"不足为外人道"

的妙趣。

陈撰现存诗作三卷：《绣铗集》《秋吟》和《拟古》，共二百五十四首，合编为《玉几山房吟卷》，刊入张寿镛的《四明丛书》。此三卷诗刊行后，陈撰"不多作，亦不肯以诗酬应人"，故之后不再有诗集传世。陈撰与著名词人厉鹗多有酬唱，其诗作今已无存。在陈撰卒后一年，友人黄裕寓居扬州江氏别业，为编《玉几诗》，但此集未见刊行，今佚。此花卉册页中的几首题诗，可为其诗作的新补充。

陈撰诗书画三绝，名满江淮。杭世骏称其"灵秀钟于五指，书无师承，画绝模仿，每一纸落，人间珍若拱璧"。张寿镛在《四明丛书·序》中曾评陈撰的诗作："任性潇洒，不拘之于格律，必谓其学陶谢，无宁谓毗太白、浪仙，盖其才毗太白，性情则近浪仙一流。"令人"低吟浩唱而不舍者，岂其恳到感于中者邪，抑其清气撩人使不得及其意耶"。现代文史学家张如安则认为"陈撰画得南宋神髓，若论清新简淡，天趣自然，堪称八怪画派之首"。

现藏于贵州省博物馆的《清陈撰设色花卉册》堪为陈撰的代表之作，是扬州八怪画风的又一体现，展现了画家在诗书画上的深厚底蕴与功力，为我们探讨扬州八怪的艺术风格、深入研究陈玉几的诗与画，提供了新的资料。

［参考文献］

1.（清）陈撰：《玉几山房吟卷》[M]，扬州：广陵书社，2006年。

2.（清）杭世骏：《玉几山人小传》，见（清）李斗著，许建中注评：《扬州画舫录》[M]，南京：凤凰出版社，2013年。

3. 张如安：《陈撰生平事迹考略》[J]，《宁波师院学报（社会科学版）》，1996（4）。

4. 郑奇：《陈玉几的诗与画》[J]，《扬州大学学报（人文社会科学版）》，1986（3）。

姚华艺术理念及实践探析

宋云

（贵州省博物馆）

摘　要　本文围绕清末民初贵州学者姚华的艺术理念及艺术实践，结合特定时代背景下艺术家的生平经历，依托诗歌、书法及绘画三个主题，指出姚华在特定的时代背景下为中国传统艺术的近代转型做出了重要贡献，至今依然熠熠生辉，深刻影响着后代代艺术家，"民国通才，艺苑翘楚"是对姚华的最好评价。

关键词　清末民初；贵州；姚华；艺术理念

"天下之山，萃于云贵；连亘万里，际天无极"，这是明朝心学代表者王阳明在《重修月潭寺建公馆记》中对贵州山川的赞誉，令人印象深刻，由于地理位置和自然环境的特殊性，贵州历来不是中国文化的中心，但这一西南边陲省份在中国文化发展史上却不同凡响，大有卓尔不群的意味，这块肥沃的土地曾浇灌出一朵朵值得大书特书的艺术奇葩：史前黔西观音洞文化、晚清沙滩文化等，这些独特的文化形式至今熠熠生辉，散发着历久弥香的艺术气息，彰显出贵州这片土地的独特魅力和精神气质，特别是以黎庶昌、郑珍为代表的沙滩文化近年来引起了学术界的高度重视。清末民初是中国社会剧烈变化的历史时期，延续两千多年的传统中央集权统治制度逐渐趋于腐朽并最终全面崩溃，新旧思想风起云涌，中华民族踏上了艰难的近代化历程，而所谓的"欧风美雨"在这一阶段也加紧了对神州大地的冲刷，特定的时代在一定意义上催生了一代具有强烈家国情怀知识分子的历史思索，他们立足政治、经济以及文化等宏观领域，以全新的视角审视东西方文明，引导中华民族踏上了艰难的近代转型之路，而姚华就是这一时期贵州地区出现的具有代表性的人物，作为一名具有深厚传统文化功底的知识分子，姚华在特定的时代背景下致力于书法及绘画等诸艺术的历史性继承和改革探索，取得了骄人的成绩，为贵州这块人文之地涂上了浓墨重彩的一笔，同时也在近现代艺术史上留下了一个光辉耀眼的名字。

一、姚华的生平经历

姚华（1876—1930），字一鄂，号重光，又号茫父，别号莲花庵主，祖籍贵州贵阳，幼年攻读儒家经典，清光绪年间先后考中举人和进士，于工部任虞衡司主事一职，而不久之后姚华被公费保送至日本学习，进入日本东京政法大学进行学习，回国以后先后在晚清和民国政府担任邮传部邮政司主事、临时参议院贵州参议员等职务，具有一定的政治影响力，同时也先后在北京私立中华大学及清华学堂、北京女子师范学校等高校担任教师、校长等职务，1930年因病逝世，享年54岁。从一定意义上而言，姚华是一位具有艺术天赋的传统知识分子，他一生勤奋用功，广泛在诗词、书画及碑刻、考据等领域上发力，取得了多方面的艺术成就，被时人誉为"一代文化通才"，这是一个很高的赞誉，也从侧面反映出姚华多方面的艺术成就和学术影响力，姚华弟子、著名历史学家郑天挺在《书适》一书的

图1　姚华（1876—1930）

序言中评价老师"努力经史之学，尤精说文音韵，金石书画，词曲乐律。实为一时大师"[1]，这样的综合评价较为公允，基本代表了学术界的普遍观点，清华大学杜鹏飞教授也曾直言，姚华具有多元化的身份，他一人集学者、诗人、文学家、艺术家、鉴赏家等多重身份于一身，"所学宏大精深，是今天许多所谓的国学大师所不可企及的"[2]，与郑天挺的评价基本一致。而姚华本人曾自称自己的艺术成就"诗第一，书第二，画第三"，这是艺术家自己的看法，但站在宏观的历史维度上，其实姚华的书画最具影响力，这是目前学术界的基本共识。姚华的书画造诣颇高，特别是离开贵州地区进入到首都文化圈之后，姚华与梁启超等多位文化名流交往甚密，其书画影响力与日俱增，和当时的国画大师陈师曾先生一样，是民国时期北京画坛的标志性人物。

艺术家的艺术理念及实践与艺术家个体的人生经历密切相关，两者之间的内在逻辑关系是紧密的，因此简要梳理姚华的生平经历有利于深刻地把握和理解其艺术理念与相应的艺术实践。姚华一生的经历较为丰富，也较为曲折，可以大致分为四个阶段，即治学、从政、弃政、从艺。姚华出生在贵州，姚家世代贫困，生计艰难，其父姚源清以经营店铺养家糊口，作为家中的长子，姚华九岁入私塾学习，在此后的八年时间里，姚华按照传统私塾教育的基本模式，习《千字文》，学《孟子》及《五经大全》等儒家经典，为日后的科举考试做准备。值得注意的是，姚华自身聪慧勤奋，很受当地乡贤士绅的喜欢与爱护，他也与民间知识分子交往甚密，并仰慕他们的学识。这一时期，姚华开始尝试诗词、绘画创作以及文字学研究等，姚华有一首《水画歌》："曾忆儿时作水画，持向长者求其名。长者舌强不能举，嗤予小子真憨生"[3]，生动地描述了当时的求学经历。可以说，姚华早年在私塾学习时深受乡贤文化的滋润，乡贤的影响激发了姚华对艺术的最初兴趣，这成为姚华日后艺术理念形成的重要基础。从

---

[1] 郑天挺：《代序》，见姚华著，邓见宽点注：《书适》，贵阳：贵州人民出版社，1988年。

[2] 转引自陈琳：《〈弗堂类稿〉研究》，南充：西华师范大学硕士学位论文，2018年，第11页。

[3] 姚华著，邓见宽选注：《姚华诗选》，贵阳：贵州人民出版社，2000年，第12页。

政是姚华人生的第二个阶段，1904年，姚华考中进士，在工部任虞衡司主事；不久之后，姚华在清末派遣留学生的浪潮中进入日本东京法政大学学习，曾积极向国内介绍政治、教育等知识，致力于思想解放和民族启蒙。同时，姚华也持续关注古典艺术的发展动态，有绘画作品《没骨花卉》传世。回国之后任邮传部邮政司行走，辛亥革命之后姚华当选为贵州参议员，但政治的无序和政坛的混乱，使姚华倍感失望与无奈，"毅然弃官而去……不能为国家福祉效力，退其次……重理旧业，书法绘画，作文论艺"[1]，因此，弃官就成了姚华的选择。专心从艺自然是姚华的最终归宿，辞官之后的姚华进入到北京画坛，"开始专治词章、六书旧义、治经兼训诂大义，并工研书画、诗词、金石"[2]，与梁启超、齐白石等多位名流互有交往，其艺术理念逐渐成熟，社会影响力与日俱增。晚年的姚华身体出现问题，他将自己的号改为丁卯残人，这也影响了作者的艺术理念和艺术实践。

二、姚华的诗词艺术

如前所述，"诗第一，书第二，画第三"是姚华的自我评价，这实际上也从一个侧面反映出诗歌创作在姚华艺术实践中的重要地位，学界近年来也高度重视对姚华诗歌艺术的专题研究，不断有相应的研究成果涌现，如《〈弗堂类稿〉研究》[3]一文就围绕姚华的《弗堂类稿》这一特定文本，依托诗词作品、书画题词及墓志铭等题材，挖掘姚华的文学艺术思想，整体研究较为全面而系统，而《姚华题画词平议》[4]、《姚华诗中菊花意象的情感表达》[5]等专题论文也对姚华的诗词进行了卓有成效的剖析。从当前的研究成果而言，姚华的诗具有较为鲜明

---

[1] 苏华：《姚华：旧京都的一代通人》，《书屋》1998年第3期，第43页。

[2] 转引自王凤欣：《姚茫父绘画艺术研究》，哈尔滨：哈尔滨师范大学博士学位论文，2018年，第24页。

[3] 陈琳：《〈弗堂类稿〉研究》。

[4] 黄海：《姚华题画词平议》，《贵州文史丛刊》2017年第2期，第92~98页。

[5] 敖灵：《姚华诗中菊花意象的情感表达》，《北方文学》2019年第36期，第67~68页。

的特征，有诸多丰富的内涵值得持续挖掘。

整体上，姚华的诗歌数量较为可观，现在可以看到的诗歌约一千首，其中有一部分被收录在《弗堂类稿》一书中。邓见宽编有《姚华诗选》[1]一书，这些诗歌体裁较为广泛，具体涉及题画诗、赠答诗及思乡诗、咏物诗等，统观这些诗歌作品，"能博取众家之长，自铸一体"[2]。我们不妨将姚华的诗歌分为若干类别，进行逐一剖析。姚华有很多诗歌是以时代背景为依托的，反映了作者关怀人民疾苦的悲悯情怀，如"西风何事起阴层""晚烟如雨起愁心"体现了作者强烈的家国情怀，姚华不满清朝的腐败统治而忧心忡忡。创作于1917年的《丁巳都门杂诗》有"浮尸血泊日争殷，跋扈将军甲尚攒""自与山僧等贫贱，不关人世有兴亡"等句，反映了作者面对北洋军阀混战这一特定时代语境，描绘出战争给人民群众带来的痛苦与灾难，同时也表现出面对乱世无可奈何的心绪，这正是姚华"志学能藏用，清新又流丽"的创作风格，这样的诗歌理念与实践与姚华早年贵州老家的贫苦生活经历有紧密联系，作者能够较为自然地关注和表达基层群众的苦难，反对军阀为了自身利益而大肆征战的做法。姚华也有属于亲友间临行赠别范畴的诗歌作品，这些作品表达了作者对亲朋好友的相思与缅怀之情，流露作者真挚的情感，如有多首怀念好友陈师曾先生的作品，体现了作者对故友的无限怀念；而姚华为纪念其长女所做的诗歌则感人肺腑，读来令人动容。作为一名享誉画坛的艺术家，题画诗也是姚华诗歌的重要类别之一，其"文人画"创作较为典型，充分体现了作者的博学多才，是其内心澎湃心潮的集中展现，或览物抒情，表现自己对世间万物的热爱；或见物思人，思绪飘扬，可以看到一个情感丰富的传统知识分子形象。

姚华还写有大量诗论文章，他重视以诗歌表达艺术家主体情感的功能，即所谓宜情功能，姚华明确表示："惟是诗所以作，本于自然，非国家之劝掖，岂

---

[1] 姚华著，邓见宽选注：《姚华诗选》，贵州：贵州人民出版社，2000年。
[2] 李建国、邓见宽：《志学能藏用 清新又流丽——评姚华的诗》，《贵州社会科学》1986年第6期，第46页。

法度之驱策？人情之感，欲罢不能。心声所宣，有触即发。"[1]这段阐述实际上代表了姚华写作理念中的重要倾向。因此，我们可以看到，姚华的诗歌大多随性而发，流露着作者的才华，在当时影响很大，当时的北京有争相传阅的盛况。

三、姚华的书法艺术

姚华对书法这一艺术形式的兴趣是自幼养成的，此后余生不曾有所偏废，因此书法是姚华艺术生涯中的重要内容，挖掘其书法艺术理念是姚华主题研究中值得特别关注的命题。事实上，青少年时期的姚华对书法的兴趣并不是家庭氛围影响的结果，也没有较为明显的师承关系，乡贤文化的影响起到了重要作用，姚华在贵州私塾求学时就仰慕乡贤名流的书法技艺，心向往之。这一时期可以看成是姚华书法学习过程中的启蒙阶段。就乡贤文化对自己书法的启蒙，姚华日后回忆到了贵州沙滩文化重要代表人物莫友芝先生的影响。莫友芝先生在当地寺庙中的一副篆书对联令姚华久久不能忘怀，"每登山谒祠必留恋玩味，如是者十余年"[2]。如此，具有深厚文化底蕴的乡贤书法艺术对姚华起到"润物细无声"的浸润效果，对姚华书法之路的积极意义是显著的。姚华对书画艺术情有独钟，这种情感贯穿姚华生命的始终。他本人曾有这样的自述："余本窭人，屡耐饥馋，猥以性近，暇辄入肆，意在访书，益治所学。然与书画、碑帖，最易牵连，每缘类及，不忍谢绝。"[3]对书画"不忍谢绝"、无法割舍的情感来源于艺术家内心深处的热爱。姚华一生对历代碑刻、名家名帖有系统的研究与学习，其书法作品数量较为庞大。值得注意的是，姚华早年在私塾求学时对文字学的兴趣颇高，注重考究汉字的历史流变历程，《说文解字注》是这一时

---

[1] 姚华:《弗堂类稿》，南京：金陵刊本，1930年，第307页。
[2] 转引自王凤欣:《姚茫父绘画艺术研究》，第17页。
[3] 邓见宽编:《姚茫父画论》，贵阳：贵州人民出版社，1996年，第4页。

期的重要学习资料，文字学知识的学习一定意义上为其书法之路打开了一条路径，对姚华书法的学习与创作具有重要意义。

目前可以看到的姚华书法作品数量较多，新近出版的就有《姚茫父书法集》[1]、《茫父颖拓》[2]等多部书法集，关于姚华书法的研究，成果也是较为丰富而全面，很多资料具有一定的学术价值，如《姚华书法观管窥——以姚华致姚鋆信札为中心的释读与考察》[3]、《姚华碑帖观与书法摭谈》[4]及《诸体交辉　兼擅多能——姚华书法评析》[5]等专题论文立意深远，论述系统，值得重视。整体上，姚华的书法不局限在一家一派上，而是诸体兼备，多有涉猎，其书法大致以颜体和赵体为基础，同时积极吸收了鼎彝、碑刻的有益因素。在姚华的书学理念中，尽管字体的"平正方阔"是其基本追求，但也不偏执一说，刚柔并济、张弛有度是其贯穿始终的理念。姚华早年在贵州以学习颜真卿书法而入书法之门，颜真卿名帖《麻姑仙坛记》是其主要的临摹范本。进入北京文化圈之后，眼界大开，广泛学习汉魏碑刻、石鼓文，对隋唐书法也多有涉猎，此时姚华的书法风格随之发生变化，取百家之长而别开一宗，个体的书法风格也形成并渐趋成熟。"变而不失古法"是姚华始终追求的基本创作维度，本质上体现了艺术家对传统文化艺术的坚守与敬畏。中年的姚华以临写《石门颂》《西狭颂》《郙阁颂》为主，他对所谓"三颂"的评价也很高，认为"结构方正，寓严于宽，书品最高"，这一时期的隶书作品中可以看到明显的篆书笔法，字体在圆浑中显得刚健和清秀。晚年的姚华身患偏瘫之症，腰肢严重不便，直接影响了艺术的创作，书法行笔有些许钝滞，这一时期书法显现出古拙的意味，体现出另一种意趣，这是艺术家的扎实功底和对书法艺术宏观把握的集中体现。因此，《北

[1] 邓见宽编:《姚茫父书法集》，北京：荣宝斋出版社，2006年。

[2] 邓见宽编:《茫父颖拓》，贵阳：贵州人民出版社，2008年。

[3] 郑海涛、任蕾懿:《姚华书法观管窥——以姚华致姚鋆信札为中心的释读与考察》，《中国书法》2017年第20期，第131~134页。

[4] 任蕾懿:《姚华碑帖观与书法摭谈》，《贵州文史丛刊》2018年第3期，第93~98页。

[5] 朱良津:《诸体交辉 兼擅多能——姚华书法评析》，《中国书画》2015年第11期，第77~82页。

京画坛领袖姚华》一文中"学古能化，不拘成法，真行隶篆俱佳，风格雄遒峻朴，清奇古丽"[1]的概括与评价是较为妥当的。

作为学者型的书法家，姚华的书法创作是以扎实的理论研究为依托的，他毕生致力于书法教育事业，培养了大量学生，郑天挺等门生曾汇编《论书》一册，将姚华的书法理论以口述的方式呈现，在北京文化圈广为流传。

四、姚华的绘画艺术

绘画是姚华抒情表意的重要艺术形式，倾注了艺术家的毕生心血与丰富情感，是我们挖掘与审视姚华艺术理念的重要途径。姚华的绘画作品及绘画理念，在《姚茫父画论》[2]、《姚茫父书画集》[3]等著作中有所体现，从时人的只言片语中可以看到姚华绘画作品的社会影响力，"画尤冠绝燕京，驰誉中外，得其碎幅零缣，无不珍为鸿宝"[4]，而姚华绘画作品的社会好评来源于其特定的艺术价值，这与艺术家的艺术理念具有直接关系。

姚华的绘画没有明晰的师承谱系，更缺乏家族氛围的熏陶，他依靠的是个体对绘画艺术的独特情怀，加之自身的不断学习和持续探索。他少年时便留心绘画，清末民初，贵州省良好的学术氛围无时无刻不在影响和滋润着这位天资聪颖而又颇有艺术天赋的青年，特别是进入到北京文化圈之后，喜好交友的姚华与齐白石、陈师曾等多位绘画大师交往甚密，彼此交流绘画技艺，看到了不少精品名画，同时游西湖、访孔庙，眼界随之大开。随着艺术家个体人生阅历的不断积淀及生命体验的不断丰富，到了晚年，姚华在绘画艺术上不断突破，艺术水平不断提升，逐渐形成自己的绘画风格，创作了大量高质量的作品，应该说这是艺术家艺术天赋、勤奋探索及人生阅历等因素结合的最终产物。姚华

[1] 顾朴光、顾雪涛：《北京画坛领袖姚华》，《当代贵州》2013年第33期，第60页。
[2] 邓见宽编：《姚茫父画论》。
[3] 姚茫父书画集编委会编：《姚茫父书画集》，贵阳：贵州美术出版社，1986年。
[4] 转引自陈琳：《〈弗堂类稿〉研究》，第13页。

图2　姚华，扇面作品，1928年，贵州省博物馆藏

四十岁以前很少作画，四十岁以后，绘画在姚华的艺术实践中开始扮演重要角色，这样的发展路数与作者对绘画的理解是一致的。姚华认为传统中国绘画是表达艺术家个体主观情绪和内心情感的理想途径，绘画的前提是艺术家在诗歌和书法领域的长期积淀，此两者构成了绘画的基本前提，这是古典时期文人画画家的基本要求。姚华的绘画作品以传统山水画和花鸟画为主，兼有少许仕女图等题材，具有较为鲜明的艺术特色。其作品以意境和气势见长，姚华不主张对艺术家的死板模仿，学习与借鉴是必要的，但艺术是生命个体表情达意的形式，"胸无古人则无藩篱，目无今人则无瞻循"才能实现艺术家的自我延伸与扩大。姚华的绘画强调笔墨之间的意境与情趣，很多作品整体上显得气势磅礴、笔力刚健，展现了山川河流的苍茫与神韵。一些小尺幅的花鸟画则极具书卷气（如图2），犹如含羞隐媚的楚楚佳人，很有意境，其好友陈师曾评价姚华的绘画有"独来独往之气概"，即是此意。姚华绘画作品中的道家精神也是一个值得重视的因素，近年来受到了学术界的高度重视，多篇论文先后发表，如《姚

华绘画美学思想中的道家精神》[1]、《"画虽小，道宏之"——姚华画论中"道"的审美阐释》[2]等专题文章对此进行了系统的阐述，可以看到姚华的绘画思想及绘画实践致力于对哲学本体"道"的探究与追求，姚华始终主张"画虽小，道宏之"，即"道"是绘画作品的灵魂和终极追求，绘画就是要体现艺术家对"自然之道"的体悟，从姚华大量的题画诗可以看到，其绘画作品旨在抒发自然而为、率性洒脱的个体生命状态，如"老来作画无须会，一纸聊吾寄。蕉边趣好，梅边色胜，一样堪师，都来腕底"这一题画诗，表达了姚华艺术理念中"道"的基本精神。

"书意诗境总相宜"，作为中国最后一代科举制度下的传统士大夫，姚华的艺术是一个博大精深的宝库，他在特定的时代背景下为中国传统艺术的近代转型做出了重要贡献，至今依然熠熠生辉，深刻影响着一代代艺术家，"民国通才，艺苑翘楚"是对姚华的最好评价。

---

[1] 周新凤：《姚华绘画美学思想中的道家精神》，《中国书画》2013 年第 10 期，第 76~78 页。
[2] 周新凤：《"画虽小，道宏之"——姚华画论中"道"的审美阐释》，《湖北经济学院学报（人文社会科学版）》2011 年第 6 期，第 99~100 页。

贵州省博物馆藏于右任书法作品赏析

董佩佩

（贵州省博物馆）

摘　要　本文通过赏析贵州省博物馆藏于右任书画作品，指出于右任以碑学的笔法来书写，中锋先行，气势磅礴，挥毫的笔势风韵堪称绝技。于右任在自己的字体中融合了碑、帖二学，他的作品中既有碑学的雄强刚健，有金石味，又有帖学的柔美、秀丽、飘逸，化解了北碑的生硬，在"二王"柔美的风格之上增加了强劲之风。

关键词　于右任；书法作品；赏析

于右任（1879—1964），原名伯循，字诱人、右衽、右任，1905年在《新民丛报》著文时始用右任名，遂以字行。笔名神州明主、骚心、太平老人等。晚号髯翁。祖籍陕西泾阳县斗口于村。早年是同盟会成员，长年在国民政府担任高级官员，同时也是中国近代书法家，是复旦大学、上海大学、国立西北农林专科学校（今西北农林科技大学）的创办人和复旦大学、私立南通大学校董等。

于右任是国民党元老，是政治家、教育家、新闻家、诗人。他的书法艺术是一颗灿烂的巨星，尤其是草书的成就最为突出。他集成的《标准草书千字文》成为现代中国文字学研究上的伟大创造，也是草书发展史上的新高峰，更是中国书法艺术发展史上新的里程碑。专家、学者对于右任书法评价的赞美之词不绝于耳，可见其极高的书法造诣和广泛影响。贵州省博物馆藏于右任的书法作品不多，仅有行书和草书两种书体。于右任的草书与其早期的"碑体楷书"和中期的"碑体行书"密切相关。其草书以碑体为精神主干，并且吸取百家之所长，因此被称为"碑体草书"。他独创的这种草书是史无前例的。以下是笔者整理的贵州省博物馆藏于右任书法作品，从中可大致了解于右任的创作风格。

人们最为欣赏的是于右任行书。贵州省博物馆藏《于右任行书条幅》，纵113厘米，横33厘米，纸本。书写内容："清溪见底露苍苔，密竹垂藤锁不开。应是仙家在深处，爱流花片引人来。"书"吴融阌乡寓居诗之一"，款"仲麟先

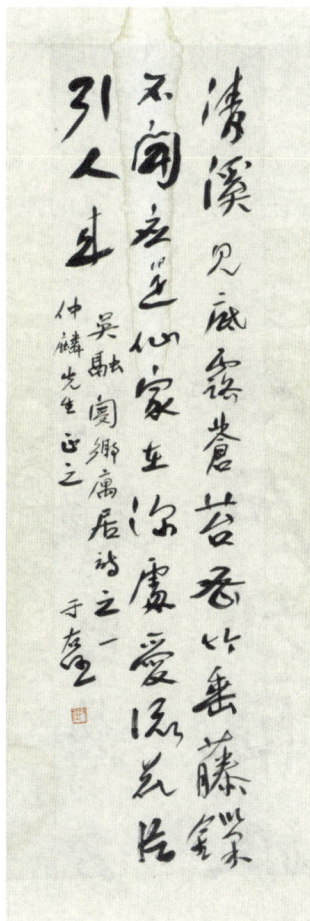

图1 《于右任行书条幅》

生正之"，署"于右任"，钤"右任"朱文印。该诗句是于右任引用唐代诗人吴融写的《阌乡寓居十首·清溪》一诗。他笔法简练，刚柔互济，使转自如，体势纵逸，古朴典雅，任其性情自然流露。此幅作品应为早年之作。他早年的行书作品，虽师法赵体，却没有赵体那种妩媚流丽之气。于右任将赵体（赵孟頫）、欧体（欧阳询）、魏体融化于笔端，书写出许多行书作品。

贵州省博物馆藏另一幅书作《于右任行书联》，纵232厘米，横58厘米，纸本。此对联似为于右任赠与霁熙先生之作，书写内容："险艰自得力，金石不随波。"上款"霁熙先生正之"，下款"于右任"，钤"于右任"朱文印。这句话的意思是说艰难险阻对强人来说是向上的阶梯，是完全可以战胜的，他的艺术风格不会随波逐流。此幅行书作品，笔法多似魏意，展示出大气磅礴的神采，应为后期的行书墨迹。

贵州省博物馆藏《于右任行书立幅》，纵90厘米，横47厘米，纸本。在

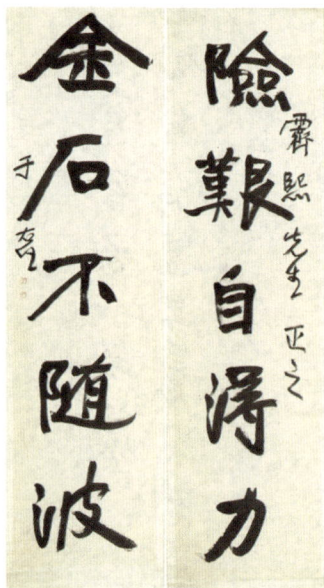

图2 《于右任行书联》

这件行书作品中，作者书法风格不拘一格，秀媚中饶有风骨。书写内容："细雨穿沙雪半销，吴宫烟冷水迢迢。梅花竹里无人见，一夜吹香过石桥。"末尾款"时钦我兄正于右任"，钤"右任"朱文印。这首诗句出自南宋诗人姜夔作的七言绝句《除夜自石湖归苕溪》，其诗用自然逼真的手法，写了诗人由石湖返回苕溪时，沿途所见的幽雅景致。根据运笔、结字、书体、落款及钤印等特征分析，此幅约为于右任先生早年的书法作品。

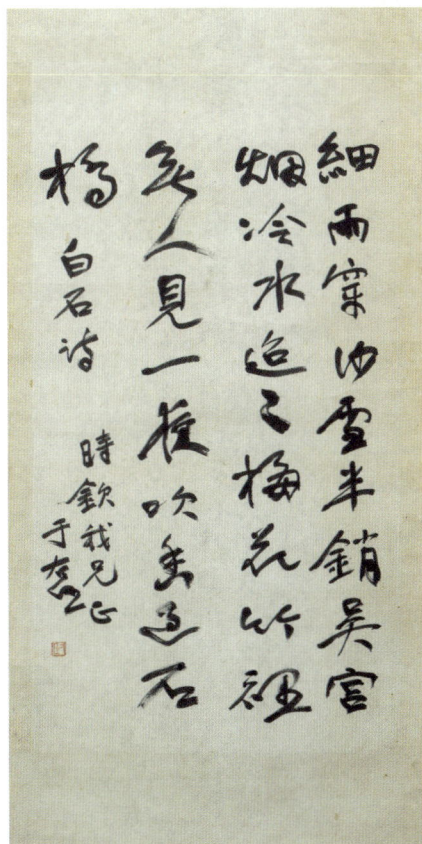

图3 《于右任行书立幅》

贵州省博物馆藏于右任先生的另两幅《于右任行书条幅》，第一幅书写内容："律论流通到罗什，家钱雕印过母昭。只因玉蟹泉香洌，满架薪材煮石铫。"落双款："志韩先生正，于右任。藏书纪事诗咏汲古阁毛氏。"第二幅内容："祠禄难言竹洞霄，一枝避迹等鹪鹩。欲知梅碉藏书窖。甬上南湖学士桥。"落双款："志韩我兄法家正，于右任。"此行书联以雄健坚实的魏体筑基，鲜明体现出试图融其他书体于其中的意识，线条肥厚，结字宽博，写得松活自然。

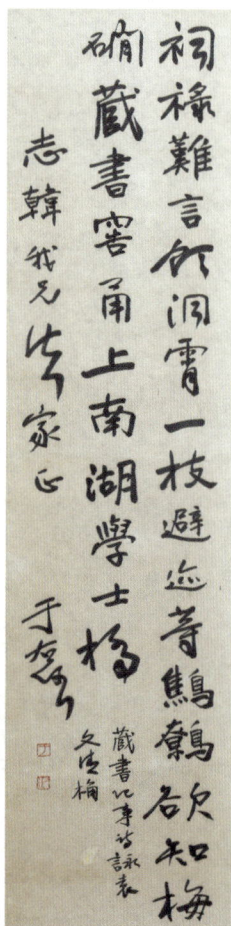

图4 《于右任行书条幅》之二

贵州省博物馆藏《于右任行书八言联》，纵150.2厘米，横39厘米，纸本。联曰："忠厚培心和平养性，诗书启厚勤俭传家。"上款"禄敏先生"，下款"右任"，钤朱文"右任"小印。于右任先生赠禄敏的这副对联作品，舒展、放逸之线条正是于右任先生精神与审美历年升华之外化。书法风貌兼取东晋"二王"、唐褚遂良、元赵孟頫诸法，无不遍临诸帖诸碑，取多家法，最终形成自己独特的风格。

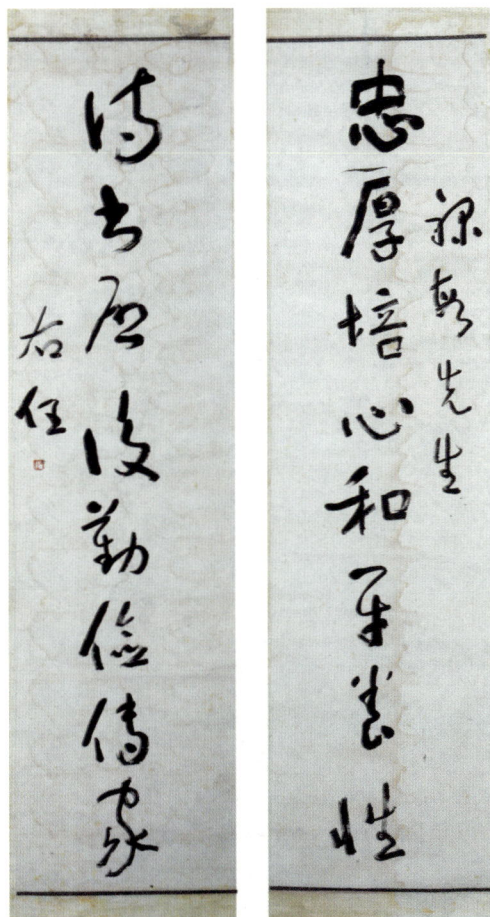

图5 《于右任行书八言联》

此幅《于右任行书联》，纵129厘米，横31厘米，纸本。书写内容："学于古训时乃大训，德无常师主善为师。"上款"志韩同志正之"。下款"于右任"，钤朱文"于"字及"右任"两小印。此联笔致圆通，端庄雅致，笔画粗细变化不大。就书体特征而言，此幅书法作品约为于右任先生1930年（52岁）前后所书。

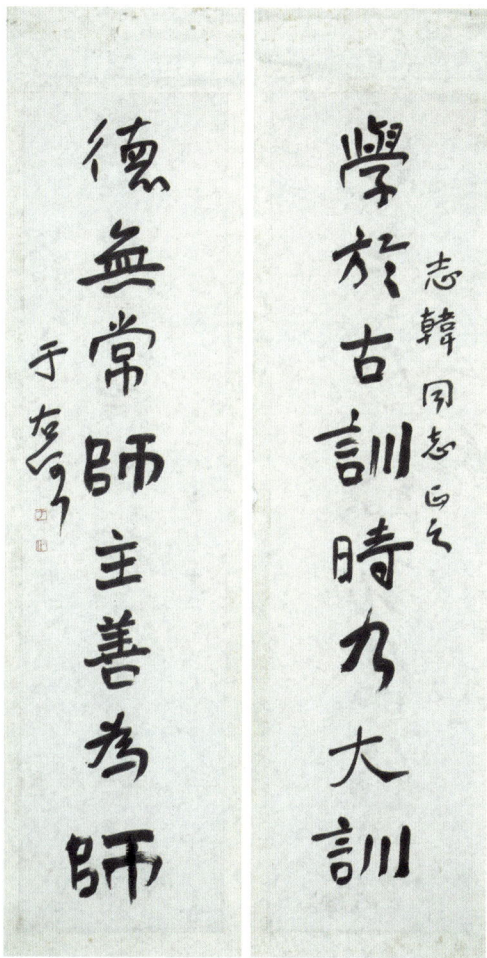

图6 《于右任行书联》

至于于右任的草书，其笔画较为简单，形态优美，基本上写的是不相连属的今草，但他的草书是由章草入今草的。"草"在汉字的解释当中，有不细致、潦草之意，还有匆促、急促的含意。"草"字用在书体当中，很好地解释了这种书体产生时的特点——潦草而快速。在他的草书作品中，不时可以见到章草的笔法。用笔精气内蓄，墨酣力足，给人以饱满浑厚的感觉。

　　贵州省博物馆藏《于右任草书联》，纵150厘米，横45.5厘米，纸本。此幅书作于20世纪50年代入馆，联文："清修开世运，大业建书城。"上款："秀涛仁弟法正。"下款："三十八年一月于右任。"钤朱文"右任""太平老人"。可见这件作品是他老年之作。用笔几乎笔笔中锋，在张颠狂草的连绵之势之外，

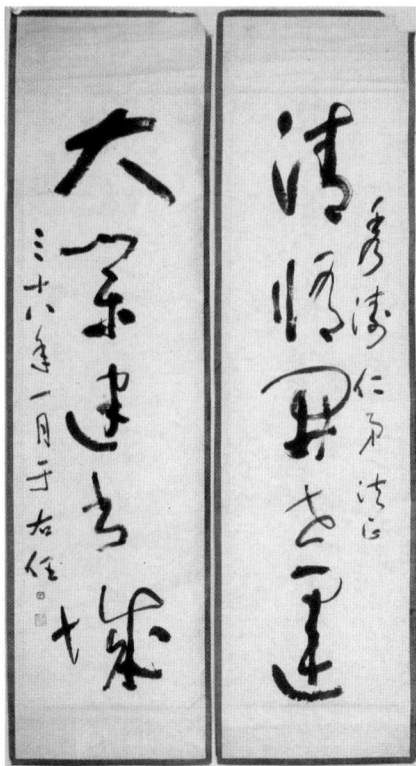

图7 《于右任草书联》

另有一番妙趣，观章见阵，气清意朗，笔意灵转，缠绕洒脱。在一种看上去十分随便、不经意的把握之中，获得了一种奇绝的、从容大气的效果。

贵州省博物馆藏于右任另一幅草书作品《于右任草书八言联》，纵131.5厘米，横32.4厘米，纸本。书写内容："天地高明所在遇福，日月更始以乐成功。"上款："永初先生法正。"下款："三十八年四月于右任。"钤朱文"右任"及"太平老人"。此副对联雄豪婉丽，其草书作品在形体上仍守标准，用笔舒缓而稳健，有力度、有节奏、有韵律，有点线运动的旋律美。书风酣畅、点画跌宕有致，使转取势俱显遒茂质朴之貌。然而在用笔、结字、章法上则不断追求形式美的再创造，使之更完美、更抒情、更个性化。

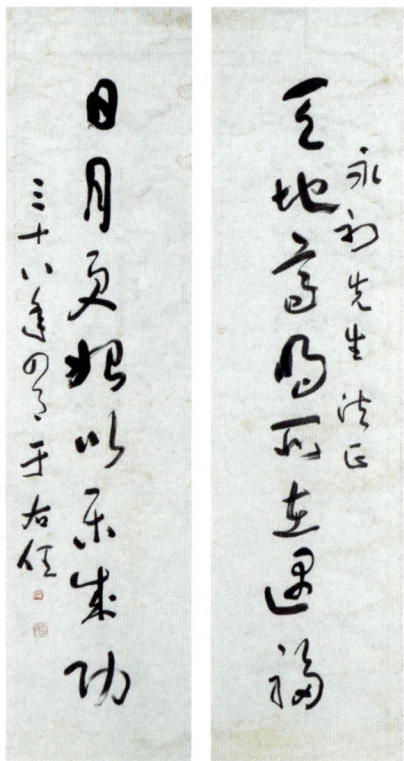

图8 《于右任草书八言联》

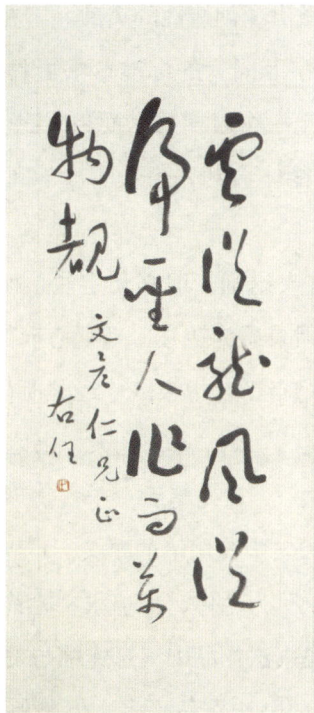

图9 《于右任草书立幅》

　　贵州省博物馆藏《于右任草书立幅》是于右任先生的中年之作，纵80.5厘米，横34.6厘米，纸本。此幅草书内容："云从龙，风从虎，圣人作而万物睹。"款识："文彦仁兄正，右任。"钤朱文"右任"印。此幅书作形态优美，轻重变化和谐，气韵流贯自然，从于右任的这幅草书作品中不时可以看到章草的技法。

　　于右任的书艺在书坛独树一帜，成就斐然。于右任的书法艺术作品极为丰富，而其中以行草书之比例尤高。从馆藏于右任行书作品中了解到，其突出特点是体势多变。一字重出时，他能写得各具特色，绝不相同。他写的每一个字，有的呈三角形，有的呈方形，有大，有小，有缺，有整，各不相同，各有面目。书史上人们称赞王羲之《兰亭序》中20个"之"字写法具有变化美，王羲之主要是在体势变化上做出了创造性的突破。于右任先生也能在一字重出时在体势上求不同，使"一字万同"的标准草书更具有艺术魅力。于右任的行书一个时期一个面目，甚至一个时期几个面目。我们从他书写的条幅、立幅、对联以及跋语等书作中都能体会到先生人品、学问、书艺的博大精深，令人崇敬。

于右任先生认为，"古人论画，谓其无定法，而有定理，吾谓书道亦然。法与理异，法可因人之习惯秉质为转移，理则心同而皆同也"。他从研究"先贤论作书之理"出发，总结自己艺术实践"经验所得"，提出了意在笔先。作为以意象为本质特征的书法艺术，"意，先天，书之本也，象，后天，书之用也"。"立象"是为了"尽意"。意先笔后，千古之理，万豪齐力。从强调用笔的沉着痛快提出了万豪齐力、中锋用笔的要义。点画之间须有变化，方能避免"壮如布算子"之嫌。"平正"为主体，而追求"险绝"是中国书法对结字、字势极高的审美要求，应接是书法作品中气息连绵与贯穿的审美要求之一。

虽然馆藏于右任先生的书法作品不多，但是他遗留下来的大量书法佳作为后世研究他的书法艺术提供了丰富的素材。他的书法以魏碑为基础，将篆、隶、草法入行楷。近年来海内外也出版了他的许多书法艺术专集，研究论文也陆续刊登在很多刊物上。于右任被国内外书法界人士称为"于体""当代草圣"，在国内外产生了深远的影响。这与他广览魏碑墓志和收藏金石碑碣分不开。于右任先生在幼年入毛班香私塾时，就随从太夫子毛汉诗学草书。以此为起点接触帖学，研习"二王"及赵孟頫的名帖。到了中年，于右任先生开始研究魏碑，同时致力于收藏碑石。在收集这些碑石的过程当中，于右任先生曾游走了许多名山大川，写了很多东西，其中有一首《寻碑》最能代表于右任的经历与感触。后来，于右任先生开始研究草书，逐步将自己的草书艺术推向更高的境界。他在1932年集合了有志于草书改革的同仁在上海静安寺路静安别墅（弄堂名）9-11号成立了"标准草书社"，1936年双钩本《标准草书千字文》第一次顺利发行。他提倡的《标准草书》确实也具有民族性和爱国主义的文化内涵。

于右任书法中的书写内容与碑帖融合都能体现其爱国情怀。

总而言之，汉字和书法还处在不断发展中，于先生呕心沥血所研创的标准草书，在社会各界引起了强烈的社会反响，他曾谦虚谨慎地说过："这只是一个蓝图，伟大的建筑还要国人共同努力呢！"日本早稻田大学俊藤朝太郎曾对于右任的书法做了如下评价："我穿梭于华南华北的乡邑村庄四十余次，这期间曾跟各阶层的文人墨客相接触。综观来说，书法风格卓越高超者可推于右任先生为第一人。"

从上述于右任诸幅书法作品中可见，于右任先生以碑学的笔法来书写，中锋先行，气势磅礴，挥毫的笔势风韵堪称绝技。于右任在自己的字体中融合了碑、帖二学，他的作品中既有碑学的雄强刚健和金石味，又有帖学的柔美、秀丽、飘逸，化解了北碑的生硬，在"二王"柔美的风格之上增加了强劲之风。

[参考文献]

1. 陈振濂:《中国现代书法史》[M]，北京：人民美术出版社，郑州：河南美术出版社，2009。

2.（日）福本雅一:《于右任书法集成》[M]，京都：柳原书店，1991。

3. 王书峰:《于右任〈标准草书〉的民族性及其爱国为民思想在书法作品中的体现》[J]，《艺术百家》，2017（2）。

4. 于右任:《右任墨品》[Z]，孙轶青题签本，1990。

5. 中国教育学会书法教育专业委员会编:《近现代书法史》[M]，天津：天津古籍出版社，2010。

试论清代贵州家刻本的价值及利用

安琪

（贵州省博物馆）

摘　要　本文通过梳理清代家刻本的出版及流传情况，探讨其价值，从而在保护和利用方面提出了一些建议。

关键词　清代；贵州家刻本；价值；利用

中国雕版印刷产生于唐代初期，发展于宋元，明清时达到巅峰。现存的唐代刻本，内容多为老百姓所需的历书、农书、占卜类书籍，大部分为家刻。最早发现的唐咸通九年（868）的《金刚经》，经考证是王玠为其双亲敬造普施而刻印的，也为家刻本。到了宋代，经济和文化繁荣发展，民间对书籍的需求量增加，市场上各类书籍应有尽有，官、家、坊三大系统逐渐形成鼎足而立的态势。明代是我国雕版印刷的黄金时代，刻书地区之广、内容之丰、技术之精是任何朝代都无法比拟的，家刻多如牛毛、坊刻难以数计，家刻尤以毛晋为著，使不少古籍仅赖"毛本"流传至今。清代前期，朝廷大规模地组织编书和刻书，后各地成立官书局，对民间刻书产生了深远的影响。清代考据学的发达，使人们认识到图书版本的重要，产生了集学者、藏书家、刻书家于一身的出版家，因此，刘国钧先生认为："清代的雕刻书籍以私家刻书最有价值。"与官刻和坊刻不同，家刻本不具备政治导向性，不以牟利为目的，它反映的是刻书人对文化的需求，内容涵盖更广泛，对后世影响更深远。

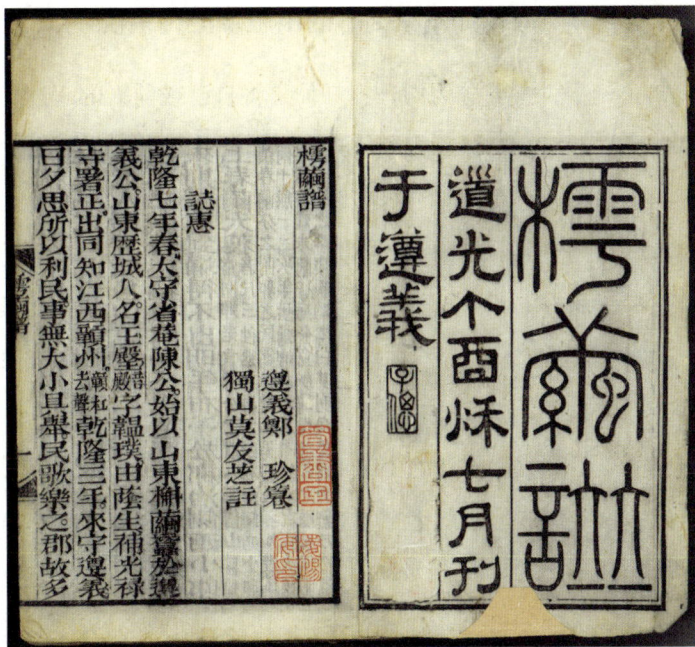

图1 《樗茧谱》清道光十七年（1837）遵义刻本

贵州刻书，始于宋代，明清时期逐渐发展。明永乐年间，贵州建省，为纂写《大明一统志》，官方开始组织刊刻府、州、县等地方志书，使贵州刻印志书和其他书籍有了发展机会。贵州家刻出现较晚，约产生于明代中后期，第一部家刻著作是谁所刻，内容为何，已难考证，目前，贵州省内流传下来的第一部家刻本为清道光十七年（1837）由郑珍撰写并刊刻出版的《樗茧谱》（图1）。此后，以郑珍、莫友芝、黎庶昌、唐树义、陈法、陈夔龙等为代表的一批贵州文人为宣扬善本、传播文化，大量藏书、刻书使贵州家刻事业真正地发展起来，他们留下的大批图书成为贵州文化的珍贵财富，也为后人深入了解贵州历史提供了重要依据。研究贵州家刻本的版本价值和文献价值，让其得到充分利用，对进一步挖掘贵州文化内涵，增强贵州文化自信，促进贵州文化传播有现实意义。

一、清代贵州家刻本的出版及流传情况

清代贵州家刻本，主要分为两种：一种是将自己或前人的著述、诗文刊刻出版的，另一种是考据、辑佚、校勘前人旧本后整理出版的。刻书之人多为当时著名文人，有在朝为官者，亦有投身教育、一生治学者，在经史文学方面各有成就，在考订和校雠方面颇精，刻书多以自家藏书楼为刻本堂名，代表性的有：望山堂刻本（郑珍家刻）、影山草堂刻本（莫友芝家刻）、拙尊园刻本（黎庶昌家刻）、灵峰草堂刻本（陈钜家刻）、待归草堂刻本（唐树义家刻）、花近楼刻本（陈夔龙家刻）、恰恰楼刻本（高廷瑶家刻）等。他们自己出资，请刻工到家中刊刻书籍，凡刻印出版之书，必经过悉心校勘后，再监督开雕。清道光至宣统年间，这些家族约出版图书百余种，相较同时期的官刻和坊刻，种类最多、内容最丰。

清代大量家刻本的问世，究其原因有三：其一，清政府延续明"改土归流"的政策，使文化皆归于大流；其二，考据学的盛行，使学者们认识到图书版本的重要性，学者们刻书以纠误本弊病，同时宣扬善本，补充藏书；其三，自明嘉靖在贵州开闱以来，贵州文化教育日渐昌盛，中举者越来越多，这一时期，贵州广开书院对书籍的需求量大大增加，诗礼之家为自己的子弟刻印书籍以供教育使用，使得家刻书业蓬勃发展。家刻之书选材丰富，刻印精良，除给子孙作传习教育所用外，或赠友人，也出售给一些上门求购的读书人，在当时贵州乃至全国的影响极大，有珍本和不少孤本流传，其内容广泛、地域鲜明、版本独特，被世人利用与收藏而得以流传于世。

清末民初，大部分家刻本在私人藏书家手中流转，为保存先贤作品，或以覆刻、抄写形式留存，或以残版整理补刻。如清道光十七年（1837）家刻本郑珍撰《樗茧谱》，刻版于咸同年间被农民起义军所毁，民间版本也已散尽，光绪七年（1881），郑珍弟子赵其璠在北京购得一本夹带回乡，此书才重现故里，光绪二十四年（1898），遵义华桱坞重刻《樗茧谱》，并公开发行，使得这贵州

第一部科学著作得以广泛流传。此书还有光绪年间遵义官书局铅印本。

清同治五年（1866），由莫友芝次子莫绳孙整理刊印的《独山莫氏郘亭丛书》（六十六卷）影山草堂刻本，收录莫友芝著作7种，完整保存了莫友芝的重要著作。可惜在莫氏移居扬州后40余年间，因经济拮据，其子孙将家中藏书陆续售卖，其中《独山莫氏郘亭丛书》版片也随之散佚民间。民国年间，扬州著名书商、藏书家、《扬州丛书》整理刊印者陈恒和之子陈履恒偶得《独山莫氏郘亭丛书》影山草堂残版，于民国三十三年（1944）至民国三十五年（1946）修复整理后补刻，使莫友芝重要著作得以保存，为后世研究其人提供了更为详尽的资料。（图2）

新中国成立后，藏书家如朱启钤、凌惕安、陈恒安等名家手中的藏书大部分捐赠或转让给了公藏单位。贵州省图书馆、贵州省博物馆、贵州师范大学图

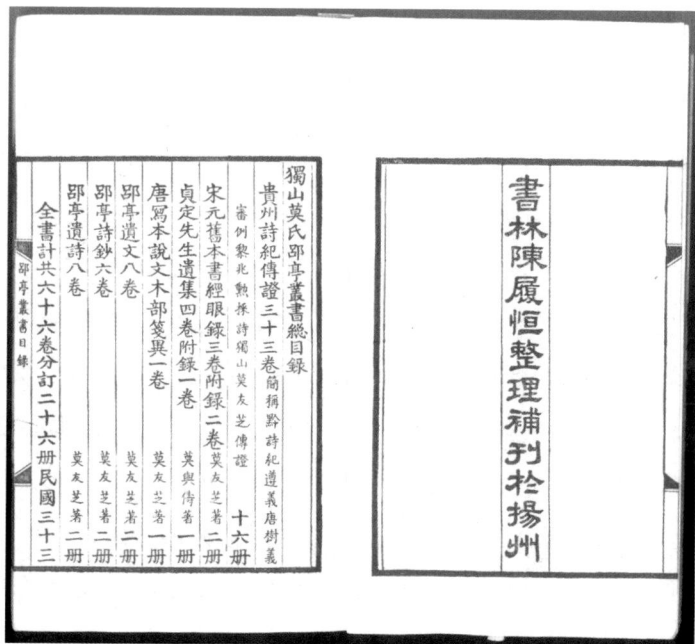

图2 《独山莫氏郘亭丛书》民国三十三年（1944）至民国三十五年（1946）刻本

书馆、贵州民族大学图书馆等省内多家主要公藏单位均有收藏，还有部分孤本藏于省外藏书单位，如莫友芝《宋元旧本书经眼录》，其家刻版片现藏于江苏广陵书社。贵州省图书馆收藏的黔人、黔宦著作，大部分就是由著名学者、藏书家朱启钤和凌惕安捐赠和转让的。而在贵州省博物馆的收藏中，有贵州著名文史学家柴晓连、陈恒安捐赠的部分图书，有贵阳正谊中学1963年撤销后价让的部分图书，这些图书中有清代贵州家刻本10余种。藏书家收藏图书，多有钤印，不难辨别，如贵州省博物馆藏郑珍著《说文逸字》[清咸丰八年（1858）遵义望山堂刻本]、莫友芝著《郘亭遗诗》[清光绪元年（1875）刻本]、莫友芝编纂《黔诗纪略》[清同治十二年（1873）遵义唐氏梦研斋金陵刻本]、黎庶昌著《西洋杂志》[清光绪二十六年（1900）遵义黎氏刻本]，皆钤有凌惕安印和"笋香室"印；李鸿裔著《苏邻遗诗》[清光绪十四年（1888）遵义黎氏日本刻本]，钤有高氏恰恰楼藏书印；郑珍著《巢经巢遗文》[清光绪十九年（1893）贵阳高氏资州官署刻本]，钤乐嘉藻藏书印。

二、清代贵州家刻本的价值

1.版本价值

清代贵州家刻本从字体、版式及装潢来分析与一般清刻本并无差异。版式上，多左右双边、白口、双鱼尾，有牌记，记载堂名及刻印时间，极易辨别。字体上，一贯采用清代殿本书常用的方体字，拘谨方正，晚期也有仿明代汲古阁扁方体。其中不乏刻印精良、纸新墨浓、装订精美、书体俱佳、保存完整，极具艺术代表性的本子。其中以经学驰名，在史学、文学、绘画书法成就颇高的郑珍，有专著和杂著30多种，郑氏家刻和他人刊刻问世的约10种，其中《巢经巢诗钞》是郑珍21岁到46岁的诗作，初印本为清咸丰二年（1852）家刻本，由其子郑知同手写上版刻印，所书小楷字体精妙端严，选用贵州皮纸印刷，墨色浓艳，属晚清刻本的佼佼者。初印本数量不多，到光绪、宣统年间已难觅见，著名目录学家、藏书家叶德辉曾寻20余年而不得，无奈感叹："藏书一道，纵财力雄富，非一聚可以成功。"可见此本流传稀少。后有清咸丰四年（1854）刻本和光绪二十三年（1897）黎氏五羊城刻本，是后刻本，在艺术价值上无法与初刻相比。

还有的版本流传少，对当时及后世产生过极大的影响，虽然年代不是特别早，却具备极高的历史文物价值。如著名外交家黎庶昌在光绪七年（1881）任出使日本钦差大臣期间，搜罗国内失传古籍，得唐、宋、元、明孤本，善本多种，自己出资，延请东京一流刻板能手田垫邨锦四郎和木邨嘉平精刻，活字版印刷，辑成《古逸丛书》。搜辑刊刻时，精益求精，审查校勘多次，印刷中有损痕墨点，字迹不清，必弃之。丛书收录的唐卷子本、唐写本、宋元雕本，版本珍稀，如影宋版《史略》、影宋台州本《荀子》、影宋本《庄子注疏》、覆元泰定本《广韵》等，均为国内轶亡或罕见的善本。故成书一经问世，在国内引起巨大轰动，不仅掀起清晚期复刻宋元版本之风，在当时乃至现在，仍被藏书家视同宋元本。（图3）

图3 《古逸丛书》清光绪十年（1884）黎氏日本使署刻本

2.史料价值

清代贵州家刻本中有许多黔人黔宦创作的诗歌散文，记录内容丰富，涉及社会生活的方方面面，都是对当时物质和精神生活的真实描写，反映了当时贵州人的生活方式以及思想观念。这些丰富的文学作品是全方位了解和研究贵州文化史、思想史、社会生活史不可或缺的文字史料。其中，最有代表性的就是由版本目录学奠基人之一莫友芝与黎兆勋、唐树义共同编纂，于同治十二年（1873）由唐氏梦砚斋刊刻出版的《黔诗纪略》（图4），它是一部明代黔诗总集，收录明代黔籍诗人257人2948首诗作。清末贵州战乱不断，文献散佚严重，莫友芝"尝病黔中文献散佚，欲私成一书以纪之"，不仅负责该书的收集整理工作，还为所收集的包括方外在内的257位诗人写传，传记不仅记载了诗人籍贯、科第仕宦、主要事迹及重要作品等内容，还将与诗人相关的文献资料

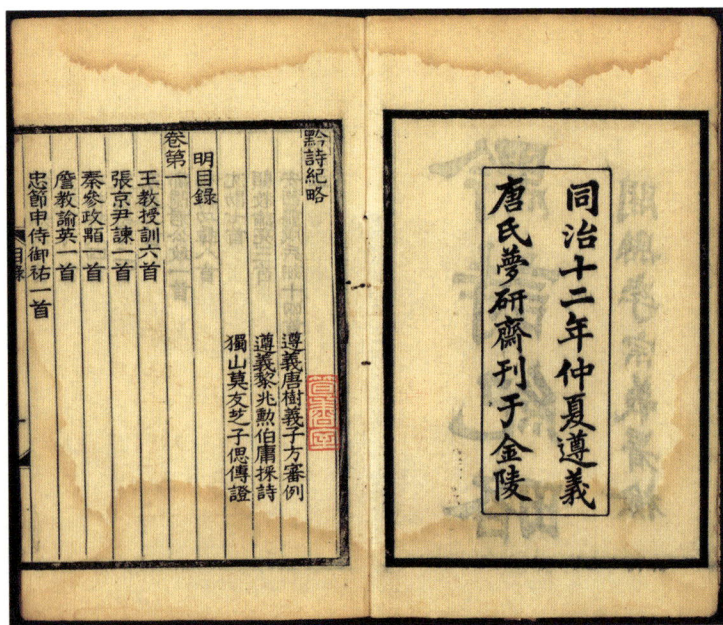

图4 《黔诗纪略》清同治十二年（1873）唐氏梦砚斋金陵刻本

都汇集于传记中，它的文献搜集与体例安排，较前人更为周密、具体。其对诗人、诗文集的考证、辨伪，对诗中相关名物的按证考察，对时人研究的引据利用，均为后人提供了有益的文献线索和史料线索，功用甚巨。宣统年间，由陈夔龙资助，著名谏官陈田尽莫友芝未完之事，对莫友芝未付梓的稿本《黔诗纪略后编》进行补选和删减，最后于宣统三年（1911）刊刻出版。陈氏听诗斋家刻本《黔诗纪略后编》，收录清代黔籍诗人424人，诗作2282首。书后附刻陈田独立编纂的《黔诗纪略补编》，增明代55人，诗歌186首，清代45人，诗歌138首。《黔诗纪略》和《黔诗纪略后编》使贵州明清两代诗歌粲然大备，在丰富的贵州历史文献宝库中，享有十分重要的地位。它不仅展现贵州明清两代黔诗的发展状况，使一方文献得存，里面涵盖的大量史料信息对于研究当时贵州地理风貌、风土人情、城市建筑都提供了第一手资料，意义尤为重大。

在散文方面，黎庶昌任驻英法德西使馆参赞期间所著的地理类游记散文《西洋杂志》（图5），可以说有其独特的史料价值，同晚清其他旅外游记不同，它一反之前游记的日记体样式，不以时间排序，而是有意地将相近内容的文章放置于一起，形成使臣规矩、宫廷礼俗、各国政治事件、各国国家制度礼仪、重要军事民用设施考察、各国艺术与娱乐、各国币制、西方天文总说等几个小单元，客观描述了德意奥瑞等西方诸国的情况。作为桐城派散文代表人物，黎庶昌对新式散文体例的探索和在创作文体上的变化与革新，为后世研究桐城散文创作及中国文学史提供了详尽材料。更可贵的是，黎庶昌能看到中西文明之间的差异性，提出取其所长补己所短的观点，而非盲目西化，一味夸赞。全书用平实朴素的语言理性而中肯地比较了中西文化，解读中西方各自的优势，从这个意义上讲，《西洋杂志》不仅向晚清中国描绘了一个繁荣富强、生机勃勃的西方现代世界，打开了国人的眼界，作者对西方世界完整而理性的认识，还体现出比较明晰的现代民主思想，具有跨时代意义。

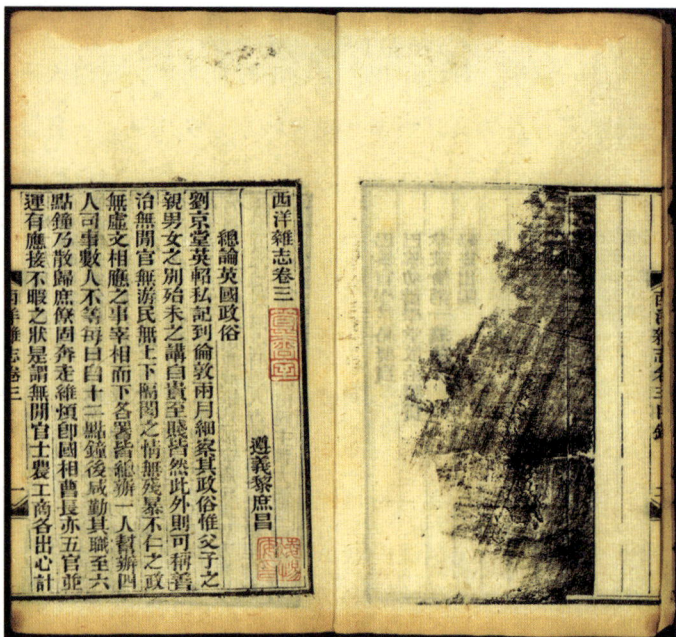

图5 《西洋杂志》清光绪二十六年（1900）遵义黎氏刻本

3.学术价值

　　贵州虽地处边缘一隅，但文人辈出，明清时期曾有"六千举人、七百进士"，他们通"三礼"，散文、诗歌、书法、绘画无一不精通，治学严谨，所留下著作内容丰富，家刻中不少经史著作，不仅是对自己研究成果的保留，而且对当时和后世学术界影响极大。在训诂学著作中，郑珍撰字书《说文逸字》（图6），增补《说文解字》因传抄遗漏的165字，不仅当时用作工具书，也被后人用来作为治学的基础书籍。现代新编《辞源》中的一些古字注释就直接参考其古字注释。莫友芝撰《唐写本说文解字（木部）笺异》，对188字的唐写本说文解字木部残卷，辨其源流，重加考证，对之补足和校误，刊刻问世后，在当时说文界引起极大的轰动，至今学界仍认为此书有勘正前人舛误、解决千古疑案之功，今日读此书，有助于我们理解唐本《说文解字》中一些难释的文字。

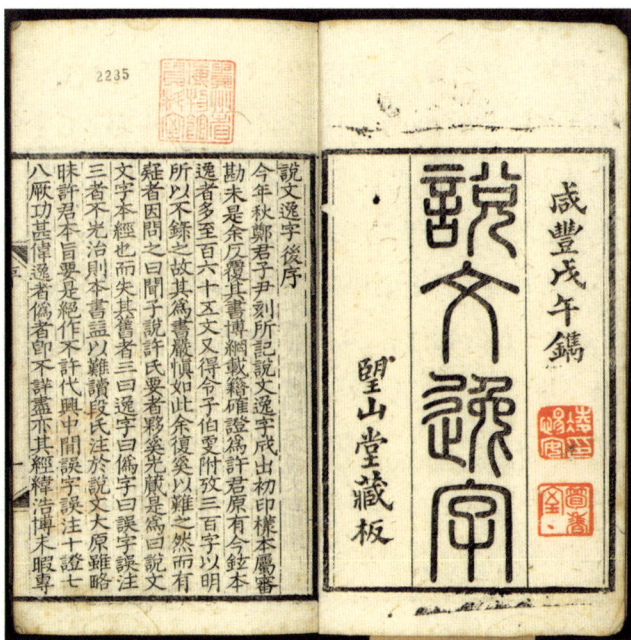

图6 《说文逸字》清咸丰八年（1858）望山堂刻

在版本目录学方面，莫友芝目录学著作《宋元旧本书经眼录》是他从同治四年（1865）至八年（1869）数年间客游上海等地时所见宋、金、元、明刻本及旧抄本、稿本的记录，是我国较早的善本书经眼目录，影响了后来的版本目录学家，像王文进的《文禄堂访书记》及傅增湘的《藏园群书经眼录》都与《宋元旧本书经眼录》有着明显的继承关系。他的版本鉴定方法，对于我们今天的古籍整理及编目工作也极具借鉴意义。还有黎庶昌的《古逸丛书》，集《太平寰宇记》五卷半，得补《四库全书》著录本之缺佚，在目录学上贡献极大。

4.地域文化研究价值

文化的价值在于它的差异性和多样性，论贵州地域文化代表，当属沙滩文化，所谓"一方水土养一方人"，不同地域的人，由于环境不同、生存方式不同、地理气候不同，导致思想观念和文化性格特征不同，久而久之形成了独特的地域文化。沙滩文化素有"贵州文化在黔北，黔北文化在沙滩"的美誉，它产生于清中期，以黎、郑、莫3个家族为代表，他们重视教育，以诗礼耕读传家，在清乾隆至民国初年的100多年间，3个家族里涌现了几十位诗文作家和学者，刊行诗文集和学术著作近百种，涵盖教育、诗词、散文、朴学、史地学、科技，这些丰富的文化成果值得我们再三整理、深入挖掘研究，如黎安理总结多年教学经验所写的《梦余笔谈》和黎恂为教授古代诗歌所著的《千家诗注》，都是当时多次刊行的教科书，对研究贵州近代教育的发展有重要的参考价值。郑珍诗集《巢经巢诗钞》、散文集《巢经巢集》，莫友芝诗集《邵亭诗钞》，黎兆勋词集《葑烟亭词》，有助于我们研究贵州文学发展。还有黎恂的《农谈》和郑珍的《樗茧谱》，是极具指导意义的农书，在农学史上占有重要地位，对贵州农业科技发展有里程碑意义。

三、清代贵州家刻本的利用建议

清代贵州家刻本从某种意义上来说，代表当时贵州的政治、经济、文化、教育发展水平，如何保护及利用这些珍贵的文化资源，充分体现其价值，是古籍保护和研究人员必须思考的问题。因此，笔者在此提出以下几点建议：

1.在全国范围内开展清代贵州家刻本的征集和收集工作，通过扫描和出版的方式对这些刻本进行再生性保护

首先，针对散佚民间的版本，应由贵州省古籍保护中心牵头，联合省内各家存藏单位，申请专项经费，成立专项小组，尽量以征集购买方式或有偿借用的方式收集。其次，参考《中国古籍总目》《全国古籍普查登记目录》等古籍目录，对省外古籍公藏单位的收藏情况进行摸底，以扫描或拍摄的方式将我省缺失的版本补足。最后，由专家对版本进行再次甄选，对较为珍稀的善本，进行点校注释出版。

2.加强清代贵州家刻本的收藏与保护，以现代技术和修复技艺延长古

籍生命

收藏单位应增强保护意识，加强人才的培训，除了输送人员到省内外学习传统的修复技艺外，也应该通过现代化技术手段对古籍加以保护，贵州省博物馆设有文物修复保护中心，有专门的实验室，购置了大量先进设备，最有条件开展古籍的科学保护和修复工作，在这方面应起到牵头作用。

3.建立清代贵州家刻本专题数据库，让公众共享文化成果

笔者作为一名古籍保管人员，接待最多的就是清代至民国期间贵州地方史和版本学研究人员，其中家刻本查阅率最高。针对这种情况，省内收藏单位应打破界限，共同建立清代贵州家刻本专题数据库，一方面，最大限度地避免重复录入，另一方面，整合人员和资源，有助于数据库更快建立和完善，更早投入使用，更好服务于公众。

4.开办清代贵州家刻本主题展览，使文化资源服务于当代

联合存藏单位，开办一场以清代贵州家刻本为主题的互动式展览，以实物为主体，图片、视频、文字相结合的方式，加入专家讲座和与书籍相关的社会教育活动环节，一方面可以从书籍的角度展示贵州清代雕版印刷水平和独特的地域文化，另一方面可以借之传授有关书籍的各类专门知识，从而传递"爱护书籍，尊重知识"的理念，发挥好古籍保护单位的社会教育职能。

近年来，贵州经济迅速发展，在全国的影响力越来越大，"多彩文化"也备受关注，随着人们对地方文化的重视，清代贵州家刻本的价值被不断挖掘，不仅在增强文化自信、传承文化发展上有积极作用，而且对提升贵州文化影响力、促进旅游事业发展也起到了推动作用。我们要加强贵州家刻本的传播与研究、开发与利用，使这一珍贵文化资源更好地服务于当代、造福于后代。

［参考文献］

1. 陈荣阳、戴绿红：《整饬的西方：读黎庶昌〈西洋杂志〉》[J]，《文学教育》，2016（8）。
2. 何水英：《莫友芝〈黔诗纪略〉编纂目的考论》[J]，《贵州文史丛刊》，2017（3）。

3. 黄万机:《遵义沙滩文化》[A]，见中国人民政治协商会议遵义市委员会文史资料委员会编：《遵义文史资料　第23辑　郑、莫、黎专辑》[C]，遵义:《遵义文史资料》编辑部（内部资料），1992年。

4. 马秀娟、李会敏:《朱启钤对图书事业的贡献》[J],《经济研究导刊》，2015（1）。

5. 万泰华:《著名学者、藏书家凌惕安》[J],《贵州文史》，2016（5）。

6. 王尧礼:《〈巢经巢诗钞〉家刻本》[J],《贵州文史丛刊》，2012（2）。

7. 杨祖恺:《黎庶昌刊印〈古逸丛书〉的旨趣与贡献》[A]，见《遵义文史资料　第23辑　郑、莫、黎专辑》[C]。

8. 肖先治、何明扬:《贵州的刻板书业》[J],《贵州文史丛刊》，1994（5）。

浅谈中国工笔画的传承与创新

吴晓明

（贵州省博物馆）

摘　要　美术需要美术工作者的创造和努力，并且要以作品来说话。在此，笔者将自身在实践过程中对中国工笔画的传承与创新谈一点浅薄的认识。

关键词　中国工笔画；传承；创新

当前，工笔画艺术的创作空前繁荣，广大的工笔画艺术家在继承传统的基础上，推陈出新，以极大的热情投入到时代的生活和艺术创作中，使得当代工笔画艺术逐渐形成了多元化的创作局面，并为传统工笔画艺术向当代转型提供了良好的环境。在这种形势下，重视传统工笔画艺术的历史传承、发展和创新，加强对当代工笔画各种探索和表现形式的理论分析与研究，对于推动今后工笔画艺术创作能够沿多元化的道路，向着合乎民族和时代的审美要求健康发展有非常重要的作用。

工笔画是以精谨细腻的笔法描绘对象的一种中国画表现方式，其历史悠久，从战国到两宋，工笔画从幼稚走向成熟，之后逐渐沉寂和衰弱。到了20世纪80年代，工笔画终于从沉寂中走出来，步入繁荣期。改革开放以后，中国工笔画如雨后春笋般迎来了自己的春天，尤其是年轻人纷纷投入到工笔画的创作当中，创作出许多优秀的作品，而且风格各异，非常活跃。既有用传统的方法、古典的绘画语言来画当今时代的作品，又有使用日本画的矿物颜色——颜彩来画带有当代绘画理念的东西，十分新颖。同时，工笔画的绘画语言也得到了非常丰富的发展。工笔画的艺术创作是一种比较严肃的东西，它避免了比较大众化的水墨情绪，绝不能随随便便抹两笔来应付。所以，每张工笔画都有严肃的构思，但工笔画不一定都很沉重，也有些画是很轻松的。

工笔画的发展有偶然的因素。在当前的社会环境下，社会提倡主流的、严肃的、高尚的、有情操的艺术作品，并强调有多样化、多种形式的探索。因此，除了发展中的偶然因素之外，工笔画必然还需要很多创新，要勇于表达新的情感、新的审美意识。

文化是一种在传承与积淀当中不断发展的过程，不可能孤立地来谈创新，这样的文化才有一种厚度，才有品格。中国工笔画就是这样一路走来的。中国画的最早遗迹可以上溯到旧石器时代的岩画和新石器时代的彩陶装饰纹样。先秦时期，水墨与重彩画法萌芽；秦汉时绘画技法得到发展；西汉奠定了两种基本画法（工笔画和写意画）的风采；魏晋南北朝时期涌现出画史上第一批为后世崇奉的宗师，产生了现存最早论画名著；隋唐开始吸收西域画法，山水画逐渐成熟；宋代花鸟画技术超过唐代；元代水墨山水、写意花鸟勃兴。这一切都是在继承传统上的创新。因此，如果割裂了文化传统，那么文化就变成一种没有根基的东西，缺乏属性。中国有悠久的文化历史，这是中国工笔画取之不尽的源泉。

近代以来，西学东渐，中国工笔画"借古开今"，从传统中变革，又在西方美术影响下，中西结合，以吸取西方美术的精华来拓展中国工笔画。徐悲鸿、刘海粟、李可染等人是中国画创新的杰出代表。当代面对着全球化的发展，容易出现由此带来的统一化，这个统一化是以西方价值艺术为衡量标准的。但中国工笔画始终没有与自己的传统割裂，中国有自身的文化根源、文化主张和审美情趣。故中国工笔画在吸收西方绘画艺术的时候要做到理性吸纳、不复古、不排外，在传承的基础上创新。

对于今天的工笔画，应该讲我们的对外宣传并不够，国际上对其了解是有限的，但是在我的印象当中，外国人看到中国工笔画实际上很惊讶，对中国工笔画是如何绘制的感到好奇。比如水墨画，中国与西方有着很大的文化理论上的差异，有些西方人不理解水墨画为何不画色彩，而工笔画则不存在这一问题。西方人可以直观地接受工笔画的艺术之美。在这一方面，我们还需进一步向海外艺术欣赏者宣传中国工笔画的艺术魅力，要走出去。现在的工笔画已不仅仅停留在古人的审美形式上，现实中，工笔画的发展与时俱进，有着强烈的当代绘画意识，既有中国特色，又在思想感情上容易与海外不同文化背景的人沟通。

在艺术市场中，从工笔画派生出来的一种"小写意画"较为受欢迎，作品显得比较文雅，也有一定的艺术价值。2008年，笔者曾画了几张相关作品，略有进步，通过不断的磨炼，慢慢有所发现、有所领悟，对传统的绘画技艺和其中蕴含的画理有了新的体会，并将其融入自身艺术创作中。

笔者于2009年绘制的《美·贵州杜鹃》，在创作时，首先要秉持"意存笔生、画尽意在"的理念。电影《闪闪的红星》中有一句"若要盼得红军来，岭上开遍映山红"，即用红杜鹃来代表革命意志；而毕节黔西、大方的百里杜鹃则体现出了"多彩贵州"的精髓。于是，笔者在画中用杜鹃红来赞美家乡，使用元代文人画的笔法来描绘杜鹃，把花鸟画的笔墨语言用在画中，线条画起来颤颤悠悠，展现出一种小桥流水、悠然自得的意境，而不像黄胄那种非常有力量、阳刚的笔墨。此画面表现出一种平静的感觉，具有文人画气息，展现"多彩贵州"。这都是文人画中的一些技法，追求笔墨趣味，如其中的干笔韵律，用笔圆润、松动，让人看起来很真切，还表现出一种纯净的感觉，虚实关系处理相对得体，整个画面协调，此画曾获得全国文化系统庆祝新中国成立六十周年书画展书画类三等奖。

画者从小学习绘画，热爱绘画，这种热爱是一种审美理想，而绘画者审美能力的提升，是其不断进步的过程。人对美不断发现的过程，就是在不断进步，不断地认识美的世界。对美的理想追求，是支撑美术者创作绘画的根本。但对中年一代的绘画者来说，其学画的年代相对封闭，很少有机会实地观摩前辈大师的艺术作品，很难把握什么是艺术。随着时代的发展，他们有越来越多的机会去接触和欣赏好的美术作品，对美的认识也一步步清晰起来。改革开放以来，他们逐渐有机会见到古今中外优秀的绘画，不断对艺术有了新的发现和认识。同样，在这个认识过程中，还处于迷茫且并不成熟的绘画者，在对艺术的真诚感悟下，终于创作出优秀的绘画。也就是说，他们在创作绘画的过程中，并不是必须处在一个对艺术领悟有着成熟且通透的状态。时至今日，艺术家也不能把艺术是什么说得很透彻，但至少有所积累，他们凭着对艺术的执着、热爱而激发了创作欲。在20世纪90年代，笔者根据自身对艺术的理解，认识到工笔画的魅力在于其能够容纳其他艺术语言，如油画的技法可以融入工笔画中，故将绘画方向转变为工笔画。当一个绘画创作者稚嫩的时候，很多无法在写意画中表现的东西，可以用工笔画具象的形式体现出来。

美术需要美术工作者的创造和努力，并且要以作品来说话。在此，笔者凭自身创作的实践经历，对中国工笔画的传承与创新谈了以上浅薄的认识。

[参考文献]

1. 吴晓明：《贵州世居少数民族白描图》[M]，成都：四川美术出版社，2020年。

民族文化

蛮腰掩秀
——围腰源流考

吴一方

（贵州省博物馆）

摘　要　本文通过文献、考古、实物等角度，考证了围腰的源流，指出围腰产生自蔽膝，探讨蔽膝的演进、艺术与文化以及功能的嬗变。

关键词　围腰；蔽膝；服饰

在花团锦簇的贵州少数民族服饰大观园中，围腰，它没有上装型丰款富的炫彩，也没有下装裙长裤短的意韵，它扮演的是服装的佩饰角色，似乎没有引起更多关注，然而，它却实实在在地在服饰系统中起到锦上添花的作用。

在现代都市家庭的厨房中，围腰（裙）是不可或缺之物，它可以保护厨房中的炊事主人衣裤干净不受玷污。在许多农村地区，劳动妇女和一些男性铁匠、石匠、木匠在劳作时，也会在身前围一块围腰，进而使身上少受泥土、铁屑、石屑和木屑的污染。人们或许会误认为，挡污阻垢便是围腰的功能。其实，我们今天熟视无睹的围腰，它的发展至少经历了遮羞保暖、身份等级标志、装饰服装、防护用具等功能的演进。而少数民族盛装中的围腰，远非防护之功用，作为盛装不可分割的组成部分，它的前世今生有些来头，它本身的故事要比实用功能丰富得多。

一、围腰的前身——蔽膝

传统的蔽膝，是一条饰在腰间并垂于身前的装饰配件，似长方形，但下摆稍宽，从穿戴的位置来看，蔽膝类似于今天俗称的“围腰”。

围腰的前身应该是蔽膝。历史上的蔽膝，最初之名为“襜”。《诗经·采绿》曰：“终朝采蓝，不盈一襜。五日为期，六日不詹。”[1]《论语·乡党第十》曰：“揖所与立，左右手，衣前后，襜如也。”[2]《尔雅·释器第六》曰：“配玉之带上属执衽谓之袺，掎衣上衽扱衽谓之襭，扱衣上衽于带衣蔽前谓之襜，今蔽膝也。”[3]唐李善注南朝梁萧统《文选》言：“《毛诗》曰：赤芾在股。毛苌曰：诸侯赤芾。郑玄曰：芾，太古蔽膝之象。韍与芾古字通。”[4]唐《苏氏演义》言：“徐广《车服仪制》曰：古者韨，今之蔽膝也……《春秋正义》云：战国时以韨非兵饰，乃去之。汉明帝复制韨用赤皮。魏晋以还，易之以绛纱，韨字遂有从系者。”[5]其后“绂”同“韍”，之所以用“绂”字，唐孔颖达疏《春秋左传》引“徐广《车服仪制》曰：古者韨，如今蔽膝，战国连兵，以韨非兵饰，去之。汉明帝复制韨，天子赤皮蔽膝，蔽膝，古韨也。然则，汉世蔽膝犹用赤皮，魏晋以来用绛纱为之。是其古今异也。以其用丝，故字或有为绂者”。《春秋左传》曰“衮冕黼珽”，西晋杜预注曰：“黼，韦韠以蔽膝也。”[6]唐杜佑《通典》记载：“宋因之，制平天冕服，不易旧法。更名韨曰蔽膝。”[7]南宋硕儒朱熹在《朱子语类》中说：“韍，蔽膝也，以韦为之。韦，熟皮也。有虞氏以革，夏后氏以山，殷火，周

---

[1]（汉）毛公传、郑玄笺，（唐）孔颖达等正义，黄侃经文句读：《毛诗正义》，上海：上海古籍出版社，1990年，第511、512页。

[2]（清）刘宝楠撰：《论语正义》卷十一《乡党第十》，北京：中华书局，1957年，第199页。

[3]（清）邵晋涵撰：《尔雅正义》卷七《释器》，上海：上海古籍出版社，2017年，第416页。

[4]（南朝梁）萧统选，（唐）李善注：《文选》，北京：商务印书馆，1959年，第431页。

[5]（唐）苏鹗撰：《苏氏演义》，上海：商务印书馆，1956年，第21页。

[6]（晋）杜预注，（唐）孔颖达等正义，黄侃经文句读：《春秋左传正义》卷三“桓公元年至二年”，上海：上海古籍出版社，1990年，第93页。

[7]（唐）杜佑撰，王文锦等点校：《通典》卷六十一《礼二十一　沿革二十一　嘉礼六》，北京：中华书局，1988年，第1716页。

龙韦（"韦"字成化本作"章"）。祭服谓之韍，朝服谓之韠。"[1]从以上记载来看，蔽膝在古代的名称有"襜"、"袆"、"韍"（祭服）、"韠"（朝服）、"绂"等，直到南朝宋，这些名称才被"蔽膝"取代。

蔽膝最初的功用是什么？目前尚未见文献记载，但从远古人类自然的实用主义逻辑考虑，蔽膝的早期作用应该是遮羞避寒，进而发展为生产中随身盛物之物，"终朝采蓝，不盈一襜"即是。

我们不但从古代典籍里找到了围腰的前身当为蔽膝，从考古材料中也可得到证实。1976年在河南安阳小屯村妇好墓出土的商代玉人，双手扶膝跪坐，上衣对襟窄袖，腰间用宽带束缚，从腰腹部垂饰蔽膝过膝。[2]虽然玉人的身份原型学术界尚有争议，但据此玉人的穿戴可推知，在商代，蔽膝已经成为服装的一个重要组成部分。1958年出土于定陵的红素罗绣龙火二章蔽膝，因定陵是明神宗朱翊钧的陵寝，故上有龙、火。[3]在贵州也发现了陪葬的蔽膝，如惠水县发掘的明代墓葬，出土了一对蔽膝。[4]在贵州水族墓葬石刻中，也可见身着蔽膝的人物形象。[5]从中国古代出土和贵州本土出文物资料中也不难看出，蔽膝是古代服装的一部分，它佩带的位置恰如今天围腰的位置，它的形状也似今天的围腰。

[1]（宋）黄士毅编，徐时仪、杨艳汇校：《朱子语类汇校》，上海：上海古籍出版社，2014年，正文第995页，校勘第384页。

[2] 中国社会科学院考古研究所编著：《殷墟妇好墓》，北京：文物出版社，1980年，第151~153页。

[3] 中国社会科学院考古研究所、定陵博物馆、北京市文物工作队：《定陵》（上册），北京：文物出版社，1990年，第95页。

[4] 谭用中：《惠水明墓》，见贵州省博物馆考古研究所编：《贵州田野考古四十年》，贵阳：贵州民族出版社，1993年，第460、461页。

[5] 贵州省文物考古研究所编著：《水族墓群调查发掘报告》，北京：科学出版社，2012年，第71、73、81、85、94、97、140、141、161、193页。

二、蔽膝的演进

随着社会的发展，蔽膝遮羞避寒功能渐渐弱化，进而发展了其社会属性，出现了不同社会功能，佩戴场合有了分工：一种在祭祀时专用，叫"韨"；另一种在上朝时专用，叫"韠"。古代祭服的蔽膝，用熟皮做成。各个朝代有自己不同的图案标记，如"夏后氏以山，殷火，周龙章"。同时，蔽膝也有了贵贱等级之分，成为社会等级的标志，成为礼制文化的一部分，不同的图案表示不同的社会地位。这一时期，蔽膝的色彩选用可与裳同，又依据社会等级差异而定其穿用制度，表面纹样也因着装者身份不同而有差异。天子蔽膝用朱色，纹样用龙、火、山纹；公侯及以下用火纹；卿大夫用山纹；士用黄色皮质而无纹饰，也有缊色、素色蔽膝等。《隋书》卷十一《礼仪六》记载："又上下施袚，如蔽膝，贵贱亦各有殊。"[1]卷十二《礼仪七》又记："于是定令，采用东齐之法……绛纱袍，深衣制，白纱内单，皂领、襟、襈、裾，绛纱蔽膝，白假带，方心曲领。"[2]《旧唐书》卷四十五《舆服》记载："谒者台大夫以下，高山冠。并绛纱单衣，白纱内单，皂领、襟、襈、裾，白练裙襦，绛蔽膝，革带……八品以下，冠去白笔，衣省内单及曲领、蔽膝，著乌皮履。""具服远游三梁冠，加金附蝉九首，施珠翠，黑介帻，发缨翠緌，犀簪导。绛纱袍，白纱中单，皂领、襟、襈、裙，白裙襦，白假带，方心曲领，绛纱蔽膝。""谨按《衣服令》，皇太子具服，有远游冠，三梁，加金附蝉九首，施珠翠，黑介帻，发缨緌，犀簪导，绛纱袍，白纱中单，皂领、襟、襈，白裙襦，方心曲领，绛纱蔽膝，革带，剑，珮，緌等，谒庙还宫、元日冬至朔日入朝、释奠则服之。"[3]《新唐书》卷二十四《车服》记载："唐初受命，车、服皆因隋旧。武德四年，始著车舆、衣服之令，上得兼下，下不得似上。"[4]并规定官阶高的人可以穿官阶低的人的

[1]《隋书》卷十一《礼仪六》，北京：中华书局，1973年，第236页。
[2]《隋书》卷十二《礼仪七》，第254、255页。
[3]《旧唐书》卷四十五《舆服》，北京：中华书局，1975年，第1931、1940~1942页。
[4]《新唐书》卷二十四《车服》，北京：中华书局，1975年，第511页。

服饰，而官阶低的人不得模仿官阶高的人的穿着。《宋史》卷一百五十一《舆服三》记载："衮服青色，日、月、星、山、龙、雉、虎蜼七章。红裙，藻、火、粉米、黼、黻五章。红蔽膝，升龙二并织成，间以云朵，饰以金钑花钿窠，装以真珠、琥珀、杂宝玉……太祖建隆元年，太常礼院言：'……蔽膝加龙、山、火三章……'"[1]对皇室、官员的蔽膝都有规定，在前人的基础之上更加强化。

蔽膝的质地、材料也成为了人们地位的标志。《汉书》卷九十九上《王莽传》记载："母病，公卿列侯遣夫人问疾，莽妻迎之，衣不曳地，布蔽膝。见之者以为僮使，问知其夫人，皆惊。"[2]王莽夫人因"布蔽膝"而被众公卿列侯夫人误认为是"僮使"，可见蔽膝除了图案而外，质地也是地位的象征。

蔽膝在历史上也曾有过起落。在战火纷飞的战国时代，因为蔽膝并非官兵必须佩戴的装备或标记，甚至影响到官兵的战斗行动，曾经被取消，直到东汉汉明帝（公元58—75年在位）时才恢复。《宋书》卷十八《礼五》记载："上下施袚如蔽膝，贵贱亦各有殊。五霸之后，战兵不息，佩非兵器，袚非战仪，于是解去佩袚，留其系襚而已。秦乃以采组连结于襚，转相结受，谓之绶。汉承用之。至明帝始复制佩，而汉末又亡绝。魏侍中王粲识其形，乃复造焉。今之佩，粲所制也。皇后至命妇所佩，古制不存，今与外同制，秦组绶，仍又施之。"[3]

自东汉后期王粲（177—217年）恢复蔽膝之形后，蔽膝在随后的时代中大行其道，历经隋唐五代十国辽夏金宋元明，至宋代才逐渐式微。《宋史》卷一百五十一《舆服三》记载："仁宗景祐二年（1035），又以帝后及群臣冠服，多沿唐旧而循用之，久则有司浸为繁文，以失法度。诏入内内侍省、御药院与太常礼院详典故，造冠冕，蠲减珍华，务从简约，俾图以进……蔽膝用红罗，

[1]《宋史》卷一百五十一《舆服三》，北京：中华书局，1977年，第3522、3523页。
[2]《汉书》卷九十九上《王莽传上》，北京：中华书局，1964年，第4041页。
[3]《宋书》卷十八《礼五》，北京：中华书局，1974年，第505、506页。

绣升龙二，云子补空，减稀制之，周回依旧，细窠不用。"[1]《明史》卷五十三记载："（洪武）六年诏百官朝见太子，朝服去蔽膝及佩。"[2]至此，蔽膝作为官方礼服的装束便渐渐淡出。《明史》卷二百八十二列传第一百七十记载："宁王宸濠骄恣，遇朔望，诸司先朝王，次日谒文庙。清不可，先庙而后王。王生辰，令诸司以朝服贺。清曰'非礼也'，去蔽膝而入，王积不悦。"[3]明宁王朱宸濠（1476—1521年）骄横跋扈，每月的初一、十五，要求各司官员先朝拜自己然后才拜祭庙宇，蔡清看不惯这一做法，坚持先朝拜庙宇再去朝拜宁王，并在朝拜宁王时除去蔽膝，使宁王很不高兴。如果不是朝廷规定可以"去蔽膝"，下属这种行为是不可能发生的。

三、蔽膝的艺术与文化

除蔽膝的祭祀化和官场等级化之外，在隋唐时期，因社会的繁昌，蔽膝还成为公子、淑女的饰物，是奢华的表现。清曹寅等《全唐诗》所载温庭筠《过华清宫二十二韵》云："忆昔开元日，承平事胜游。贵妃专宠幸，天子富春秋。月白霓裳殿，风干羯鼓楼。斗鸡花蔽膝，骑马玉搔头……"[4]温庭筠在《鸿胪寺有开元中锡宴堂楼台池沼雅为胜绝荒凉遗址仅有存者偶成四十韵》记有："仗官绣蔽膝，宝马金镂锡。椒涂隔鹦鹉，柘弹惊鸳鸯。"[5]

韩偓的《青春》中记有："眼意心期卒未休，暗中终拟约秦楼。光阴负我难相遇，情绪牵人不自由。遥夜定嫌香蔽膝，闷时应弄玉搔头。樱桃花谢梨花

---

[1]《宋史》卷一百五十一《舆服三》，第3524、3525页。

[2]《明史》卷五十三《礼七》，北京：中华书局，1974年，第1358页。

[3]《明史》卷二百八十二《蔡清传》，第7234页。

[4]（唐）温庭筠：《过华清宫二十二韵》，中华书局编辑部点校：《全唐诗》卷五八〇《温庭筠六》，北京：中华书局，1999年，第6791页。

[5]（唐）温庭筠：《鸿胪寺有开元中锡宴堂楼台池沼雅为胜绝荒凉遗址仅有存者偶成四十韵》，《全唐诗》卷五八三《温庭筠九》，第6813页。

发，肠断青春两处愁。"[1]他的《闻雨》记有："香侵蔽膝夜寒轻，闻雨伤春梦不成。罗帐四垂红烛背，玉钗敲著枕函声。"[2]

毛文锡的《甘州遍》写道："春光好，公子爱闲游。足风流。金鞍白马，雕弓宝剑，红缨锦襜出长楸。花蔽膝，玉衔头。寻芳逐胜欢宴，丝竹不曾休。"[3]

清《元诗别裁集》中，李裕《次宋编修显夫南陌诗四十韵》中有"体轻嫌蔽膝，指嫩莹驱环"[4]之句。如上这些场合中都不乏豪华蔽膝的影子，尽展富贵之气。

《汉旧仪》还记有："太官、汤官、奴婢各三千人。置酒，皆绨襦、蔽膝、绿帻。"[5]显然，蔽膝也是重大场合的服饰之一，犹如今天穿西服时要配领带一般。

《释名》释"袚"曰："袚，韠也，韠，蔽膝也，所以蔽前也，妇人蔽膝亦如之。齐人谓之巨巾，田家妇女出至田野，以覆其头，故因以为名也。"[6]贵州丹寨、三都都柳江沿岸的苗族女盛装，上衣为无领无袖对襟，下着青布百褶裙，裙外系菱形刺绣围腰。另有一块长方形围腰，一般会在野外劳动时用作头巾。恰如"田家妇女出至田野，以覆其头"的活态写照。

甚至，蔽膝也成了男女恩爱的信物。宋李昉《太平广记》卷一六一《感应一》记载：宋少帝时，南徐有一男子从华山往云阳，见客舍中有妙龄女子，遂思念成疾。他母亲求得该女子所用蔽膝，秘藏于男子卧席下，数日果瘥，不料因忽举席，见蔽膝，持而泣之，气欲绝。母亲满足了他入葬时从华山过的请求。当出殡队伍经过女子家门时，女子妆出而歌曰："君既为侬死，独活为谁

[1]（唐）韩偓：《青春》，《全唐诗》卷六八三《韩偓四》，第7898、7899页。

[2]（唐）韩偓：《闻雨》，《全唐诗》卷六八三《韩偓四》，第7899页。

[3]（唐）毛文锡：《甘州遍》，《全唐诗》卷八九三《词五·毛文锡》，第10157页。

[4]（清）张景星、姚培谦、王永祺编选：《元诗别裁集》，上海：上海古籍出版社，1979年，第152页。

[5]（汉）卫宏撰，孙星衍校：《汉旧仪 附补遗》，北京：中华书局，1985年，第24页。

[6]（清）王先谦撰集：《释名疏证补》，上海：上海古籍出版社，1984年，第250、251页。

施。君若见怜时，棺木为侬开。"歌罢棺木开，女子与之合葬。[1]在这个扣人心弦的爱情故事中，推波助澜的感情载体，即是在故事情节中扮演爱情信物的蔽膝。

20世纪的贵州六枝、织金等地，尚保留有女子将挑花围腰作为感情信物赠送给情郎的习俗，这种信物围腰俗称"爱情腰"（图1、2）。当地苗族男套装的上衣为深蓝黑立领对襟衣，下装为白色百褶裤裙，在上蓝下白的色调下，"爱情腰"成为该男子套装中色彩最靓丽的组成部分。而当地女子的围腰（图3），毛毡质料，黑色全素无任何装饰纹样，仅系带处穿挂蜡染手帕装饰。当地男子围腰色彩丰富，比女子围腰更吸引眼球的现象实属罕见，据吴仕忠先生口述，该女子围腰是苗族历史上有关战争的"盾牌"记忆，代表敌我交锋时使用的盾牌，将盾牌用于女子服装，便将悲壮的战争写上了服装，也写上了苗族人民世世代代的文化记忆，从而使围腰承担的民族文化责任，远远超出了形式美学中的装饰责任。

在今天的贵州民间，一些神话故事也被记录在围腰上，围腰既是民间珍贵的艺术品，又是民族文化的物质载体。如苗族刺绣"兄妹结婚"图围腰（图4），图中骑龙男女即为完成人类再造使命的姜央兄妹。围腰纹样记录了《苗族史诗》中"兄妹开亲"的典故：在《苗族史诗·洪水滔天》中，姜央戏弄雷公，雷公降大雨要淹死姜央，姜央兄妹钻进葫芦随洪水漂浮幸免于难，洪水之后，天下已没有其他人可作配偶，为了繁衍后人，姜央向妹妹求婚，妹妹不允，他便通过滚石磨、唆马对踢、设夹板等迫使妹妹屈服同意成亲。[2]故事里所述姜央兄妹成亲乃不得已而为之。其实这恰是人类婚姻家庭的初始阶段，是人类社会最原始的婚姻现象在人们头脑中的反映，人们便以艺术形式并通过围腰把它记录下来。

---

[1] （宋）李昉等编：《太平广记》卷一六一《感应一》，北京：中华书局，1961年，第1162页。
[2] 吴一文、今旦苗汉译注，马克·本德尔、吴一方、葛融英文译注：《苗族史诗（苗文·汉文·英文对照）》，贵阳：贵州民族出版社，2012年，第570~599页。

图1 苗族男子刺绣围腰套装

图2 苗族男子刺绣围腰

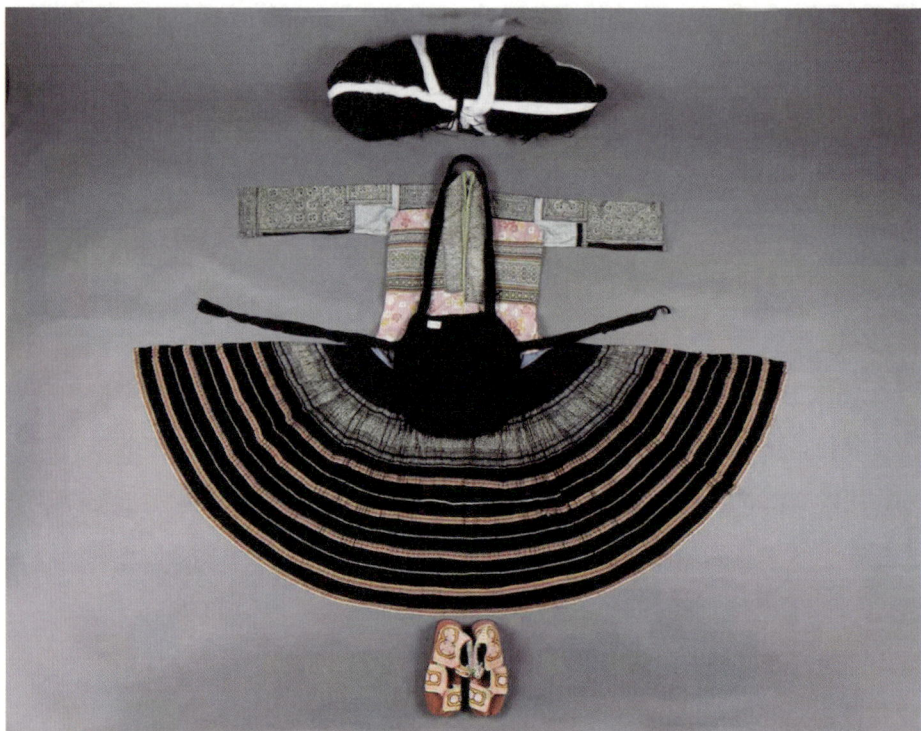

图 3 苗族女子毛毡围腰套装

图 4 苗族刺绣"兄妹结婚"图围腰

在古代，蔽膝可能还具有用之接纳贵重之物的功能。《三国志》卷五十《吴书五》记载："吴主权潘夫人，会稽句章人也。父为吏，坐法死。夫人与姊俱输织室，权见而异之，召充后宫。得幸有娠，梦有以龙头授己者，己以蔽膝受之，遂生亮。"[1]孙权夫人梦见有人以龙头送给她，自己便以蔽膝接受，显然比徒手接受或以其他物器接受更为慎重。

四、蔽膝功能的嬗变

从蔽膝到围腰的发展经过了十变五化后，蔽膝的功能分流了。在当今贵州少数民族服饰系统中，大体分成了两种去向：一种成为生活便装的防污保护工具，从此蔽膝成为一个古词，不为一般人所了解，更不用说"襜""韍""黼""黻""韠""绂"等词语了，其专有名词定格成"围腰"，站在生活便装的前台，把"防护"的职能进行到底。另一去向则保持在盛装中，这部分具备了少数民族文物的价值，大多经过比较精致的工艺修饰，是既精美又富含文化信息的"盛装围腰"，成为盛装套装里不可缺失的部件，在保存或穿着等环节都会被分外呵护。贵州苗族、布依族、侗族、水族等民族的盛装中，其艺术功能多有传承与发展，围腰装饰作用不亚于价值昂贵的银饰品，丰富的纹样还承载了独特的少数民族文化，恰如上文所述的"织金苗族男子挑花围腰""台江苗族刺绣'兄妹结婚'图围腰"等，成为人生礼俗及节日庆典的重要着装附件。

总之，贵州丰富的少数民族服饰文物中，围腰这位小成员，以它贯穿古今的脚步，默默见证中华民族传统文化的一脉相承，不论是从形式美学或文化人类学的视觉去关照，它都是值得关注的民族文化事象。

---

[1]《三国志》卷五十《吴书·妃嫔传》，北京：中华书局，1959年，第1199页。

[参考文献]

1. 贵州省文物考古研究所编著:《水族墓群调查发掘报告》[M]，北京：科学出版社，2012。

2. 黄能馥、陈娟娟编著:《中国服装史》[M]，北京：中国旅游出版社，1995。

3. 沈从文编著:《中国古代服饰研究》[M]，香港：商务印书馆香港分馆，1981。

4. 吴仕忠等编著:《中国苗族服饰图志》[M]，贵阳：贵州人民出版社，2000。

物的民族志："民族贵州"展陈的文化书写

黄镇邦

（贵州省博物馆；贵州大学历史与民族文化学院）

摘　要　"采集民族志"从广义上讲是指民国时期重视民族文物或民族学人类学器物和标本的搜集、整理的学术流派。抗战时期高校西迁，随迁学者带来了这股学术风气。贵州省博物馆基本陈列中的"民族贵州"，展陈文物民族特色浓郁，讲解词忠实于田野，是该学术流派的学术思想在博物馆展陈的一个具体实践。

关键词　贵州省博物馆；"民族贵州"展陈；采集民族志

"民族志"的基本含义是指对某个特定民族的社会、文化现象的记述，其研究对象是民族（Nation / Nationality）或族群（Ethnic Group）。有学者认为，民族志也译作"文化志"，旨在通过对研究对象所在的"田野"知识进行考察、收集，再在此基础上对这些知识进行分析、比较与阐释，以获得关于此文化的形态与意义的更为繁复而细致的知识谱系。[1]民族志博物馆通过对"物"的展览，书写和呈现了我们对某一人群文化和生活的认知，在"我们"与"他们"之间建构想象的媒介。[2]《写文化》和《作为文化批评的人类学》二书出版多年，反响强烈。朱炳祥以对后现代民族志的不满为开篇，从殖民主义和基督教意识

---

[1]　向丽：《艺术的民族志书写如何可能——艺术人类学的田野与意义再生产》，《民族艺术》2017年第3期，第113~121页。
[2]　罗文宏：《民族志博物馆如何"翻译"物质文化?——以美国拼布（Quilt）为例》，《湖北民族大学学报》2020年第2期，第93~100页。

形态的延续和翻版切入，开展对后现代人类学的批评。[1]他提出的"主体民族志"注重主体立场、主体观点、研究方法以及"求知主体"的整体性展示，注重对主体文化背景与研究过程关系的自觉批判与分析，目的是达成对不同民族志作者及作品的相对性真理的认可与平等性地位的确立，最终实现对人类前途的一种终极性关怀。[2]瞿明安也指出："在后现代主义人类学的视野中，传统民族志的几乎每一个方面都存在着缺陷，只有对其进行深刻的反思，并寻找到摆脱其困境的途径，人类学才能走上自我更新的道路，也才能实现其自身应有的价值。"[3]瞿明安这种对后现代主义人类学观点的表述则是对传统民族志整体性和客观性的维护，他认为正是整体论和客观性奠定了人类学的学科地位。

传统民族志越来越受到学界关注。在回顾和反思民族学在中国的百年发展并建构起民族学人类学"中国学派"的学术话语中，曾被誉为"南北相映"的民族博物馆学创始人和奠基人——吴泽霖与林惠祥两位先生再次引起学者们注意。[4]张福强、高红将"采集民族志"作为独立课题，探讨吴、林两位先生的学理思想，突出两位先生在民族文物标本的采集、展示所做的贡献。[5]费孝通

---

[1] 朱炳祥：《反思与重构：论"主体民族志"》，《民族研究》2011年第3期，第12~24页。

[2] 马丹丹：《实验民族志在中国——朱炳祥教授的主体民族志探索》，《青海民族研究》2021年第1期，第86~94页。

[3] 瞿明安：《西方后现代主义人类学评述》，《民族研究》2009年第1期，第31~40页。

[4] 参见安琪：《器物民族志：中国西南民族博物馆与族群叙事》，《贵州社会科学》2010年第2期，第129~136页；张先清：《物件的文化：中国学者的早期田野采集志反思》，《民族学刊》2016年第1期，第1~7页；温世贤、彭文斌：《传译民族文化与平等——吴泽霖先生的民族博物馆思想》，《民族学刊》2010年第3期，第25~31页；秦晋庭：《中国民族文博事业的拓荒者——吴泽霖教授》，《中国民族文博》2010年第3期，第271~277页；钟年：《吴泽霖民族博物馆学思想管窥》，《民俗研究》1993年第1期，第21~22页；杜慧、熊佩：《从民族志物品收集到东南海洋系文化构建——林惠祥先生收藏与展示实践（1929—1958）》，《民族学刊》2016年第6期，第1~7页；尹凯：《林惠祥的博物馆理论与实践》，《自然博物》2015年第2期，第196~200页；尹凯：《博物馆的民族志书写——以林惠祥的厦门大学人类博物馆（1953年—1966年）为例》，《北京民俗论丛》2014年第2期，第8~16页。

[5] 张福强、高红：《"采集民族志"在中国的实践——以吴泽霖、林惠祥为中心的考察》，《湖北民族大学学报》2020年第6期，第98~105页。

曾说:"吴老为我国少数民族文物事业的发展,灌注了心血和汗水。"[1]"采集民族志"的理论内涵是民族学博物馆,是吴、林两位先生一致的学术主张,更是吴泽霖的学术夙愿。[2]

贵州省博物馆新馆基本陈列包含"历史贵州""民族贵州"和"古生物王国"三大板块,开馆4年,尚有观众为姓"综(综合性博物馆)"还是姓"民(民族博物馆)"提出质疑。[3]质疑侧面反映了"民族贵州"展陈是成功的。笔者全程参与了"民族贵州"板块的策展、布展,是序厅18个世居民族语言展示屏、古法造纸场景和古法榨糖场景的主要策展者。在梳理展陈学术渊源的过程中发现,"民族贵州"展陈的主要参考文本《贵州民族民俗概览》与《贵州苗夷社会研究》在内容上存在许多默契。回顾半个多世纪贵州学人的学术研究以及吴泽霖等老一辈民族学家在贵州的经历,窃以为,"民族贵州"展陈理念与吴先生学术思想有不解之缘。

一、"民族味"浓郁的展陈文物

"民族贵州"板块的展陈,浓郁的"民族味"源于展陈文物。本部分的陈列包括共同家园(黔山秀水、土木风华、百工技艺)、服饰王国(绚丽头饰、七彩霓裳、服饰技艺)、纷彩民俗(敬畏之礼、歌舞之乡、岁时节庆、婚恋习俗)三个内容。展陈以文物为主,以精美图片和精彩视频为辅。在贵州省博物馆一、二层展厅,绚丽多彩的民族服饰始终没有离开观众的视线。一层展厅进门处的世居民族语言展示屏展示了贵州省18个世居民族的语言和服饰,给观众一种"多民族"的朦胧印象。二层展厅豁然开朗,琳琅满目的头饰和服饰目不暇接——"服饰王国"50款头饰和70款服饰齐亮相;表"敬畏之礼"的"吃鼓

[1] 费孝通:《在人生的天平上——纪念吴泽霖先生》,《读书》1990年第12期,第91~95页。
[2] 宋兆麟:《我国民族博物馆事业的开拓者》,赵培中主编:《吴泽霖执教60周年暨90寿辰纪念文集》,武汉:湖北科技出版社,1988年,第142~147页。
[3] 贵州省博物馆基本陈列于2017年9月30日向全社会免费开放。

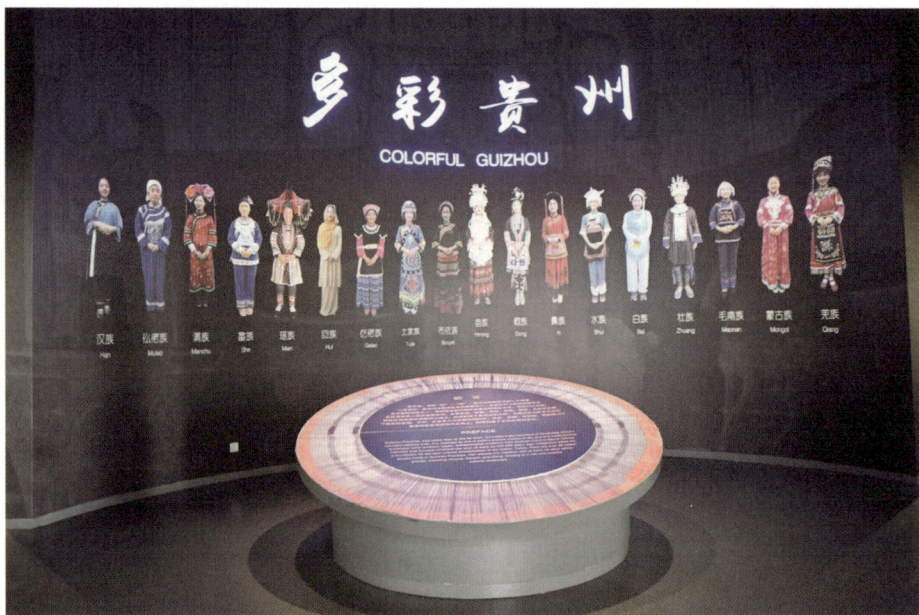

图1　贵州世居民族语言展示屏

图2　黔东南苗族、侗族人家的火塘

图3　威宁新发乡布依族少女头饰

藏节",百鸟衣齐登场;"歌舞之乡""岁时节庆"以及"婚恋习俗",主题依然是身着盛装的各族青年男女。一层展厅的"土木风华"由远及近、由外及里展示了各民族特色民居,"百工技艺"展示了乡间尚存的各种传统技艺。特色民居、粮仓和民居里一件件古朴的生活用具已经营造出一股浓浓的乡土气息,"服饰王国"使这种气息瞬间得到升华,"多民族和睦相处"的文化符号也自然烙进观众的印象之中。

　　"民族贵州"的服饰展可谓贵州省博物馆的"亮家底"行动。50款头饰都是到民间请各族乡亲帮忙盘绕的,如二层展厅展线中间展示的威宁新发乡布依族头饰(图3),是由30年前为吴仕忠先生当模特的老乡盘绕的。[1]70款服饰都

[1] 50多款头饰均根据吴仕忠提供的地点按图索骥,到省内18个世居民族中间请老乡帮忙盘绕。2016年,新发乡这位老乡把35年前当模特时戴的刺绣条带卖给了我们,现在展厅里展示的就是这件存货。当地布依族的习俗是:姑娘头上的刺绣条带的数目逐年增加,达到一定的数量即可谈婚论嫁。

是从苗族服饰库千挑万选出来的。民居建筑里陈列的生产生活用具多为2013年普遍调查征集时征集。"百工技艺"展示的陶器、编织用具、漆器于不同时期征集而来；来自从江县的榨油机和来自望谟县的榨糖机，虽征集年代较近，使用年代却分别为清代和20世纪60年代，文物品相古朴。随着城镇化的不断推进，各民族服饰和各种生产生活用具不断被边缘化，"民族"也自然成了"乡村"的代名词。以服饰和生产生活用具为核心的"民族贵州"足足占了贵州省博物馆基本陈列2/3的展陈空间，给观众造成"民族博物馆"的误解就在情理之中了。

1.苗族服饰库建设始末

"巧妇难为无米之炊"，贵州省建省至今才有600多年，因此贵州省博物馆的历史文物相当匮乏，省博前辈专家充分意识到这一点。[1]身居多民族省份，他们瞄准了少数民族这一文化资源。1953年，贵州省博物馆筹备处刚成立，民族文物的征集工作就被立刻列入工作计划，徐家敏写道："当时的历史组，曾先后十多次到安顺、镇宁、黄平、炉山、台江、雷山、松桃、凯里、黎平、剑河、榕江、三都、荔波、从江、威宁、赫章、盘县、天柱、紫云、惠水、水城等20多个县、区进行收购。1958年正式开馆，开展了大规模的征集工作。收购了侗族、彝族、苗族、水族、布依族、瑶族等几个民族的服饰、生产工具、生活用具共1000多件。"[2]这是贵州省博物馆民族文物征集的一个开端。

特色的形成常常伴随着一种机缘。1958年，贵州省博物馆从黔东南台江县调来了苗族青年吴仕忠，在历史组工作十多年之后，他发现苗族服饰研究是一件很有意义的事。1970年代设立民族组，吴仕忠成为该组的负责人，苗族服饰调查征集工作得到推进，他说：

---

[1] 明王朝于永乐十一年（1413）建立贵州承宣布政使司。
[2] 徐家敏：《略谈我馆文物征集工作》,《贵州省博物馆馆刊（第五期）》，贵阳：内部出版,1988年，第73、79页。

我为什么要拍摄苗族服饰呢？历代"百苗图"[1]都说苗族服饰有百种，从图册看，少的只有30多种，最多的只有84种，都称"百苗图"。不是苗族的侗族、仡佬族、水族等民族都列为苗族了，到底苗族有多少种？我是苗族，我就下定决心把它搞清楚。

　　吴仕忠从拍摄服饰做起，他的足迹遍布省内外：云南他去了3年，前2年分别跑了文山、红河地区，后面1年去了楚雄、保山地区；四川他去了2年，分别去了宜宾、秀山地区；湖南他跑了2年，分别去了湘西、邵阳地区；湖北他去了1年，分别去了宣恩、恩施地区；广西他去了3年，1年去隆林片区、1年去融水片区、1年去南丹和三江片区。[2]"贵州是苗族的大本营，拍摄的时间就更长了。差不多花了30年，才把苗族服饰的种类拍完了，共拍摄了184种。"吴仕忠一生从未受过民族学、人类学专业训练，他的笔记中密密麻麻地记录了

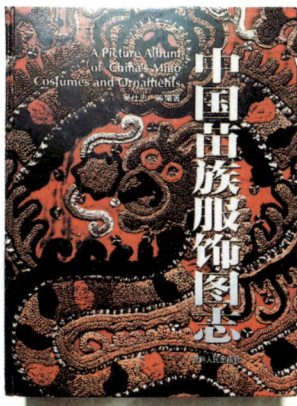

图4　《中国苗族服饰图志》封面　图5　《中国苗族服饰图志》内文

---

[1] 文献中的"百苗"泛指各少数民族，详见胡进：《"百苗图"源流考略——以〈黔苗图说〉为范本》，《民族研究》2005年第4期，第74~80页。
[2] 吴仕忠解释海南太过遥远，未实地调查拍照，但也托人代办。

报道人的原话，人类学、民族学学科理论知识一尘不染的本土描述伴随他至今。[1]

西江式（服饰）以贵州省雷山县西江千户苗寨为代表，分布于雷山、凯里、台江和榕江等地。

女子穿便装时绾髻，戴木梳，少女喜插饰缎带花或鲜花。上穿右衽大襟紧身短衣，拴钉有银圆牌的刺绣围腰。下着裤。盛装时多绾高髻，插银簪、银花，戴特大银角，挂柱形耳环。上装为无领大襟衣，两襟在胸前交叉，袖、肩、领缀数十块精制的刺绣布片。下着青布百褶长裙，外系彩色刺绣飘带裙。此式佩戴银饰最多，其上装前后摆、后背、袖、肩和彩色飘带裙等处钉有多种银片。全身银饰数量多达50余件，重达7~10千克。

——摘自《中国苗族服饰图志》

吴仕忠的图片、文字资料成为贵州省文化厅掌握省内外苗族服饰的珍贵资料。后来，李黔滨进入贵州省博物馆民族组，吴仕忠和这位接受过当代民族学训练的助手默契配合，他那些原始资料得以"由生变熟"，相继付梓。[2]吴、李两位分别从本土和他者的视角观察苗族文化，他们对苗族服饰所做的"主位"和"客位"解释无形中成为馆藏苗族服饰解说词的两种版本。[3]

中国境内的苗族总人口为800多万，有480多万分布在贵州，苗族文化早已引起省文化厅的关注。时任贵州省文化厅文物处处长吴正光重视苗族服饰征

---

[1] 吴仕忠（1935—）在陆陆续续出版他的画册，除本文提到的关于苗族服饰、头饰专著之外，关于贵州少数民族风情、贵州少数民族建筑等的画册也已投稿，这些稿件关于少数民族文化的解释基本上是"报道人的声音"。

[2] 李黔滨为《苗族头饰图志》写了前言，客位分析了各款式服饰的社会文化内涵，见王红光主编，吴仕忠、李黔滨编著：《苗族头饰图志》，贵阳：贵州人民出版社，2014年，序言页。

[3] 李黔滨（1951—），1977年毕业于北京大学历史系，1978年调贵州省博物馆工作，之后一直从事民族文物征集、陈列及文化研究，2010年晋升二级研究馆员。

集工作，1980年代中期，他从省博物馆抽调吴仕忠，安排他指导各地文管所开展征集。这期间共征集了几千件套的苗族服饰，经过筛选，有4000多件套服饰入藏贵州省博物馆。[1]1995年，吴正光调任贵州省博物馆馆长，他提出了建立"中国苗族服饰库"的构想。1998年吴正光离任，李黔滨任馆长，他将苗族服饰库外延扩大，不但大力征集苗族服饰，还征集了布依、侗、彝、水等民族的服饰。2012年，为填补省境外苗族服饰种类的空白，李黔滨馆长安排笔者到广西开展征集工作。[2]2013年，李黔滨离任，时值新馆基本陈列布展前夕，为满足基本陈列布展需要，也为丰富馆藏考虑，博物馆安排三个征集组分别到全省各地开展调查征集，共征集了服饰200多套。[3]经过半个多世纪的积累，贵州省博物馆藏少数民族服饰库储量已超过1万件，基本上覆盖了贵州18个世居民族各个支系的服饰类型，实现了"还原'百苗图'"的构想。[4]1995年，贵州苗族风情展在北京举行，之后"贵州少数民族服饰展"在全国各大博物馆巡展，还受邀到过俄罗斯展出。而今的"民族贵州"服饰展，都归功于贵州省博物馆雄厚的家底——苗族服饰库。

2.生产生活用具的征集

如前所述，贵州省博物馆从建馆筹备时就重视对各民族生产生活用具的征集，现今馆藏火铳以及彝族木柯等老物件就是那个时期征集的。之后，各种藤编、竹编、草编用具也被陆续征集进来，由于年深日久，加之保存条件有限，一些物件被蛀虫侵害难以修复而注销。在金阳新馆建馆前夕的征集工作中，时

---

[1] 4000多件套服饰，即4000多个文物号。有些服饰包含1—20个不等的文物号，如衣服、裤子、围腰等分别为一个号，甚至一个绣片也单独为一个号。这批服饰总套数为1000多套。

[2] 同事吴晓明与笔者一同下广西，第一次去了三江、融水、环江和南丹四县，第二次去了隆林各族自治县。

[3] 本次征集分三个小组，第一组前往黔东南、黔南；第二组前往贵阳周边、毕节；第三组前往六盘水、安顺、黔西南、遵义。笔者为第三组组长。过去，因财政困难，尽可能考虑征集各民族大支系、具有典型特征的服饰，如布依族服饰就征集了镇宁扁担山型的，本次征集基本覆盖了布依族的布曼、布纳和布依等支系的服饰类型。

[4] 苗族服饰库的种类基本覆盖了史书描述的黔境苗族服饰的所有类型。

图 6　征集黔西南州普安县苗族服饰

图 7　离开黔东南巴拉河前往贵州省博物馆的龙舟

图 8　征集黔西南州贞丰县古法造纸设备

任馆长强调加大力度征集全省各地民间尚存的生产生活用具，本次共征集了生产生活用具300多件。[1]到目前，馆藏竹木器已达1000多件。

　　博物馆历来"以文物说话"，苗族服饰库藏品和多年来征集的生产生活用具为"民族贵州"展陈打下了坚实基础。

二、忠实于田野的解说词

　　贵州省博物馆是贵州省的文化窗口。新馆于2015年建成，作为一个省级

---

[1] 此次征集的生产生活用具一部分已进入基本陈列，例如一层展厅展示的古法造纸场景，一整套用具就是在贞丰小屯乡征集的，就连沉重的石碓也完整运来了。

综合性博物馆，具有显著特征：南立面大厅入口借鉴中国传统建筑的五开间形制，做成三门二窗玻璃幕墙，玻璃幕墙向上逐渐呈三角形延伸，又是借鉴了西方建筑的高窗模式。除几处玻璃幕墙外，建筑四周外墙几乎全用铝合金幕墙，内衬防水层板喷涂氟碳烤漆，选用了17种色彩，面板为褐色开孔铝板，主题为"面纱下的多彩贵州"，恰恰暗合了贵州以汉族为主的18个世居民族共同和谐生活之意。[1]立足于丰富的民族文化资源，贵州省博物馆新馆建立之初已有明确的学术目标，即建成一个具有人类学特色的博物馆。这一学科理念成为新馆基本陈列的指导思想。"田野调查是人类学的生命"，新馆基本陈列展览践行了这个理念，展览的解说词充分说明了这一点。下面以"纷彩民俗"单元中的龙舟节展陈为例，叙述田野调查在展览中的具体运用。

纷彩民俗是"民族贵州"展陈的重要组成部分，其亮点是大龙舟，这部分的展厅设计几乎是为大龙舟量身定做的。25米长的龙舟，来自黔东南台江县施洞镇巴拉河，先摆在贵阳市云岩区北京路老馆室外的大路边，几年后，新馆主体工程即将完工才移进展厅。新馆的大龙舟展是老馆龙舟模拟展的延伸。在老馆，龙舟节习俗的解说词与李黔滨、杨庭硕和唐文元《贵州民族民俗概览》[2]一书所述基本一致，大概如下：

台江县施洞苗族的"龙舟节"说的是所在地的江里有一条兴风作浪，祸害两岸的恶龙，为子复仇的久保趁其酣睡时，潜入龙宫将其杀死。恶龙被杀死之后，才为生前作恶多端而生忏悔之心，托梦告诉人们，只要仿照它的样子造成船，每年在江上划几天，它就能让该地区风调雨顺。于是人们每年都要划龙船，以求保佑。

---

[1] 王江：《贵州省博物馆新馆建筑功能和建筑艺术简介与评价》，《贵州文化遗产》2017年第5期，第10~12页。
[2] 李黔滨、杨庭硕、唐文元：《贵州民族民俗概览》，贵阳：贵州人民出版社，2006年，第120页。

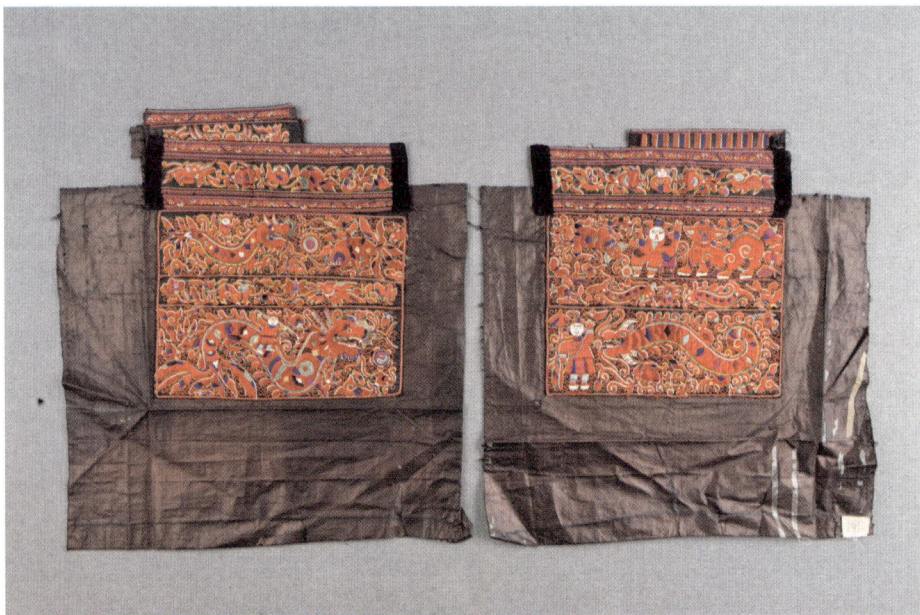

图9 贵州省博物馆藏施洞苗族破线绣"久保杀龙"图衣袖花片

笔者全程参与新馆的视频采集工作，带展陈设计公司的摄影师到18个世居民族中间采录语言与习俗。龙舟节的采录是其中一个重要内容。2015年夏，我们在台江县参加了龙舟节活动，参与观察了龙舟竞赛，整整耗时三天。龙舟竞赛的核心为鼓头老人，那几天，我们与之同吃同住同劳动，完整记录了整个过程。美国人类学家格尔茨在《文化的解释》中提出了"深描"的概念，它的特点是对文化的当事人的解释进行解释。他说："我们称之为资料的东西，实际上是我们自己对于其他人对他们以及他们的同胞正在做的事的解释之解释。"笔者采访了几位鼓头老人，他们言语中都表现出当鼓头的无奈。但是，竞赛当天，沿江接受亲朋礼物以及比赛中祖孙所表现出的满满幸福感与采访中听到的完全相反。基于本次调查，笔者拟了一份解说词，已在几次讲解员培训及今年的专家讲解中运用，大体如下：

图10　鼓头在龙舟上

图11　鼓头老人男扮女装敲
锣的孙子也加入了活动中

　　一年一度的龙舟节是黔东南台江县施洞镇一带苗族社会的一次赠礼活动。鼓头由当地德高望重的老人担任，敲锣的小孩则是鼓头的孙子，他男扮女装，穿上女孩的服饰敲锣，一老一少共同上阵。龙船上悬挂的鸭子是一种礼物，龙船启程当天早上，全寨乡亲都来送鸭子，沿江的亲朋好友也提着鸭子在江边等候。每到一个村寨渡口，船上就放炮，亲友分辨船主，将礼物挂到船头。即使挂错了也将错就错，道一声祝福。乡村是礼俗社会，你送了一次礼，人家就记住你了，新的关系也就建立起来了。鼓头是地位的象征，赛龙舟是该地区的一种特殊的礼物流动方式。[1]

　　如今，《贵州民族民俗概览》的作者李黔滨、杨庭硕和唐文元关于龙舟节的解说连同笔者的解说已成为本部分解说词的主要内容。三位前辈都曾在20世

---

[1] 实际送礼远比送鸭子隆重。对鼓头老人来说，龙舟竞赛当天就像过大寿，女婿送两三百斤重的大猪，亲朋好友送钱送礼，其分量不亚于当地婚礼。

纪七八十年代多次到黔东南开展调查，笔者也曾三次到过施洞做调查，上述解说可以说是民族志书写在龙舟这一古老物件上的实际运用。以个案调查不断完善解说词是贵州省博物馆的一种薪火传递。例如，关于彝族民间戏剧撮泰吉，以往的傩文化研究只提到威宁板底，贵州省博物馆将傩文化列为课题研究，到铜仁市、毕节市和赫章县等地开展实地调查，最终发现赫章县珠市彝族乡也流行撮泰吉表演，从而更新了解说词。[1]

三、"采集民族志"的学术机缘

胡进《贵州博物馆事业发展简述》一文将100多年来贵州博物馆事业分为酝酿、萌发、成熟、发展、壮大五个阶段（酝酿阶段在20世纪初至20年代、萌发阶段在30至40年代、成熟阶段50至70年代、发展阶段在20世纪80年代至21世纪初，壮大阶段则是2008年后至当下），图文并茂叙述了贵州文博事业的发展过程。他把1910年贵州巡抚庞鸿书奏设"劝工陈列所"作为贵州博物馆事业的开端，将1938年创立的贵州省立科学馆和1939年创立的贵州物产陈列馆列入萌发期，将1958年贵州省博物馆的建成作为贵州省博物馆事业成熟的标志。[2]此文理清了贵州文博事业的发展脉络，给笔者很大启迪。但是，作者对抗战期间高校西迁未予以关注，对这一历史事件为贵州文博事业发展产生的推动作用未作更多的阐述，为本文的写作留下了空间。

"采集民族志"是张福强、高红概括吴泽霖、林惠祥的学术主张而提出的学术概念。包含三层意思：一是吴泽霖与林惠祥作为中国第一代民族学与人类学家，他们二人对民族文物标本采集、展览的热情与执着，贯穿其学术生命的始终；二是他们最终的学术理想是要建立一座带有人类学、民族学旨趣的民族

---

[1] 本次带队为胡进，队员有刘秀丹、黄镇邦、刘恒，考虑到队员都是新手，他以调查黔东北的傩堂戏为切入点，德江、沿河、松桃、思南、印江、石阡六县调查一结束，就转到黔西北彝族地区。

[2] 胡进：《贵州博物馆事业发展简述》，贵州省博物馆主编：《征途——贵州省博物馆建成六十周年纪念专集》，桂林：广西师范大学出版社，2020年，第2~22页。

学博物馆，它为人类学学科发展服务，同样也离不开学科理论的哺育，这类民族学博物馆实际上蕴含着他们的民族志理想；三是他们的"采集民族志"学术话语中存在文化史构建与平等的"物化"两种不同取向，林惠祥通过东南文化史的构建来证明中华民族的联系性、整体性与一致性；吴泽霖的文物标本展示透露其核心诉求在于通过"物化"的文化特质来向观众传递一种民族平等的理念，是对其早期学术关怀——种族平等问题的延续。[1] 从民国时期中国民族学人类学学科的整体发展而言，重视文物标本的采集，并把民族学或人类学博物馆的建设与人才培养、民族志书写等联系起来的思路，并不是吴、林二人独有的观点。与民族学专业建设有关的民族文物或民族学人类学器物和标本的搜集、整理，在中国民族学的发展史中始终占据重要的位置。[2] 因此，"采集民族志"从广义上讲是指民国时期重视民族文物或民族学人类学器物和标本的搜集、整理的学术流派。梳理"民族贵州"的策展理念，主要策展者李黔滨的著作《贵州民族民俗概览》(合著)[3]与吴泽霖、陈国钧等编著《贵州苗夷社会研究》[4]，笔者认为两书存在研究上的相承关系，是不同时期贵州各民族民俗的文化解读，从贵州的学术环境来看，"采集民族志"影响《贵州民族民俗概览》的创作思想也是比较合理的。

1. 作为"民族贵州"展览学术指导的《贵州民族民俗概览》

"民族贵州"展览大纲的主要思想来自主要策展者李黔滨的著述《贵州民族民俗概览》(以下简称《概览》)。贵州省博物馆通过招标形式完成"民族贵州"展览大纲撰写，是时，中标单位复旦大学围绕馆方提供的资料撰写大纲。[5]

---

[1] 张福强、高红：《"采集民族志"在中国的实践——以吴泽霖、林惠祥为中心的考察》，第98~105页。
[2] 王建民：《中国民族学史（上）》，昆明：云南教育出版社，1997年，第203页。
[3] 李黔滨、杨庭硕、唐文元：《贵州民族民俗概览》，第120页。
[4] （民国）吴泽霖、陈国钧等编著：《贵州苗夷社会研究》，贵阳：文通书局，1942年。
[5] 北京大学、中央民族大学和复旦大学三团队的领队分别是文物博物馆专家杭侃、潘守永和陆建松。复旦大学中标，馆方在深化大纲时吸纳了北京大学和中央民族大学两个团队的一些中肯意见。

复旦大学团队提交展览大纲之后，馆方在此基础上进行深化，从提供资料到深化大纲，馆方基本上离不开《概览》，从展览成品"民族贵州"一目了然:《概览》第一章第二节将民族服饰类型作为划分族系归属的标准，清晰勾勒了黔境各支系苗族服饰的特点;通过一个个象征符号体现各民族服饰深刻的文化内涵，如第六章第三节通过描述服饰装束上的求偶标志反映不同的婚俗等。这部分即是"服饰王国"展陈的重要依据。《概览》第三章"高原节日何其多"将贵州大地上的节日分为年节性节日、宗教祭祀性节日、生产性节日、纪念性节日、交际性节日，在展陈中得到展示，展厅中的"龙舟节"和"古藏节"就是宗教祭祀性节日。[1]《概览》第二章"民族山乡话居处"对应的是展厅一楼"土木风华"。此外，第四章中的"山野梨园民族花"的"傩堂戏""地戏""撮衬基"也得到展示。[2]

2.《贵州民族民俗概览》与《贵州苗夷社会研究》内容比较

　　吴泽霖、陈国钧等编著的《贵州苗夷社会研究》(创刊，一册) 一共有 51 篇文章，为 1938 年到 1942 年由吴泽霖、陈国钧、杨汉先、李植人、李振麟、张少薇等著名学者的著述。内容包括各民族的分布、语言、祖先传说[3]、饮食 (食俗)、节日[4]、建筑 (侗家鼓楼)宗教信仰、规章制度[5]、婚姻、丧葬、工艺[6]等。有些文章具体到某件习俗，如跳花场、歌会、摇马郎、斗牛、吃鼓藏、放蛊。此外，关乎当时社会现实的教育、生育与死亡、妇女干部等文章也占一定比例。两相比较，《贵州苗夷社会研究》和《贵州民族民俗概览》共同的特点是以民俗调查研究为主，而且都注重服饰、节日、婚姻、宗教信仰、祭祀等内

---

[1] 三位作者将龙舟节归入祭祀性节日，笔者认为归入年节性节日要恰当一些。

[2] "撮衬基"在展厅中记为"撮泰吉"。

[3] 主要为祖先传说，吴泽霖、陈国钧和杨汉先各分别撰文陈述这个话题。

[4] (民国) 陈国钧:《安顺苗夷岁时志》,(民国) 吴泽霖、陈国钧等编著:《贵州苗夷社会研究》,第 180~186 页。

[5] 规章制度收录了陈国钧调查的《苗寨中的乡规》《苗夷族的继承制度》两篇文章。

[6] 纺织与绣花的苗族工艺在《概览》中没有单独列出，在"民族贵州"大纲深化阶段，大家都注重这个内容，关于纺织部分的陈列也比较吸引人。

容。例如：

《贵州苗夷社会研究》这样描述水族婚姻：

水家的婚姻，都是男家主动的。男家父母有意于某家少女时。即可备具礼物如点心、红糖、猪腿及银项圈等请媒人携至女家说合，女家即使心中有意允许，在初次媒人来时，亦不能贸然答应，总得想出种种理由婉言推却。[1]

同样是送红糖的婚礼习俗，《贵州民族民俗概览》是这样描述的：

男方家媒人初次到女家提亲，一般不带或带很少礼物……望谟、册亨等县布依族求亲时只带一砣"跑路糖"（红糖），以女家吃不吃糖来摸清对方的态度。[2]

可见，两书作者都是通过一件件器物（物品）及其在具体场合的运用来揭示其文化意涵。

3.影响《贵州民族民俗概览》作者写作思想的"采集民族志"

不难看出，李黔滨、杨庭硕、唐文元在写作中都受到了"采集民族志"的影响。回顾抗战时期随西迁学校入黔学者的研究，我们也可以得到一些启示。入黔学者大多受过专门的民族学人类学训练，而且都是经过扎实的田野调查得到材料。吴泽霖在贵阳期间，"将自己的研究方向从都市社会转向了民族地区，开始致力于西南少数民族研究。他运用在西方所学的社会科学理论，立足田野调查，对西南少数民族的历史、社会、文化和制度等展开民族学人类学研究，先后整理和发表了几十篇有关西南少数民族的文章。尤其是其《炉山黑苗的生

---

[1]（民国）吴泽霖、陈国钧等编著：《贵州苗夷社会研究》，第67页。
[2] 李黔滨、杨庭硕、唐文元：《贵州民族民俗概览》，第236页。

活》《贵州清水江流域部分地区苗族的婚姻》等文章，堪称我国民族志的代表作之一，为我国民族学、民族志调查研究提供了范例"。[1] "入黔之后，民族文物的征集成了他（吴泽霖）的主要工作之一。他建立了苗夷文物陈列室，三年多征集各类文物两千多件，仅1941—1942年，就举办了三次文物展览。在参加中央民族访问团贵州分团时，在紧张工作期间，他也搜集了大量文物，并在贵阳举行了展览活动。"[2] "1942年，岑先生（岑家梧）在贵阳大夏大学主持社会学系工作时，更是多次深入黔南、黔东南荔波等地的苗族、水族、瑶族、布依族聚居地作田野调查，收集了大量的文物资料，写成了《西南民俗与中国古代社会制度互证》、《仲家作桥的道场与经典》(作桥即打醮)、《黔南仲家的祭礼》、《贵州部族研究述略》、《盘瓠传说与瑶畲的图腾崇拜》等重要论文。"[3] 艺术界学者也到西南地区开展标本采集活动，如中央博物院的庞薰琹深入到云南、贵州的少数民族村寨，收集整理了数万幅民间传统图案纹样。[4] 庞薰琹《贵州山民图》就是深入贵筑、龙里、贵定、安顺等地的苗族、布依族乡村写生而作的，附录《就是这样走过来的》即为几个短篇民族志的集合。[5]

正如王建民所说，"用现代民族学理论方法对贵州少数民族进行研究始于20世纪30年代后期，更确切地说，是抗日战争期间大批学者随大学或其他科研机构内迁贵州后才出现的"。[6] 学术上，西迁学者有过硬的研究水平，他们更是首次大面积挖掘贵州各民族文化资源的队伍，他们的研究成果成为贵州学人

[1] 李金兰、周大鸣:《吴泽霖与西南少数民族研究》,《贵州民族研究》2020年第6期，第56~61页。

[2] 张福强、高红:《"采集民族志"在中国的实践——以吴泽霖、林惠祥为中心的考察》,第98~105页。

[3] 徐杰舜:《岑家梧先生的治学经历及人类学民族学研究述评》,《中南民族学院学报（人文社会科学版）》2001年第6期，第18~23页。

[4] 刘咏松:《博古观今 中西融合——庞薰琹工艺美术思想研究》,《北京印刷学院学报》2020年第8期，第33~35页。

[5] 附录不但交代了作者迷上纹样的经过，还描述了仲家的婚礼和苗族的跳花。见王尧礼:《民国贵州文献大系·抗战贵州画录（第七辑）》,贵阳：贵州人民出版社，2015年，第75~112页。

[6] 王建民、罗春寒:《导读》,见《贵州苗夷社会研究》,北京：民族出版社,2004年，导读第2页。

的珍贵参考资料。[1]如吴泽霖是博物馆资深专家，其研究自然受到同行的关注，受晚辈敬仰。[2]中国社会也造就了20世纪50年代出生的学者成为西迁科研成果的"第一批吃螃蟹的人"。[3]《贵州民族民俗概览》的三位作者正是这波人，博物馆工作出身的李黔滨、唐文元，对吴泽霖先生的研究更关注，李黔滨在研讨会上多次强调要把贵州省博物馆建设成中国特色的人类学博物馆，与吴先生的学术旨趣显然是一致的。

石峰认为物的研究是人类学研究的重要课题，"物"曾作为人类进化的标尺，人类学对"物"的兴趣可追溯到早期的进化论，但在后来，人类学家对"物"的兴趣不再那么高涨。[4]黄应贵也有类似看法，他说："在结构功能论于四十年代兴起后，物与物质文化的研究便已衰落，几乎只成为博物馆的工作，但很少为人类学者所重视，这情形直到八十年代才有重要改变。"[5]本个案表明，以民族文物征集和展览为特征的器物民族志研究一直在进行。费孝通先生曾说："少数民族的文物能在博物馆中取得应有的地位，据我所知，是从吴泽霖先生开始的""他到哪儿，民博事业就到哪儿"。[6]"民族贵州"展览的成功即是吴泽霖学术思想在贵州高原上晚结的果实。

---

[1] 周国茂（1956—）是引用西迁学者的学术观点比较多的贵州学者，他认为引用频繁的主要原因是参考资料匮乏。

[2] 如陈默溪对苗族服饰图案有深入的研究，见陈默溪：《贵州苗族戳纱绣探胜》，《贵州民族研究》1998年第3期，第96~102页。作者于1991年病逝，文稿后来见刊。

[3] 笔者将另文叙述抗战期间高校西迁对贵州学术的影响。

[4] 石峰：《物、祖先及其社会意蕴——一个边汉社会的民族志》，《思想战线》2019年第1期，第28~36页。

[5] 黄应贵：《物与物质文化》，台北："中央研究院"民族学研究所，2004年，第2页。

[6] 费孝通：《在人生的天平上（代序）》，见吴泽霖：《美国人对黑人犹太人和东方人的态度》，北京：中央民族学院出版社，1992年，代序第1~6页。

铜鼓中的非物质文化元素

唐文元

（贵州省博物馆）

摘　要　文章综述铜鼓中的非物质文化元素，指出其具有历史悠久、传播广阔、多族共创、纹饰精美、造型优雅和礼乐重器六大特点。

关键词　铜鼓；非物质文化；中国南方

铜鼓，中国南方少数民族一种引人注目的物质文化遗产，历经数千年岁月沧桑，至今仍声震神州，回响在地球的东方。铜鼓的生命力如此强盛，除了它古朴庄重的造型、美丽神秘的纹饰外，铜鼓所蕴藏的广博深邃的非物质文化内涵，才是它源远流长的重要原因之一。

一、历史悠久，源远流长

中国最早的铜鼓，目前主流观点是云南楚雄万家坝出土的铜鼓，时代为春秋中期，即使不去考虑孕育期，铜鼓的历史也有近三千年历史。铜鼓由青铜时代一直延续使用至今。虽饱经风霜，但丰彩照人，声韵绕梁。三千年对于宇宙而言只是转瞬之间，但对于人类文明社会而言，却几乎全程贯穿。铜鼓历史所散射的光芒，可与华夏民族的重器兼礼器——铜鼎，相提并论。

二、传播广阔，受宠无界

目前，中国最早、最原始的铜鼓发现于云南，但稍晚的铜鼓就在广西、广东、贵州、四川、重庆等中国南方以及越南、老挝、缅甸等东南亚诸国不断有出土。至于收藏的地域，不但遍及中国的大江南北，遍及东南亚地区，甚至欧美国家的许多著名博物馆也有收藏。可见铜鼓作为一件物质文化遗产，早已跨出了孕育、产生它的故乡，走向了世界。铜鼓的魅力，不言而喻。

三、多族共创，共同哺育

铜鼓究竟是古代哪个民族首创的，至今这一"发明专利"，难于认定。现在使用铜鼓的民族有苗、布依、侗、水、彝、瑶、壮、仡佬、佤、黎、傣等，他们从未因天灾、人祸、改朝换代等原因停止过珍藏、使用这一古老的重器，并在实践中演绎出许多有关铜鼓的美丽传说、感人的护宝故事、传奇的铜鼓历史，使铜鼓在漫长的发展历程中，浸染了不同时代的奇光异彩，铜鼓的风采更加迷人，铜鼓的文化底蕴更加厚重，使这一诞生约三千年的民族瑰宝，不但没有些许老态，反而更显青春焕发，在各类文物家族中实属罕见，这是多民族共同哺育的结果。

四、纹饰精美，内涵丰富

关于铜鼓文史的种类，笔者估计，若细分，把因时代、地域的不同而不断演变形成的同一类纹饰算成一种，那么铜鼓的纹饰总数不会低于百种。铜鼓纹饰绝大多数为阳纹线条构成，也有部分圆雕的立体装饰，不论是平面构成还是立体雕塑，铜鼓的装饰纹样无不精美、细腻。从美术的角度看，其线条流畅，构图简练，比例和谐，形象生动，这也是铜鼓为古今中外收藏家趋之若鹜的重要原因之一。铜鼓纹饰的内容也十分广泛，有简单的花鸟虫鱼，有繁缛的几何图纹，有猛兽、家畜，也有动态人物，还有场面宏大的群体竞技、祭祀、耕作、舞蹈等。更让人神往的是，所有这些纹饰、造型都有极其丰富的文化内涵，有反映生产、生活的，有表达民族审美情趣、审美意识的，有反映自然崇拜、宗教信仰的，还有追求民族繁衍、祈求大自然赠予的，等等。这些都是创造和使用铜鼓的民族所拥有的极其丰富的非物质文化遗产，也是人类共同的文化遗产。

五、造型优雅，设计别致

铜鼓的美，不仅美在繁华似锦的众多平面和立体的纹饰上，还美在其优雅的造型和协调的"身材"比例。铜鼓的造型特点：平面曲腰，中空无底。曲线能给人以美感，但通体的曲线未免又有些单调，而铜鼓在胸腰足皆为正反变化曲线的基础上，选择鼓面为直线条，而正中的太阳纹略为突起，犹如地平线上冉冉升起的一轮红日，其设计可谓匠心独具，且包含了铜鼓所具有的重要文化内涵——对太阳的崇拜。

铜鼓的通高与面径（或足径）的比例，八大类型中，万家坝型、石寨山型、北流型、麻江型、灵山型、遵义型，大多符合"黄金律"（又称"黄金分割""中外比"，比值为0.618）。只有冷水冲型和西盟型两类鼓似乎违反了"黄金律"这一美学基本规律，但冷水冲型在其主要部位的鼓面周沿饰以较多的立体装饰，特别是骑马人物、骑牛人物、龟、立马、水禽等形象，从视觉上加重了鼓面的分量，使鼓面变得生动活泼而耀人眼目，这种手法实际上是一种潜在的美学比例，即运用特殊的装饰效果有效地调整了原本违背常规美学比例的关系，使其具有独特的美学感觉。西盟型鼓按常规比例失调的处理手法，与冷水冲型有异曲同工之妙，因此西盟型鼓通高与面径或足径虽严重失调（极不符合"黄金分割"），但能给人一种轻盈娟秀、婀娜多姿的审美享受。

六、礼乐重器，功能神秘

一般人都认为铜鼓只不过是南方少数民族的打击乐器。其实铜鼓从始创之时，它的主人就赋予了它作为"礼器""重器"的特殊功能，公认的最早的四面万家坝型铜鼓的埋藏方式，就是类似中原"列鼎"的形式随死者而葬的。其后广西西林的铜鼓葬、云南晋宁石寨山滇王墓中的铜鼓、贵州遵义南宋播州土官杨粲夫妇墓腰坑中的两面铜鼓等，都不能简单地把它看成一件普通的随葬品。古代"得鼓二、三，便可僭号称王""有鼓者号为'都老'，群情推服"，充分说明了铜鼓象征权力地位的功能。布依族办丧事，敲击铜鼓，不只为向亲友报丧，更主要的是向天、地、祖宗发出"喑电"。布依族、水族老人临终前，家人将其扶坐铜鼓上咽气，之后在铜鼓上沐浴更衣，这样老人灵魂才能升天。苗族使用铜鼓前，需向铜鼓敬酒、敬饭、敬肉……这一切都说明铜鼓不是一件普通的青铜乐器，在使用它的少数民族心目中是一件有血、有肉、有情的"灵器"，是这个民族的"礼器""重器"。

以上仅是铜鼓这一有形物质文化中蕴藏的非物质文化的主要内涵，其他非物质文化内涵的东西还大量存在，如有关铜鼓的民间传说、故事、音乐、诗词等，值得我们长期挖掘、整理、保护、传承。

[参考文献]

1. 唐文元:《用黄金律试探铜鼓造型的美学原理》[A]，见中国铜鼓研究会编:《中国铜鼓研究会第二次学术讨论会论文集》[C]，北京:文物出版社，1986年。

2.（清）张廷玉等撰:《明史》[M]，北京:中华书局，1974年。

土家族非物质文化遗产——哭嫁歌

付向宇

（贵州省博物馆）

　　摘　要　哭嫁歌是土家族非物质文化遗产的典型代表，蕴含了族人遵循礼俗、乐观率真的民族特质，是珍贵的非物质文化遗产。哭嫁是由社会发展过程中的多种因素共同影响而形成的；哭嫁歌不仅表达了新娘的不舍、感激、怨恨之情，而且还蕴藏着潜在的教育功能；对哭嫁歌的传承和保护，需要借助政府、教育、互联网的力量。

　　关键词　土家族；非物质文化遗产；哭嫁歌

　　哭嫁是母系社会向父系社会过渡时期产生的一种婚嫁仪式，哭嫁即新娘以哭唱的方式来表达自己内心的不舍、感激和怨恨之情。"哭嫁，土家族姑娘在出嫁前夕和出嫁过程中，有边哭边唱的习俗，称'哭嫁'，把边哭边唱的歌称为'哭嫁歌'。"[1]哭嫁歌是哭嫁仪式中最直接的表现形式。在海外，对哭嫁歌的研究始于法国保尔·拉法格；在中国，则开始于刘伟民先生对广东东莞婚歌的研究，此后，中外学者对哭嫁习俗的各个方面又进行了更加深入的搜集与研究。

一、产生渊源

　　哭嫁是我国婚嫁仪式中流传甚久的一种古老习俗，对于哭嫁的由来，学术

---

[1] 贵州省地方志编纂委员会编：《贵州省志·民族志》，贵阳：贵州民族出版社，2002年，第421页。

界对此存在不同的看法。

"掠夺婚姻说"又称"抢婚",是原始社会时期出现的一种男子使用强制性手段抢夺女子为妻的一种婚姻形式。随着生产力的发展和生产关系的变动,男性在生产、经济和社会生活中开始占据优势,女性处于社会主导地位的状态逐渐被打破。由此,也波及了原本的婚配形态,有一篇文章写道,"氏族社会的权利(力)转向男子后,婚姻形态的转变过程为:内婚制—外婚制—对偶婚。"[1]对偶婚一产生,便逐渐开始出现抢婚的现象。那个时候,对偶婚虽然起着减少同族血亲通婚的危害作用,却掀起了暴力抢婚的序幕,女性在择偶中越发没有自主选择权。作为弱势群体的女性只得屈服于暴力的威逼,无奈地哭着发出悲怆的哀号,这或许就是哭嫁的原始形态。

"过渡婚姻说"认为,哭嫁源于母系氏族社会向父系氏族社会过渡的时期。那个时候,女性逐渐丧失其至高无上的地位,男性开始掌控权力,继而逐步推动血缘内婚制向氏族外婚制转变。原有的以女性为中心的社会体系被打破,女性在社会生活中的地位变得越来越卑微,这使得女性产生了极大的心理落差,对婚姻生活充满了不满与怨怼的情绪。有愤恨就会有反抗,但随着男权的不断稳固,这场男权与女权的斗争终究是以女性的失败而告终。为了宣泄内心的恼怒、不甘和无可奈何,女性在出嫁之时便以"哭"的方式来表达内心复杂的情感,由此即逐渐演化成了婚嫁时的哭嫁仪式,随着时代的变迁而流传至今。

"包办婚姻说"认为,在传统社会,包办婚姻极为盛行,并且时常与买卖婚姻相联系,普遍奉行"父母之命,媒妁之言"的婚姻缔结方式,新人只需安心顺从父母和媒人的安排即可,这其实就是长辈一手包办婚姻的表现。过去,夫妻之间仅有的爱情并不是婚姻的基础,联姻更像是完成家庭下达的任务。娃娃亲、童养媳、指腹为婚等是普遍情况,子女几乎没有婚姻自主权。所以,在

---

[1] 李慧丹:《土家族"哭嫁歌"——湘西州古丈县实地考察与研究》,苏州:苏州大学硕士学位论文,2013年,第16页。

传统社会包办婚姻的时代背景下，女性用"哭泣"来表述自己对婚姻的埋怨与无奈之情，在婚嫁历史的长河中而逐渐演变为"以哭为歌"的哭嫁习俗。

以上便是流传较广的三种哭嫁产生渊源说。无论"掠夺婚姻说""过渡婚姻说"，还是"包办婚姻说"，都认为哭嫁是在某一种婚姻制度的影响下发展而成的。但笔者认为，在历史发展的长河中，存在着太多复杂的情况，换句话说，哭嫁婚俗不仅只是被单一的一种社会因素影响形成，而是被社会发展过程中的多种因素共同影响而形成的。

二、具体内容

关于哭嫁，土家族有一个说法是"不哭不发，越哭越发"，姑娘哭得好不好甚至被视为是否吉利的标准之一。因此，在过去的岁月里，土家族姑娘从十一二岁开始就得跟着女性长辈学习哭嫁，可以说学习哭嫁是土家姑娘生活中的必修课。"哭嫁在迎亲前开始，各地略有差异，过去长达半月一月之久，而现在简化为三天左右。"[1]

以前哭嫁的地点一般在新娘的闺房内，但现在很少在闺房内进行哭嫁。比如贵州省沿河土家族自治县的一些乡镇，哭嫁就是在婚礼摆酒席的地方进行，而乡镇上的酒席大多摆在街道两旁，或是摆在自家宽敞的露天院坝内。还有一些哭嫁是在祠堂里进行的，新娘在祠堂等候，有亲友来到祠堂时，新娘就要哭亲友进行答谢。所以，现在新娘哭嫁的地点基本已从封闭的空间转向更加敞开的空间，由相对私密的环境变得更加公共化，从固定的哭嫁位置发展得更加自由。

不同时期，不同地区，哭嫁的形式也有所不同，但大致可以分为以下几道程序：首先，以"哭开声"拉开哭嫁仪式的序幕。"'哭开声'即哭嫁过程的第一声哭唱，一般将第一声哭唱定于哭嫁前一个月，由女方亲属中福寿双全的老

---

[1] 贵州省地方志编纂委员会编：《贵州省志·民族志》，第421~422页。

太太开哭。"[1]哭嫁过程的中间阶段，一般由哭爹娘、哭哥嫂、哭姊妹、哭亲友、哭媒人、哭入席、哭梳头、哭穿衣、哭手艺人等诸多内容组成，其中以哭爹娘最为重要。最后，以哭上轿作为哭嫁仪式的结尾，这也意味着整场婚礼的结束，主要表达了新娘对娘家人的不舍、对爹娘的美好祝愿以及对未知生活的畏惧等复杂情绪。

哭嫁歌是哭嫁习俗最直接的表现形式，哭嫁歌的内容是哭嫁习俗得以流传的重要载体。哭嫁歌的内容可以按对象、情感、时代划分，本文主要按哭嫁的对象划分来介绍哭嫁歌的内容以及要表达的情感，且在众多哭嫁对象中选取了较为典型的哭爹娘、哭姊妹、哭媒人进行表述。

哭爹娘，爹娘是女儿最为亲近的两个人，因此，哭爹娘也是哭嫁过程中最为重要的一部分。一般来说，女儿从小跟着爹娘生活，在一起的时候或许并不会深切体会到爹娘抚养子女的不易，一旦临近出嫁离别之际，女儿就会回想起爹娘养育自己的种种辛苦，自己还没来得及孝敬爹娘就要嫁去别家了。于是，新娘悲从中来，以哭为歌，诉说内心的感激、愧疚与不舍，正如哭嫁歌哭爹娘的歌词：

我的阿捏啊，
你把我从小抱大，
手臂都抱得发紫了；
我的阿巴啊，
你把我从小背大，
肩膀都背得脱皮了。
寨前寨后，
哪儿没有抱去过？

---

[1] 李慧丹：《土家族"哭嫁歌"——湘西州古丈县实地考察与研究》，第26页。

上坡下坡，

背笼何时放下过？

阿捏、阿巴啊，

你们抱也抱苦了，

你们背也背累了，

肩膀磨出了血茧，

衣服烂成了布片，

为什么不肯多带我几年，

让我早晚服侍在跟前？[1]

　　哭姊妹也可以叫作"陪十姊妹"，即姑娘出嫁的前一天，请十位未婚姑娘来"陪哭"或是"哭劝"。姊妹们围坐在一起唱祝愿歌，追忆昔日的美好时光，传递彼此间的不舍。"十姊妹歌"最早的文字记载出现在清代土家族诗人彭秋潭的竹枝词中，他用"十姊妹歌歌太悲，别娘顿足泪沾衣"描绘出土家族哭嫁的悲伤场景。[2]而在更早以前，哭姊妹实则是姊妹们作为一个弱势群体，对来自家庭的不平等待遇进行有声的控诉，正如哭嫁歌歌词反映的埋怨情绪一样：

新姑娘：一样萝卜几样菜，

　　　　一样儿女几样待。

十姊妹：是个男子当成活宝贝呀！

　　　　是个女子就去活受罪呀！

新姑娘：如果是个男子，

　　　　堂屋里种种都有份，

---

[1] 武汉大学中文系土家族文艺调查组搜集整理：《哭嫁》，武汉：湖北人民出版社，1959年，第5页。
[2]（清）彭秋潭著，杨发兴等编注：《彭秋潭诗注》，北京：中国三峡出版社，1997年，第186页。

　　　　　神堂里写字也有名。

十姊妹：如今是个女子，

　　　　　神堂打钟钟不响，

　　　　　堂屋打鼓鼓不鸣。

新姑娘：如果是个男子，

　　　　　三块地也有他一块，

　　　　　三丘田也有他一丘。

十姊妹：如今是个女子，

　　　　　十块地也没有一块，

　　　　　十丘田也没有一丘。

新姑娘：如果是个男子，

　　　　　兄弟常常在一起，

　　　　　欢欢喜喜。

十姊妹：如今是个女子，

　　　　　姊姊妹妹要分离，

　　　　　哭哭啼啼。

新姑娘：如果是个男孩，

　　　　　就象（像）筛子筛米，

　　　　　粒粒白米筛拢来。

十姊妹：如今是个女孩，

　　　　　就象（像）簸箕簸谷，

　　　　　颗颗簸出不回来。[1]

　　哭媒人是哭嫁中最有戏剧性的一段。过去，婚姻的缔结普遍听命于父母和

———————————

[1] 武汉大学中文系土家族文艺调查组搜集整理:《哭嫁》，第31~33页。

媒人的安排，子女几乎没有婚姻自主权。出嫁之际，姑娘内心对亲人的不舍、对未来的担忧、对婚姻的抱怨变得更加强烈，心中矛盾复杂的情绪必须要找到一个宣泄口，这便有了"骂媒"的一幕。以我们现在的视角来看，传统的包办婚姻等才是促成当时可悲婚姻的元凶，但由于那时候的女性还不具备这样的认识高度，所以她们便把内心的不满情绪全都发泄在媒人身上。从哭嫁歌的骂媒歌词中可以看出新娘对媒人极度的怨恨：

你撅媒婆，

我撅媒婆，

猪头脸盘尖尖脚，

剁去剁来两边死，

今哭拜了明天死，

后天埋在大路坡。

嗅嗅踢，咩咩踩，

踢出肠子黄狗拖，

看你还当不当媒婆。[1]

据笔者实地调查，现在沿河县城内基本上已经不存在哭嫁这一婚俗了，即使笔者的父母亲成婚时也没有举行。[2]但是，笔者的母亲在幼年时经常听到老一辈唱哭嫁歌，所以她还依稀记得几句骂媒的歌词："上一坡下一坡，你想吃别人的猪耳朵；上一坎下一坎，你想吃别人的猪脚杆。"从新娘"骂媒人"的犀利言辞中，也可以看出土家族姑娘率性泼辣的性格。

---

[1] 长阳土家族自治县文化局编:《中国歌谣集成·湖北卷·长阳土家族自治县歌谣分册》，湖北：长阳土家族自治县文化局（内部发行），1988年，第262页。

[2] 据笔者实地了解，1995年，沿河县城内其实已经没有哭嫁仪式了，只是在乡镇会有。直到现在，沿河县的一些乡镇都还延续着哭嫁婚俗。

三、传承保护

结婚本是大喜的日子，应该欢欢喜喜而不是哭哭啼啼。但土家族的哭嫁习俗却将哭与嫁紧密地联系在一起，更是有"越哭越发"的说法。既然一种习俗得以长期存在且广泛流传，那必定有它存在的历史根源和特殊环境，文化习俗的存在也反映了某种社会现象及思想。在过去，哭嫁歌还肩负着潜在的教育功能。比如，在"陪哭"的时候，母亲会通过哭嫁的歌词对出嫁的女儿进行礼俗教育，叮嘱女儿嫁去婆家后要悉心侍奉公婆，打理好家中的事务。又如，女性长辈会通过歌词提醒出嫁姑娘的角色转变，从此，姑娘将由家中女儿转变为他家媳妇，言行上都得遵循新的道德规范。由于缺少文字记载，哭嫁歌的家庭伦理教育功能便以口口相传的方式，在一代又一代人中传承下去。所以，对哭嫁歌的传承与保护尤为重要，对此，笔者有以下建议仅供参考：

根据国务院指出的对非物质文化遗产实行"政府主导"的保护原则，可以看出，政府在保护非物质文化遗产的过程中起着至关重要的作用。所以，在保护哭嫁歌文化传承的过程中，应当充分发挥政府的主导作用，调动社会各界共同参与。政府可针对各地的实际情况，对本地区哭嫁歌的文化内涵进行深入挖掘，制定切实可行的保护方案；政府可以组织将文化与经济联系在一起的活动，发掘哭嫁歌文化的经济效益，扩大其影响力和受众面；将政府作为整个保护工作的坚强后盾，对哭嫁歌文化的传承人实行保护、鼓励政策。

有教育学的观点认为，任何一种文化特质和文化模式如果不借助于教育的传递和深化，都将影响它存在的质量或缩短它存在的历史长度。[1]学校教育具有广泛性和深入性，学校教育对哭嫁歌在年轻群体中的传播起到积极影响，同时也起到培养哭嫁歌传承人的重要作用。学校教育对民族文化传播的重视，实则就是让本民族的优秀文化和价值观对学生产生潜移默化的影响，培养年轻一代人对本民族文化的认同感与自豪感。

---

[1] 袁振国主编：《当代教育学》，北京：教育科学出版社，2010年，第330页。

互联网时代的到来，掀起了人类社会的一场深刻变革，文化事业的发展也应借助互联网的强大力量。可以建立数字化档案，对哭嫁歌的保护从传统模式转向新型模式，即从纸质建档转变为数字化建档。管理者只需将哭嫁歌的有关资料收集、整理、录入，即可达到易于保存、动态展示、广泛传播的效果。

文物保护

贵州省博物馆藏汉代铜鸟保护与修复析释

宁健荣   陈钱美

（贵州省博物馆）（贵州民族大学民族学与历史学学院）

摘　要　本文从文物保护与修复的发展历程切入，结合馆藏青铜鸟的保护修复方案编制，分析、解读文物保护与修复的基本方法步骤，为文物保护与修复的后续开展工作提供依据。

关键词　汉代铜鸟；文物保护；文物修复

中国青铜文化历史源远流长，青铜器种类丰富、工艺精湛，是青铜时代留下的重要历史文物。文物是人类社会物质文化和精神文化的重要载体，是历史见证的实物资料，同时也是重要的历史文化遗产。[1]无论是可移动文物或是不可移动文物，都为古代人类生产活动所创造且不可再生。[2]文物在历经千百年岁月的流传后，受地理环境和人文因素的影响，残损现象普遍存在。因为文物的不可再生性与不可替代性，文物的保护与修复十分重要。习近平总书记在2019年8月19日对文物工作的指示中指出："文物是历史的见证，保护文物就是保护历史。要始终把保护放在第一位。"[3]针对文物保护与修复的重要性，我们对文物保护与修复技术的形成和发展做一个简单梳理，结合对青铜器修复工

---

[1] 李晓东：《文物学》，北京：学苑出版社，2005年，第2页。

[2] 吴诗池编著：《文物学概论》，上海：上海文艺出版社，2005年，第22~27页。

[3] 国家文物局：《深入学习贯彻落实习近平总书记关于文物工作重要论述和重要指示批示 加强文物保护 坚定文化自信》，引自 http://www.ncha.gov.cn/art/2020/8/31/art_722_162786.html。

作的思考，进一步分析解读文物修复与保护的工作方法。

一、文物保护与修复行为的形成与发展

经过对现有资料的搜集与查找，中国最早将文物修复纳入文物保护工作范畴的是北魏时期人们对名人字画的修复行为[1]；而西方则是文艺复兴时期（14—17世纪）对古物的修复[2]。

北魏以来，中国流传的与器物修复相关的资料，大多目的是保留器物的使用功能[3]，或者说对恢复文物的原有外观，以保持器物的原真性有较大的要求，这与现今文物保护与修复"修旧如旧"的原则基本相一致，但也仅仅是考虑功能使用上的原有价值。清代，高度集中的皇权政策限制了人们在精神上的发展，古玩市场日益繁盛。[4]但文物保护与修复相关理论在这一时期鲜有发展。所以，日渐精进的工艺制作并未能推动中国在文物保护与修复层面的理论发展。

然而在西方社会，文艺复兴、宗教改革、启蒙运动三大思想运动相继出现，科学、艺术也在此时得到快速发展[5]，以人为核心的思想观念打破了神学的思想束缚。人们在精神层面的发展需求日益增大，文物古迹的保护利用得到了前所未有的重视，整个西方文化遗产界都开始对文物保护与修复进行探索，新型修复技术随之形成。

20世纪中叶，随着中国经济的发展、思想的开放，中西方文物修复理念有所交集。新中国成立后，党和国家都比较关心、重视藏品的保护工作，并开始

---

[1]（后魏）贾思勰原著，缪启愉校释，缪桂龙参校：《齐民要术校释》卷二，北京：农业出版社，1982年，第163、164页。

[2] 戚军超、兰恩强：《浅议欧洲文物修复理论》，《魅力中国》2011年第21期，第106、107页。

[3]（宋）周密：《志雅堂杂钞》卷二，北京：中华书局，1991年，第1~58页。

[4] 梁志伟：《中国历史上的六次收藏热》，《大观（收藏）》2017年第6期，第124~128页。

[5] 王锺陵：《自文艺复兴以来西方思想的总体走向及对20世纪西方思想与文论的总概括与展望》，《苏州大学学报（哲学社会科学版）》2013年第4期，第1~22页。

了现代意义的保护工作，如建立国有博物馆、文管所等机构。社会上从事青铜修复的高手，被聘请至博物馆或相关文化机构来继续发挥他们的技术专长，并将过去传统的修复技术进行教授传承，把昔日的"古董修复"转变为"文物修复"[1]。

1963年，梁思成在做古建报告时提出"整旧如旧"[2]，并将"保留古意""最小干预""尊重史实"等理念带入大众视野。在此之后，他的这些修复原则便成为中国文物修复原则的重要组成部分，并被反复探讨且辐射至可移动文物领域，影响着20世纪后半叶乃至21世纪进入文博系统的文物保护及修复工作者的工作。[3]

近年来，随着央视《我在故宫修文物》等文博节目和纪录片的播出，文物保护与修复逐渐走进大众视野。在此之后，时有某地因为某文物被过度保护或者修复的报道，进而产生不少争议，随即国家相关部门对文物保护与修复也愈加重视。

通过在中国知网上以"文物保护与修复"为关键词检索得知，以"文物保护与修复"为关键词的相关研究开始出现于1981年，2001年后整体呈上升趋势。知网将包含某关键字的文献发文量趋势称为"学术关注度"[4]。从图1中可以看出，自21世纪开始，学界对文物保护与修复的关注度呈上升趋势，并分别在2016年和2019年出现两个相差不大的峰值。

出现此现象的原因包括政治、经济、科学技术等各方面的发展。如政治上，2016年4月12日，习近平总书记在对文物工作的指示中指出："文物承载

---

[1] 张鹏宇：《中国青铜器传统修复的理念转变与实践》，《自然与文化遗产研究》2019年第S2期，第88页。

[2] 彭文立、梁国钊：《略论梁思成的"整旧如旧"》，《广西大学学报（哲学社会科学版）》2000年第5期，第104~108页。

[3] 黎畅、李奇：《文物价值认知与修复行为的关系概论——以古瓷器修复为例》，《自然与文化遗产研究》2019年第S2期，第21~25页。

[4] 中国知网数据指数部分对学术关注度的词条解释。

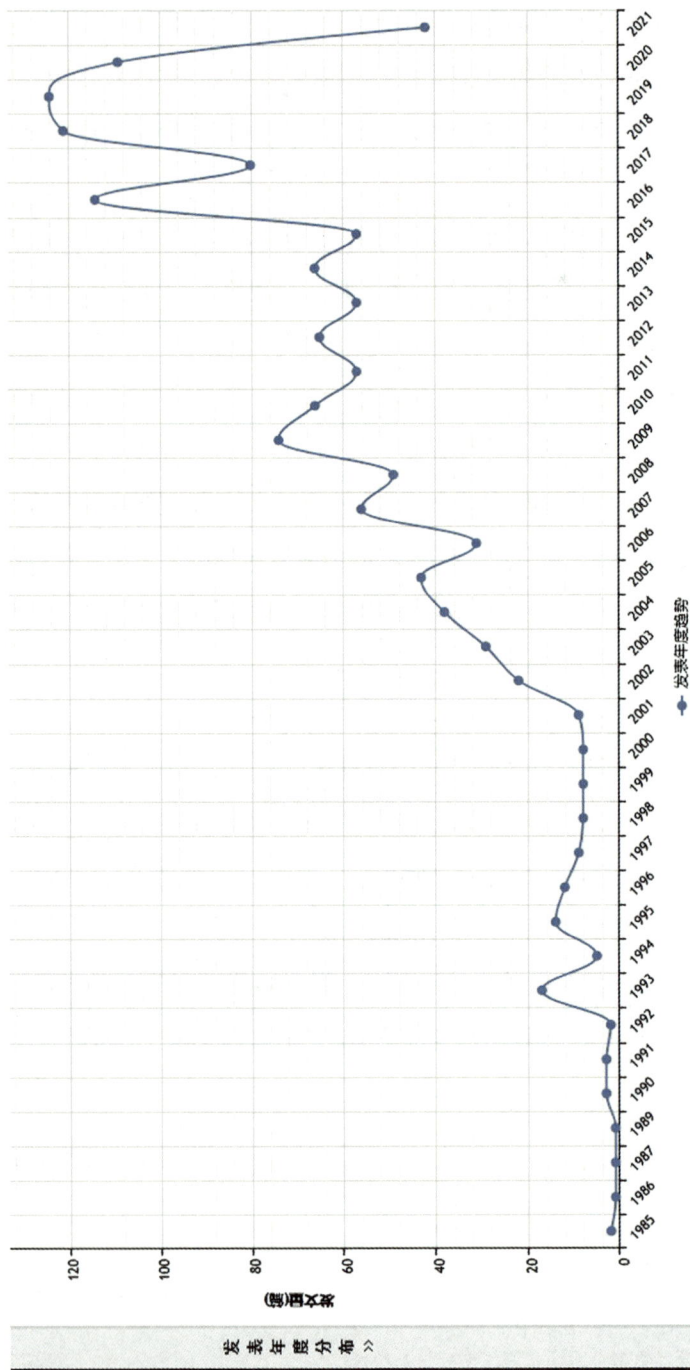

图 1 知网 "文物保护与修复" 相关研究，发文量年度趋势图

灿烂文明，传承历史文化，维系民族精神，是老祖宗留给我们的宝贵遗产，是加强社会主义精神文明建设的深厚滋养。保护文物功在当代、利在千秋。"[1]同年，历经八年、终于完成修复的重庆大足石刻"千手观音"向观众开放，引起了业界相关人员在大众面前对修复理念及修复效果的激烈讨论，同时出现了发文量的巅峰。2019年则有第八批全国重点文物保护单位的成功申报、习总书记在十九大和十九届二中全会、三中全会关于文物工作指示中"回头看"，加强文物保护利用改革等重要指示。同年8月，习总书记到甘肃敦煌考察指出："中国传统文化并没有摒弃外来的东西，但是我们要坚持我们的民族特色；优秀文化要发扬光大，同时也要学习外来的优秀文化。"随着经济的发展，新时代人民生活水平得到提高，对精神文化的需求也越大；互联网信息的发达、人们获取资讯方式的便捷等，都是带动业界人士对文物保护与修复工作的支持、促进发文量上升的因素。

地大物博且有悠久历史的中国保存有大量文物，同时也是重要的历史文化载体。这些文物则经过千百年的使用与流传，历经沧桑，文物保护与修复就显得极为重要，人们对文物保护与修复知识的认知需求也在不断扩大。为使理论与实践相结合，本文以汉代铜鸟保护与修复为例，阐析其工作思考，为后续保护工作的顺利开展提供依据。

二、汉代铜鸟修复与保护的思考

青铜器在中华几千年文明发展长河中，既是权力与地位的象征，同时也是人们实际生活的主要器具。青铜器传统修复技术，在中国最早可以追溯至夏商时期对铸造缺陷青铜器的熔补修复行为，随着宋明时期金石学的形成与发展，这门手艺也被流传下来，最终成为非物质文化遗产之一。新中国成立以前，由

---

[1] 新华网：《习近平对文物工作作出重要指示》，引自 http://www.xinhuanet.com/politics/2016-04/12/c_1118599561.htm。

图2 铜鸟全面腐蚀图

于缺乏文物保护与修复理念的指导和规范，青铜器的修复行为通常是一种经验性实践。现在，随着现代文物保护修复理念的成熟和科学技术的进步，传统的修复技艺吸收新材料、新技术，使修复变得更加规范化、科学化。[1]通过对馆藏铜鸟保护修复的工作梳理，阐释当下文物保护修复技术的理念与实践。

1.铜鸟基本信息及完残状况

贵州省博物馆藏汉代铜鸟，出土时间、地点不详，于1976年被安顺土产公司征集，后转至贵州省博物馆收藏。铜鸟右翼及尾部断裂，足不存。颈、翼、背、尾部均饰有浮雕状S形螺旋纹。鸟背脊处与鸟身边缘处均饰有辫索纹。通长16.2cm，通宽12.3cm，高6.5cm，壁厚0.3cm，重129.4g。铜鸟通体锈蚀物较多，锈蚀产物呈浅绿色，腹部呈浅褐色，部分区域锈蚀物脱落；通体

---

[1] 张鹏宇：《中国青铜器传统修复的理念转变与实践》，第86~90页。

（含内壁）多处存在表面硬结物，表面硬结物呈暗绿色，硬结物质地坚硬，与基体紧密接触；腹部两翼下各有一处裂隙，左翼下裂隙处变形；颈部有残缺孔洞；右翼及尾部断裂。

2.修复目标

在修复过程中严格按照国家文物局颁布的相关规程进行操作，保护工作应通过机械方法或化学试剂去除器物表面锈蚀及硬结物，清除腐蚀病灶，对矿化部分进行加固，对断裂处进行粘接处理等；并坚持以最少干预的原则进行保护与修复，尊重历史、尽量保持历史沧桑感，根据文物实际情况确定修补程度，使汉代铜鸟经处理后能在文物库房长久保存。

3.工作原则

在汉代铜鸟修复中，根据《中华人民共和国文物保护法》、《中华人民共和国文物保护法实施细则》、《馆藏金属文物保护修复方案编写规范》（WW/T 0009-2007）、《馆藏青铜器病害与图示》（WW/T 0004-2007）等法律、法规及标准制定汉代铜鸟保护修复原则。

修复时要做到：第一，坚持"维持文物原状原则"，尽量避免文物修复过程中的二次破坏。首先，清洗中，使用去离子水浸泡，用稍硬的毛刷轻轻刷洗；其次，用洁牙机、竹签等物理方法去除表面硬结物；最后，根据铜鸟断口形状处理后，运用双组份粘接剂进行粘接加固。为保持文物原状，粘接完成后，需要对溢出的粘接痕迹进行物理剔除。

第二，坚持"最小干预原则"，处理全过程要尽量保证文物本体的真实性。在保证器物物理、化学、生物等原始资料不变的基础上，对铜鸟表面锈蚀物进行处理，尽量保持铜鸟的原始状况。

第三，坚持"可再处理原则"，金属文物在进行保护修复时，无论处理方法还是选材，都应该充分考虑到修复材料的可逆性，可使用Paraloid B72做封护处理。

第四，坚持"安全性与兼容性原则"，在采取物理方法清洗及除锈过程中，要预防除锈过度等现象。化学修复材料的使用必须是大家公认的，保证修复材料稳定而且有效。使用新材料必须进行前期试验和研究，证明其有效性、可逆性、对文物本体无破坏性。铜鸟的保护修复材料基本为常用且成熟的材料。

第五，坚持"可识别与整体协调两者相结合的原则"，在评估铜鸟的价值时，铜鸟腹部两翼下各存在一处裂隙，需要用双组份粘接剂对其裂隙进行粘接处理。残缺的铜鸟颈部、腹部、尾部，则用铜胶棒进行补全，补全部分做补全随色处理。

4. 铜鸟保护修复路线及步骤

文物的保护修复，都必须遵循"照相、描述→取样、分析检测→清洗、除锈→整形→粘接→缓蚀封护→补全随旧→完善档案"的步骤，铜鸟的保护修复也必须如此，基本程序不容改变。

第一，建档。用文字和图片对铜鸟的相关属性进行描述，以及记录保护修复过程所采用的药品、技术及分析测试结果等。

第二，描述、记录。除完成铜鸟的基本信息外，在实施保护修复过程中要随时记录所采取的方法和使用的化学药品。主要包括时间、药品名称、浓度、使用的方法、操作人、预期效果和实际结果。并按照《馆藏青铜器病害与图示》（WW/T 0004-2007）的要求绘制青铜器的病害图。

第三，拍照。为更好地建立保护修复档案，除文字记录外，还要收集图片资料。初步建立文物的档案，所需照片不仅要反映器物的整体外貌，还要反映出局部特征，在保护修复过程中也要注意留取照片资料。

第四，取样及检测分析。利用显微镜、X光射线等现代技术对铜鸟材质、病害原因进行取样分析。

第五，依次进行清洗、除锈、整形、粘接补配、随色做旧、缓蚀封护、完善档案移交。完善保护修复档案后，将铜鸟及修复档案副本一并移交给收藏单位，同时对文物进行观察，并做好跟踪记录。

5.修复意义

青铜器是人类历史上的一项重大创造，是中华民族在华夏大地上成就的璀璨文化，为中华文明的礼制文化奠定了坚实的基础。它在中国古代社会具有特殊功能，从而造就了青铜文化大约十五个世纪的兴盛；青铜器还是中国古老文明的缩影与人类社会进步的历史见证，是中华民族悠久历史和文化艺术宝库的重要组成部分，具有极高的历史价值和艺术价值。因此，保护与修复青铜器文物，就是为青铜器的收藏与研究提供科学、有效的实物依据。

馆藏汉代铜鸟的造型风格和铜质铜色，具有浓郁的贵州地方民族特色。其造型独特，制作精美，本身就是一件艺术品，具有明显的装饰作用，是研究贵州夜郎历史文化和贵州汉代社会生活的重要实物资料，具有重要的历史、艺术和科学价值。对汉代铜鸟的修复与保护，不仅是对艺术品的保护，也是对民族文化的保护，具有重要的现实意义。

综上所述，中国对古代器物的保护与修复历史悠久，文物保护理念源远流长，而它的发展却波澜曲折、进展缓慢；与之不同的西方文物保护，自发展伊始便不断进步，迅速形成系统的文物保护理念和先进的文物修复技术。因为文物的价值随着社会发展而被发掘，人们对文物的保护与修复观念才越来越被重视。因此，文物的保护与修复，本身是一种对已认知文物价值的取舍与传递[1]，也是人们在精神文化需求上的一种折射。

随着现代科技的进步，现代化修复技术不断更新，与传统修复技术有效融合，从而保证文物的完整性和延续性，为收藏与研究提供更多的实物支撑。

---

[1] 黎畅、李奇：《文物价值认知与修复行为的关系概论——以古瓷器修复为例》，第21~25页。

贵州省博物馆馆藏文物的预防性保护

全锐

（贵州省博物馆）

摘　要　本文在对预防性保护的概念做简要陈述的基础上，对贵州省博物馆藏品的现状做了系统的检测，着重对藏品存放的小环境和微环境做了分析监控和评估。通过评估，对贵州省博物馆的藏品保存现状有了明确的认识并在此基础上采取了相应的保护措施，同时对长期的预防性保护工作提出几点建议。

关键词　预防性保护；保存现状；环境；保护措施

一、前言

文物藏品保护工作一直以来是贵州省博物馆工作的重点。自获得文物保护修复资质以后，贵州省博物馆先后报批了《贵州省博物馆可移动文物预防性保护（一期）项目》《贵州省博物馆可移动文物预防性保护（二期）项目》《馆藏铁质文物保护修复项目》《馆藏纸质文物保护修复项目》《馆藏纺织品文物保护修复项目》《馆藏石质文物保护修复项目》等几十项国家文物局项目和省级文物保护项目。贵州省博物馆还承担了省内各市州文博单位保护项目的方案编写和实施。项目的实施为贵州省博物馆培养了文物保护专业技术人才，更新和提高了保护理念和保护技术。

新馆的建成为贵州省博物馆预防性保护工作更上一个台阶提供了很好的平台。文物保护工作区有文物保护修复实验室，于2018年12月建设完成，位于B

区负一层，现有保护修复实验室8间、临时保护修复场地1处，分别为预防性保护室、文物数字化保护室、书画装裱修复室、金属文物修复室、纺织品修复室、精密仪器室、陶瓷石质文物修复室、标本保护修复室等，目前保护修复实验室累计使用面积逾1000m²。

文物库房区面积2600m²，包含20间各类文物库房和精密空调设备间。在新馆库房建设的整个过程中，贵州省博物馆将预防性保护的理念运用到库房的各项设备设施中，本文结合贵州省博物馆的藏品保存现状和预防性保护的措施做以下介绍。

二、预防性保护的概念和主要内容

预防性保护理念是在文物保护起步较早的西方国家形成的。1930年，在意大利罗马召开的关于艺术品保护国际研讨会上，第一次提出了预防性保护的概念，即对博物馆藏品的保存环境实施有效的监控，这一概念肯定了实验室研究对于文物研究的意义。20世纪50年代后期，预防性保护概念已基本成为西方博物馆藏品预防性保护的共识。20世纪70年代，ICCROM（国际文化遗产保护与修复研究中心）逐渐在全球范围内推广预防性保护理念。到了20世纪90年代，这一理念逐渐成熟，并有了相对统一的阐述。ICCROM把预防性保护概括为：在不危及文物真实性的前提下，延迟任何形式的可以避免的损害所采取的必要的措施和行动。预防性保护的理念是通过有效的监测、评估、调控、管理，抑制各种环境因素对文物的危害作用，努力使文物处于一个"稳定、洁净"的安全保存环境，尽可能阻止或延缓文物的劣化，达到长久保存和保护文物的目的。

可移动文物预防性保护工作内容主要包括以下方面：一是文物保存环境监测，针对温度、湿度、有机挥发物（VOC）、光照度、紫外线以及有机污染物等基本环境和污染物指标，配置监测终端；建设环境监测平台，存储和处理监测数据，做好风险识别、预测、预警和评价。二是文物保存环境调控，配置温度、湿度、污染物等主动调控设备，配置调湿剂、吸附剂等被动调控材料，配置适用于博物馆展厅及库房的照明设施。三是文物保存设施，配置符合安全要求的夹层玻璃展柜、文物储藏柜架、专用囊匣，对重点文物保存设施进行防震减震改造，配置防震展具、柜架等保存设施。

预防性保护是文物科技保护发展的必然成果，是在掌握了藏品腐蚀机理的基础上提出的，是文物保护的根本。提升文物保护能力，扭转"头痛医头、脚痛医脚"的被动局面，推动由"被动的抢救性保护"向"主动的预防性保护"的转变。作为文物保护工作者，我们必须将文物预防性保护应用于藏品的日常保护中。对绝大多数的藏品来说，预防性保护内容主要是藏品的"累积型风险"，即藏品的环境检测和调控。环境包括大环境、小环境和微环境。大环境是指藏品存放场所所处的区域，即当地的气候条件。小环境是指藏品存放的文物库房、展厅。微环境是指储藏柜、展柜、囊匣、包装和支撑物等。藏品库房是绝大部分藏品的唯一存放场所，那么藏品在库房存放期间的保护（即藏品的预防性保护）工作应该成为文物保护的重点。

三、预防性保护配置情况

2016年至今，通过贵州省博物馆可移动文物预防性保护项目（中央经费）、省级文物征集与保护经费、省防灾减灾等项目资金支持，贵博先后完成了文物保存专用柜架囊匣的配置，文物保存环境温湿度监测和调控，光敏感文物展柜的光环境监测，文物恒湿储藏柜、文物恒温恒湿储藏柜的购置等，初步建成了馆藏文物保存环境的监测评估系统，初步实现了对馆藏文物保存环境的监测与调控等工作。通过前期文物预防性保护项目的实施，目前文物保存微环境温湿度监测覆盖率约为87%，覆盖范围主要包括基本陈列展厅、临时展厅以及文物藏品库房等；文物保存微环境湿度调控覆盖率约为75%，覆盖范围主要为基本陈列二展厅民族服饰部分、基本陈列三展厅历史贵州部分、临展六厅（集中式恒湿机）、临展七厅等，同时鉴于珍贵文物的保存环境需求，已购置3台恒湿储藏柜和1台恒温恒湿储藏柜等。通过可移动文物预防性保护等项目的实施，贵州省博物馆陆续建立并完善可移动文物预防性保护工作的内容，可移动文物预防性保护项目的实施在文物保存环境监测和调控等方面发挥了重要作用，为文物创造一个洁净、稳定的保存环境提供了科技支持。

表1　预防性保护项目实施情况

序号	实施内容	数量	备注
1	文物柜架及囊匣	4000个	不同形式及规格
2	无线环境监测终端（德图）	41台	无线温湿度监测记录仪
3	无线环境监测终端（华图）	208台	无线环境监测（温湿度、光照、甲醛、VOC、二氧化碳等合一型）
4	调湿设备	98台/套	主要包括小型、中型、大型、集中式恒湿机等
5	文物储藏柜	4套	恒湿储藏柜及恒温恒湿储藏柜
6	调湿硅胶	50kg	
7	离线检测设备	1套	涵盖温湿度、甲醛、二氧化碳、挥发性气体、光照、紫外线强度、氮氧化物、硫氧化物等便携式检测设备

四、贵州省博物馆藏品保存环境

1.大环境——博物馆外部气候条件

贵阳市位于我国西南云贵高原的东部，属低纬度高海拔的高原地区，市中心位于东经106°27′，北纬26°44′附近，贵州省博物馆所在的观山湖区林城东路海拔高度为1300米左右，处于费德尔环流圈，常年受西风带控制，属于亚热带湿润温和型气候，兼有高原性和季风性气候特点。冬无严寒、夏无酷热，阳光充足、雨水充沛，空气不干燥，四季无风沙。贵阳市夏季雨水相当充沛，为500毫米左右，夜间雨水量占全年降水量的70%。自有气象记载数据以来，年平均气温在15.3℃左右，年极端最高温度为35.1℃，年极端最低温度为-7.3℃，最冷的1月上旬，平均气温是4.6℃。年平均相对湿度为77%，年平均降水量为1129.5mm，年平均阴天数为235.1天，年平均日照时数为1148.3小时，年降雪日数少，平均仅为11.3天。贵阳年平均相对湿度较高、温湿度变化较大。

2.小环境——博物馆库房环境

目前，贵州省博物馆文物藏品库房的20间库房由10台精密恒温恒湿系统控制，精密恒温恒湿系统的控制终端设在消控室，每台精密恒温恒湿设备均有3条管路（2条热媒、1条冷媒），媒介的控制方式为手动控制，阀门的开启程度需依靠经验来定，如不能科学有效地调控冷媒和热媒的混合比例以及控制终端，将导致库房内环境的温湿度不稳定。因此，2021年拟申报贵州省博物馆可移动文物预防性保护方案，获得国家级文物保护经费后将对精密恒温恒湿机组控制系统实施智能化改造。

3.微环境——包装物、存放形式等

贵州省博物馆采用铁质储藏柜架存放藏品。不同类的藏品储藏柜形制不尽相同，大致分为重型文物密集储藏架201个、全封闭式密集储藏架7个、字画织物服饰文物储藏专用架73个、网片式密集挂画架30个、悬臂式书画密集储藏架15个、钢木（樟木）结构文物储藏柜56个、抽屉式书画密集储藏柜26个、横梁式重型文物储藏架56个、层板式文物固定储藏架90个、抽屉式小型金属固定储藏架9个、斜塔式石碑固定储藏架16个、抽屉式文物钱币密集储藏柜55个。13种类型柜、架和50个文物专用周转箱。大多数藏品有包装物。包装形式及存放情况如下。

（1）樟木盒，分为旧樟木盒和新樟木盒两种，旧樟木盒为20世纪50年代和80年代制作，新樟木盒为近年制作的，用于存放已装裱书画类藏品。

（2）囊匣，用于存放器物类藏品，贵博用于存放陶瓷、考古、铜器等类藏品。委托某两个公司所做囊匣。囊匣尺寸有最长边（800mm以上）200个、最长边（400mm—800mm）800个、最长边（400mm以下）800个。

（3）普通信封，主要用于存放近现代纸质文件，未装裱的书画、拓片，考古类的残件、小件等。

（4）无包装物，贵州省博物馆竹木器、家具、化石、动物标本、碑刻等大型藏品多数平铺于储藏架上。

（5）服饰类、丝绣类采用文保专用的脱氧保护材料"RP保护材料（RP System）"，是一种可长久保护文物的简便且环保的方法。封装一次，可脱氧保存5年以上（实际案例部分可达7—8年）。

脱氧保护是一种成熟的文物保护方法。作为世界首创的脱氧保护产品，RP保护材料在过去30年间，已在日本和欧美文博界得到广泛应用，在我国也有超过100家的文博单位使用。

图1　文物储藏柜

图2　金属类文物储藏架

图3　纸张文物储藏架

图4　纺织品存放的无酸囊匣

图5　存放纺织品文物的RP保护材料

图6　未装裱纸质文物用信封

图7　旧木囊匣

图8　旧木囊匣

图9 存放纸质文物的无酸囊匣

图10 文物恒湿储藏柜

五、贵州省博物馆的预防性保护措施

1.定时巡查

库房管理人员每天进库房检查库区卫生、排查安全隐患。管理人员每月进行库区除尘等清洁工作，每次进库启动空气杀菌净化器定期检查，藏品日常养护必须做好记录，填写《藏品养护日志》，建立藏品养护档案。协助文保部门监测和定期检查库房设施设备，认真填写《消火栓检查表》，一旦发现安全隐患，第一时间上报、处理，发现藏品产生明显变化也需及时上报并请文物科技保护中心及时采取保护措施。

2.小环境的日常监控

（1）环境监测设备配置

目前配备的便携式监测设备包括TVOC、甲醛、二氧化碳、温湿度、光照度、紫外线强度、氮氧化物、硫氧化物监测设备等，可以实现对库房、展厅、展柜内文物保存环境的监测。

（2）定期环境监测评估

博物馆注重文物保存环境的监测和控制工作，在建新馆之初，便对重点展柜进行了微环境湿度调控，除无线传感环境监测设备外，还配备各种便携式监测记录仪，对库房、展厅、展柜、保护修复室的环境进行定期检查记录，为研究环境因素对文物的潜在影响提供了基础数据。

表2　贵州省博物馆文物库房（微）环境监测数据

位置	温度（℃）	湿度（%RH）	甲醛（mg/m³）≤0.08（0.1）	二氧化碳（ppm）<1000	TVOC（mg/m³）≤0.5（0.6）	氮氧化物（mg/m³）≤0.08（0.24）	硫氧化物（mg/m³）≤0.05（0.50）	紫外线强度（μW/cm²）
K1-04	19.9	59.7	0.012	379	0.288	0.00	0.00	0.00
K1-05	21.0	54.3	0.008	383	0.207	0.00	0.00	0.00
K1-06	20.9	57.2	0.004	372	0.133	0.00	0.00	0.00
K1-07	20.4	63.3	0.006	384	0.102	0.00	0.00	0.00
K1-01	20.6	58.3	0.009	390	0.246	0.02	0.00	0.00
K1-02	19.9	59.5	0.020	373	0.337	0.00	0.00	0.00
K1-11	20.0	60.3	0.019	389	0.403	0.08	0.00	0.00
K1-10	20.4	64.2	0.028	396	0.299	0.00	0.00	0.00
K1-12	20.3	58.6	0.017	388	0.302	0.00	0.00	0.00
K1-03	19.7	58.4	0.016	379	0.377	0.00	0.00	0.00
K2-05	19.8	57.6	0.012	367	0.353	0.00	0.00	0.00
K2-01	19.0	67.3	0.014	385	0.436	0.06	0.00	0.00
K2-02	19.1	62.5	0.021	373	0.383	0.10	0.00	0.00
K2-03	19.6	59.6	0.023	396	0.374	0.13	0.00	0.00
K2-04	20.1	56.3	0.019	389	0.332	0.13	0.00	0.00

日期：2020年4月21日

表3 贵州省博物馆文物库房（微）环境监测数据

位置	温度（℃）	湿度（%RH）	甲醛（mg/m³）≤0.08（0.1）	二氧化碳（ppm）<1000	TVOC（mg/m³）≤0.5（0.6）	氮氧化物（mg/m³）≤0.08（0.24）	硫氧化物（mg/m³）≤0.05（0.50）	紫外线强度（μW/cm²）
K1-06	24.5	57.5	0.020	377	0.146	0.00	0.00	0.00
K1-07	23.8	67.7	0.012	392	0.096	0.00	0.00	0.00
K1-10	23.5	63.8	0.032	379	0.328	0.00	0.00	0.00
K1-11	23.2	62.0	0.020	380	0.377	0.11	0.00	0.00
K1-03	23.4	58.4	0.017	391	0.380	0.00	0.00	0.00
K1-01	24.1	55.9	0.021	384	0.283	0.00	0.00	0.00
K1-02	23.4	57.5	0.019	377	0.307	0.00	0.00	0.00
K1-12	23.7	59.3	0.023	386	0.238	0.00	0.00	0.00
K1-04	24.3	56.6	0.013	372	0.229	0.00	0.00	0.00
K1-05	24.7	52.5	0.009	388	0.190	0.00	0.00	0.00
K2-03	23.1	54.5	0.024	399	0.363	0.10	0.00	0.00
K2-04	23.6	55.2	0.016	390	0.333	0.11	0.00	0.00
K2-01	22.0	65.0	0.019	396	0.427	0.08	0.00	0.00
K2-02	22.0	61.8	0.019	390	0.377	0.12	0.00	0.00
K2-07	22.1	63.2	0.012	383	0.416	0.09	0.00	0.00
K2-06	23.2	59.8	0.009	386	0.227	0.10	0.00	0.00

日期：2020年7月2日

表4 贵州省博物馆文物库房（微）环境监测数据

位置	温度 （℃）	湿度 （%RH）	甲醛 （mg/m³） ≤0.08 （0.1）	二氧化碳 （ppm） ＜1000	TVOC （mg/m³） ≤0.5 （0.6）	氮氧化物 （mg/m³） ≤0.08 （0.24）	硫氧化物 （mg/m³） ≤0.05 （0.50）	紫外线 强度 （μW/cm²）
K1-01	16.0	63.4	0.008	387	0.244	0.00	0.00	0.00
K1-02	18.1	61.3	0.011	372	0.336	0.00	0.00	0.00
K1-04	17.4	62.6	0.009	369	0.262	0.00	0.00	0.00
K1-05	17.8	61.1	0.006	382	0.199	0.00	0.00	0.00
K1-06	18.2	59.6	0.007	366	0.166	0.00	0.00	0.00
K1-07	20.7	58.1	0.006	382	0.078	0.00	0.00	0.00
K1-10	17.2	65.6	0.040	390	0.232	0.00	0.00	0.00
K1-11	17.2	62.9	0.024	383	0.293	0.08	0.00	0.00
K1-03	18.0	59.8	0.016	373	0.327	0.00	0.00	0.00
K2-05	18.1	60.3	0.010	359	0.378	0.06	0.00	0.00
K2-01	17.9	62.0	0.013	382	0.383	0.08	0.00	0.00
K2-02	18.5	57.8	0.018	393	0.377	0.10	0.00	0.00
K2-07	18.3	59.6	0.016	380	0.392	0.09	0.00	0.00
K2-04	18.2	58.7	0.014	387	0.332	0.10	0.00	0.00
K2-03	18.0	59.4	0.020	396	0.397	0.10	0.00	0.00

日期：2020 年 11 月 17 日

表5 贵州省博物馆展厅（微）环境监测数据

展厅	位置	温度（℃）	湿度（%RH）	甲醛（mg/m³）≤0.08（0.1）	二氧化碳（ppm）<1000	TVOC（mg/m³）≤0.5（0.6）	氮氧化物（mg/m³）≤0.08（0.24）	硫氧化物（mg/m³）≤0.05（0.50）	紫外线强度（μW/cm²）
1	入口	7.7	56.5	0.002	429	0.167	0.00	0.00	0.00
1	榨油	9.7	46.2	0.002	382	0.126	0.00	0.00	0.00
1	造纸	9.8	45.1	0.003	389	0.216	0.00	0.00	0.00
2	入口	11.6	43.0	0.006	408	0.361	0.00	0.00	0.00
2	05柜	14.2	40.2	0.018	388	0.430	0.00	0.00	0.00
2	06柜	14.9	38.6	0.016	396	0.450	0.00	0.00	0.00
2	07柜	14.3	38.5	0.012	403	0.462	0.00	0.00	0.00
2	10柜	15.2	37.7	0.013	383	0.471	0.00	0.00	0.00
2	13柜	16.0	37.2	0.016	397	0.489	0.00	0.00	0.00
2	18柜	17.4	37.9	0.017	391	0.492	0.00	0.00	0.00
2	21柜	15.1	38.7	0.016	399	0.471	0.00	0.00	0.00
2	28柜	15.7	35.2	0.019	383	0.455	0.00	0.00	0.00
2	29柜	15.8	36.7	0.020	390	0.437	0.00	0.00	0.00

日期：2021年1月18日

表6　贵州省博物馆展厅（微）环境监测数据

展厅	位置	温度 （℃）	湿度 （%RH）	甲醛 （mg/m³） ≤0.08 （0.1）	二氧化碳 （ppm） < 1000	TVOC （mg/m³） ≤0.5 （0.6）	氮氧化物 （mg/m³） ≤0.08 （0.24）	硫氧化物 （mg/m³） ≤0.05 （0.50）	紫外线 强度 （μW/ cm²）
3	入口	15.7	55.0	0.001	418	0.094	0.00	0.00	0.00
3	恐龙 化石	17.1	49.2	0.006	389	0.052	0.00	0.00	0.00
3	探访观 音洞	16.7	48.4	0.008	377	0.057	0.00	0.00	0.00
3	31柜	21.0	41.9	0.125	388	0.425	0.00	0.00	0.00
3	40柜	21.1	43.6	0.129	396	0.377	0.00	0.00	0.00
3	38柜	20.7	44.8	0.089	397	0.322	0.00	0.00	0.00
3	39柜	20.1	47.6	0.043	382	0.397	0.00	0.00	0.00
3	44柜	20.1	51.2	0.036	398	0.637	0.00	0.00	0.00
3	45柜	20.0	48.9	0.027	388	0.430	0.00	0.00	0.00
3	48柜	19.9	45.1	0.024	381	0.202	0.00	0.00	0.00
3	49柜	20.0	45.5	0.019	377	0.607	0.00	0.00	0.00
3	50柜	19.8	44.8	0.031	380	0.460	0.00	0.00	0.00
3	51柜	19.3	46.0	0.052	390	0.630	0.00	0.00	0.00
3	52柜	19.5	42.0	0.036	376	0.512	0.00	0.00	0.00
3	53柜	20.0	42.7	0.056	387	0.535	0.00	0.00	0.00
3	54柜	20.2	40.9	0.044	377	0.584	0.00	0.00	0.00
3	55柜	20.3	43.5	0.023	380	0.637	0.00	0.00	0.00
3	56柜	19.3	42.5	0.022	386	0.489	0.00	0.00	0.00
3	58柜	19.9	43.1	0.021	397	0.471	0.00	0.00	0.00
3	59柜	19.7	40.9	0.023	386	0.473	0.00	0.00	0.00

展厅	位置	温度 (℃)	湿度 (%RH)	甲醛 (mg/m³) ≤0.08 (0.1)	二氧化碳 (ppm) <1000	TVOC (mg/m³) ≤0.5 (0.6)	氮氧化物 (mg/m³) ≤0.08 (0.24)	硫氧化物 (mg/m³) ≤0.05 (0.50)	紫外线强度 (μW/cm²)
3	61柜	19.6	46.9	0.028	377	0.387	0.00	0.00	0.00
3	62柜	19.6	48.2	0.030	369	0.393	0.00	0.00	0.00
3	63柜	19.9	47.3	0.021	383	0.426	0.00	0.00	0.00

日期：2021年1月18日

表7 贵州省博物馆文物库房（微）环境监测数据

位置	温度 (℃)	湿度 (%RH)	甲醛 (mg/m³) ≤0.08 (0.1)	二氧化碳 (ppm) <1000	TVOC (mg/m³) ≤0.5 (0.6)	氮氧化物 (mg/m³) ≤0.08 (0.24)	硫氧化物 (mg/m³) ≤0.05 (0.50)	紫外线强度 (μW/cm²)
K1-09	15.5	54.8	0.005	418	0.011	0.00	0.00	0.00
K1-07	18.2	47.1	0.003	384	0.052	0.00	0.00	0.00
K1-06	19.3	42.0	0.003	350	0.108	0.00	0.00	0.00
K1-05	21.3	41.1	0.003	373	0.184	0.00	0.00	0.00
K1-04	20.3	38.8	0.008	363	0.264	0.00	0.00	0.00
K1-01	19.9	51.3	0.006	380	0.234	0.00	0.00	0.00
K1-02	20.1	38.6	0.013	367	0.347	0.00	0.00	0.00
K1-03	19.1	40.7	0.014	375	0.356	0.00	0.00	0.00
K1-10	17.8	45.7	0.031	377	0.476	0.00	0.00	0.00
K1-11	18.4	50.5	0.016	381	0.391	0.20	0.00	0.00
K2-02	17.3	46.8	0.017	399	0.361	0.14	0.00	0.00

位置	温度 （℃）	湿度 （%RH）	甲醛 （mg/m³） ≤0.08 （0.1）	二氧化碳 （ppm） ＜1000	TVOC （mg/m³） ≤0.5 （0.6）	氮氧化物 （mg/m³） ≤0.08 （0.24）	硫氧化物 （mg/m³） ≤0.05 （0.50）	紫外线 强度 （μW/ cm²）
K2-04	19.5	40.1	0.013	382	0.342	0.13	0.00	0.00
K2-03	20.0	37.6	0.019	399	0.354	0.12	0.00	0.00
K2-01	18.5	40.7	0.013	386	0.430	0.08	0.00	0.00
K2-07	19.4	39.0	0.014	396	0.423	0.09	0.00	0.00
K2-08	19.7	38.1	0.015	405	0.476	0.08	0.00	0.00
K2-06	18.9	48.4	0.008	374	0.230	0.08	0.00	0.00
K2-05	21.1	47.8	0.008	347	0.338	0.04	0.00	0.00

日期：2021年1月21日

3.照明配置

贵州省博物馆现有20间文物库房，每间库房面积均不相同，根据《博物馆照明设计规范》（GBT 23863-2009）和《建筑照明设计标准》（GB 50034-2013）的要求，结合文物保护和视觉的需求，从照度适宜、照度均匀度等角度出发，对不同面积的文物库房配置了不同数量的LED筒灯，保证文物库房内部照度的均匀性，藏品库房照明灯具配置数量详见表8。

表8 藏品库房照明灯具配置数量情况

序号	库房编号	灯具数量/盏
1	K1-01	28
2	K1-02	17

序号	库房编号	灯具数量/盏
3	K1-03	16
4	K1-04	38
5	K1-05	44
6	K1-06	38
7	K1-07	13
8	K1-08	6
9	K1-09	5
10	K1-10	30
11	K1-11	20
12	K1-12	16
13	K2-01	29
14	K2-02	36
15	K2-03	18
16	K2-04	15
17	K2-05	18
18	K2-06	15
19	K2-07	16
20	K2-08	20

　　文物库房除配置LED筒灯外，还配备有应急照明装置，应急照明装置的设置和照度标准满足《建筑照明设计标准》（GB 50034-2013）的要求，保证在普通照明熄灭的情况下，应急照明能随即投入，保证文物库房和工作人员的安全，有效防范安全事故。

4.库房照明光源数量达标情况

（1）灯具维护情况

每间文物藏品库房均无窗，均为独立库房，几乎无粉尘污染等。按照博物馆文物藏品库房环境污染特征，参照《博物馆照明设计规范》（GBT 23863-2009）和《建筑照明设计标准》（GB 50034-2013）的要求，灯具擦拭次数为每年2次，LED筒灯的擦拭维护工作由后勤保卫部定期统一进行。

（2）照度指标

文物藏品库房的照度严格执行《博物馆照明设计规范》（GBT 23863-2009）和《建筑照明设计标准》（GB 50034-2013）中关于"藏品库区"部分的照度规定要求，部分库房照度情况详见表9。

表9　库房照度监测达标情况

序号	库房编号	光照度/Lux	标准值/Lux	参考平面
1	K1-07 书画库	71.59		地面
2	K1-06 书画库	68.99		地面
3	K1-05 出土库	65.50	75	地面
4	K1-04 出土库	70.17		地面
5	走廊	73.47		地面
6	K2-04 石刻库	65.84		地面
7	K2-03 石刻库	68.15		地面
8	K2-08 化石库	71.10	75	地面
9	K2-02 古人类库	73.28		地面
10	K2-07 古生物库	74.20		地面
11	走廊	72.93		地面

5. 通风设施情况

为了维持文物库房保存环境的洁净与稳定，库房在恒温恒湿机组的基础上加装有新风机组，通过新风机组的持续运行将新鲜空气运送至文物库房，替换库房内原有空气。为了维持文物保存环境的基本稳定，新风机组与精密恒温恒湿机组全天候运行，在维持文物库房温湿度达标的同时，保证库房内空气质量满足《博物馆藏品保存环境试行规范》和《博物馆建筑设计规范》（JGJ66-2015）的要求。

六、贵州省博物馆预防性保护工作评估

贵州省博物馆作为中央和地方共建博物馆，历来重视藏品的保护，藏品消防、安防系统的完善，藏品提用制度的健全，库房管理责任的明确。预防性保护工作亦逐步开展，如库区采用24小时连续连转恒温恒湿系统、监测等，但是贵州省博物馆的预防性保护工作仍处于起步阶段。结合上述贵州省博物馆藏品现状和已采取的预防性保护措施，贵博的预防性保护工作评估如下。

（一）温湿度控制情况

配置精密恒温恒湿设备：

（1）机组数量

目前现有库房20间，面积3000余平方米，利用14台/套精密恒温恒湿机组控制（贝莱特空调有限公司），机组按照藏品质地设计，保存环境温湿度相同的藏品库房由同一台机组控制。

（2）控制效果

从目前监测情况来看，精密恒温恒湿设备的控制效果尚可，但是季节更替过程中，会出现温湿度控制出现波动的情况，受外界环境影响较大。

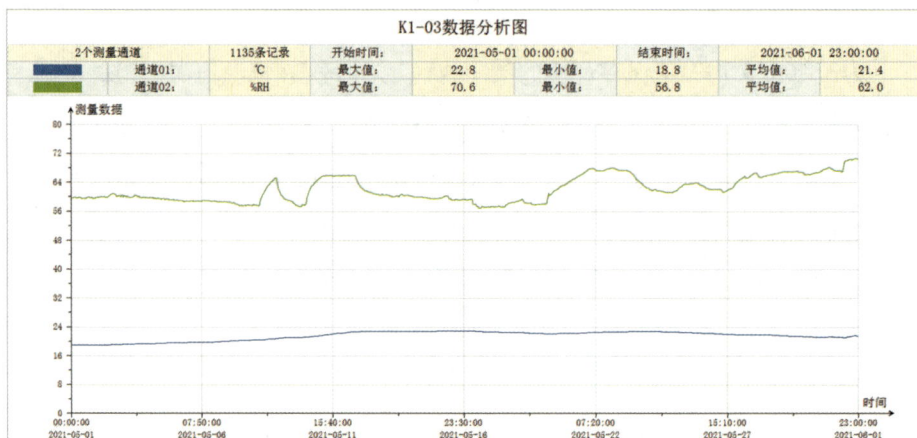

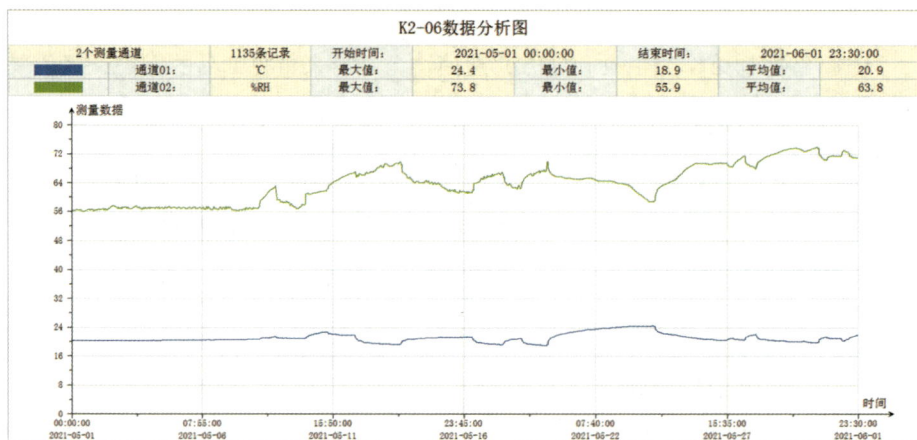

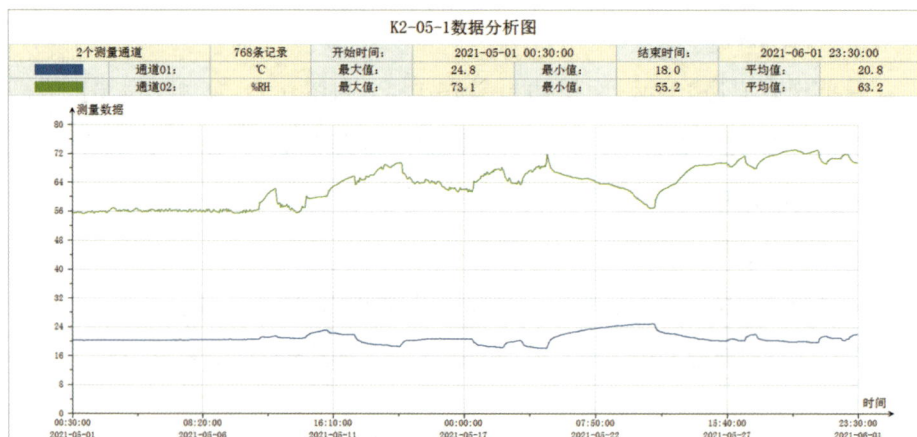

图11 贵州省博物馆部分库房温湿度记录图（一）

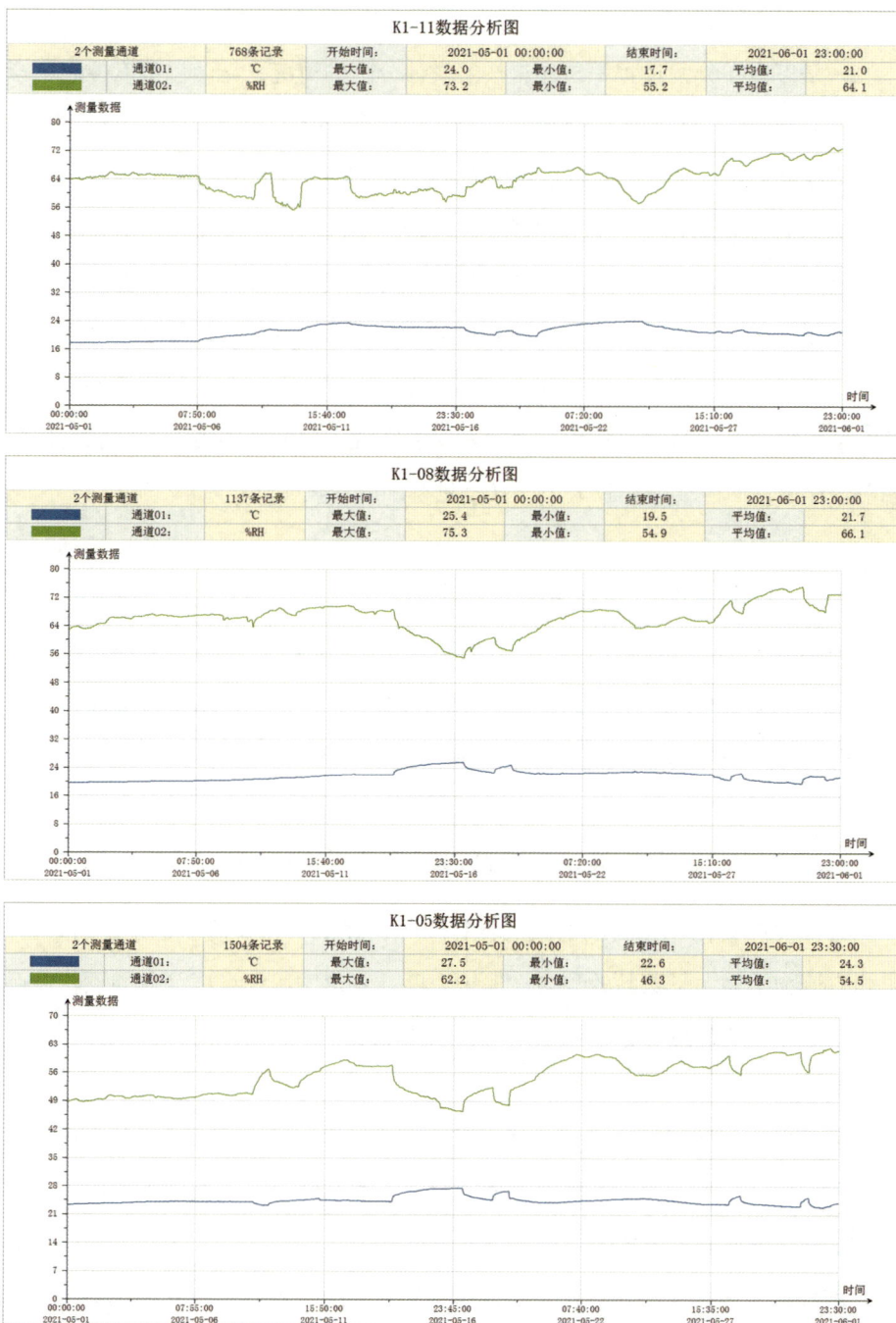

K1-11数据分析图

2个测量通道		768条记录	开始时间:	2021-05-01 00:00:00		结束时间:	2021-06-01 23:00:00
	通道01:	℃	最大值:	24.0	最小值:	17.7	平均值:	21.0
	通道02:	%RH	最大值:	73.2	最小值:	55.2	平均值:	64.1

K1-08数据分析图

2个测量通道		1137条记录	开始时间:	2021-05-01 00:00:00		结束时间:	2021-06-01 23:00:00
	通道01:	℃	最大值:	25.4	最小值:	19.5	平均值:	21.7
	通道02:	%RH	最大值:	75.3	最小值:	54.9	平均值:	66.1

K1-05数据分析图

2个测量通道		1504条记录	开始时间:	2021-05-01 00:00:00		结束时间:	2021-06-01 23:30:00
	通道01:	℃	最大值:	27.5	最小值:	22.6	平均值:	24.3
	通道02:	%RH	最大值:	62.2	最小值:	46.3	平均值:	54.5

图12　贵州省博物馆部分库房温湿度记录图（二）

（3）存在问题

一是库房在分配过程中出现未按照设计分配的情况，导致温湿度控制不合理；二是原设计的温湿度参数与现有推荐标准有偏差，设计温度相对较高；三是机组容量欠缺，在季节更替过程中库房内出现温湿度的波动。

贵州省博物馆由于所处的地理位置决定了所处的大环境，四季分明，四季温差大，年平均最低气温12℃，年平均最高气温19℃；日温差也较大，日温差均在10℃以上。不同月份降雨量变化大，降雨最少的1月份平均降雨量为7mm，降雨量最多的7月份平均降雨量为180mm。这种特定的气候条件造成库房的恒温恒湿系统运行负担大，库区并不能实现理想的温湿度。库区温度控制相对较稳定，而湿度变化较大，尤其是夏季湿度变化明显。

（二）竹木文物病虫害情况

目前贵州省博物馆竹木类藏品主要分布于K1-10（革命类）、K2-05（民族类）、K2-06（民族类）库房，累计使用面积约470m^2，密集柜占地面积约为370m^2，由于温湿度控制不稳定，不同程度出现文物霉菌和虫蛀问题。

七、贵州省博物馆预防性保护措施

针对贵州省博物馆目前的藏品保存情况，凭借贵州省博新馆建设的平台，贵州省博物馆加大了藏品的预防性保护力度。新馆库房建设以藏品的预防性保护为立足点，从起点开始，注重细节，系统规划了藏品的预防性保护方案，将逐年实施。

一是鉴于现使用的库房恒温恒湿系统在运行多年后，当季节交替时还不能有效调控藏品所需温湿度，需要在原有恒温恒湿系统下，对精密恒温恒湿机组控制系统实施智能化改造。

增设楼宇设备自动化管理系统，与其他子系统进行联动及互操作显示。楼宇自控中央操作站可集中管理所有机电设备，远程监测所有受控机电设备的运行状态及相关状态，当设备发生故障时，中央工作站的电脑会显示报警，管理人员可第一时间了解受控设备的故障状况。

二是增设库房风淋系统，要求风淋、恒温恒湿系统均在库区洁净的情况下进行运行，避免将外界的灰尘、细菌带入循环系统中而造成环境的不洁净，进而对藏品造成不利影响。

三是对目前正使用的装具，如新的樟木盒、囊匣等逐步更换为无酸装具、无酸纸袋等形制合适的装具。根据藏品的材质和形制采取合适的存放形制，如服饰类可采用合适的装具，在折叠处避免产生明显折痕等。

四是文物搬迁运输的环境控制。随着文物外出交流日益频繁，文物的搬运次数也日益增多，文物离开原有的保存环境，将打破其存放状态的平衡，因此，包装材料需做到防震、防水、防火、防盗、防霉、防锈、防辐射、防尘、防热、防冻等。跨地区的搬运，因地域温湿度变化，在运输方式上要及早发现不利因素，及时调整运输方式。承展地的展厅环境应满足必要的环境要求，以保证文物存放的需要。

五是对需保护处理的藏品，根据其病害程度做好普查调研和预防性保护方案的编写申报工作。如书画类藏品应装裱后存放于无酸纸盒内等。

六是有机质文物藏品进库前，需要进行统一消杀处理后才能进入库房存放。建议采购环氧乙烷或真空充氮设备。目前保管部有一台便携式真空充氮机，尚不能完全满足实际的消杀工作。

从字画修复看纸质文物的预防性保护

张婵

（贵州省博物馆）

摘　要　本文通过对张度对联的修复，阐述纸质文物在保管和陈列中的预防性保护，指出文物保护和修复应遵循最小干预的原则，预防性保护就是要尽量减少对文物的干预，主要通过创造一个最佳保存环境，最终达到长期保护的目的；强调在文物保存保管和使用的各个环节都达到最适宜文物保护的要求。

关键词　纸质文物；预防性；保护

纸质文物一般是指书籍、档案、文献、书画、碑帖、报纸等纸质品，它们是中国许多博物馆、纪念馆的主要收藏品。造纸是中国古代四大发明之一，自秦汉以来，各地遗留和保存了大量的纸质历史文献资料及图书档案等。它们是人类极其宝贵的文化遗产财富，对于研究人类社会的进步和科学技术的发展有着十分重要的价值。随着岁月的流逝和反复翻阅使用，有的纸张已经逐渐损坏。未及陈列而长期保存在库房中的一些纸质文物，也会因外界环境的影响出现变脆、酥粉、变黄以及褪色等现象。所以，如何做好纸质文物的保护工作，是从事这项工作的人们的当务之急。

一、文物背景以及修复方案

张度（1830—1904），字吉人，号叔宪，又号辟非，晚号抱蜀老人、松隐先生，自署无意识界老衲，浙江长兴人。据地方史料记载，张度自幼勤学不倦，年少时就精于鉴别古今书画，精小学，工书画，善篆、隶书。初学汉魏等碑帖，继获《梁鸿孟光之墓碑》《抱蜀碑》，临习不已，书艺益精。尤工八分书，笔势恣横，所书《公方碑》，淳朴而华茂，拙朴而变化，自成一家。当时京畿仕宦之家，竞相求其书画。到晚年，家道中落，但他甘于清贫，刻苦钻研，沉迷书画，被认为是"道咸画学中兴"的代表画家。张度是一位湮没不彰的晚清书画家，翻阅《黄宾虹文集》，屡屡见到张度（叔宪）这个名字，"清至道咸之间，金石学盛，画亦中兴，何蝯叟、翁松禅、赵撝叔、张叔宪约数十人，学有根底，不为浮薄浅率所囿"；"清代自四王、八怪，蹈入空疏，法度尽失。道光、咸丰，学者奋发，画如包慎伯、林少穆、赵之谦、张度、郑珍、何绍基、吴荣光、翁松禅，合于正轨"。张度不仅精于书法，且善绘画，所画山水，笔意深沉，设色古厚，所作人物，有汉画意象，名满京城。

张度晚期不可多得的佳品《张度行书八言联》收藏于中国文化遗产研究院。本着贯彻"保护为主、抢救第一"的方针，遵循"不改变文物原状""修旧如旧"的原则，笔者作为修复者，对修复的古代书画艺术品进行了细致而全面的检查并拍照，做了文字记录。《张度行书八言联》作于清光绪年间，画心长182cm，宽26.4cm。对联"儒者一出一处大节，老僧不闻不见无穷"。字体方正宽绰，笔法苍劲峻拔，浑厚凝重，方正庄严，笔笔不苟，气骨清刚，字势豪放。由于作品年代久远，保存方法不当等多种原因，致使此副对联存在有断裂、折痕、水渍、污渍、纸张变色、通体霉斑等现状。笔者还从文物断裂处获取纸样并进行了纸张测试，分析、检测了该文物所用的纸张种类、纤维结构及纸张性能，并绘制了文物病害图，充分收集了修复对象《张度行书八言联》的使用材料、质地、损伤状况等信息资料。

该文物保存较好，只有少量的虫蛀、折痕、字迹残缺、变色、污渍。在保护、修复的过程中严格遵循《中华人民共和国文物保护法》和《馆藏文物管理条例》的有关规定，对该文物进行有效的除霉、清洗、加固保护。按以下原则，展开修复工作：一是在保护、修复中贯彻"保护为主、抢救第一"的方针；二是应遵循"不改变文物原状"的原则、"修旧如旧"的规定，真实保留原有文物的历史信息；三是遵循最小干预的原则下改善文物破损的现状，尽量减缓文物的老化速度，重新装裱该件文物，对文物表面的水迹污渍进行冲洗，对画心的折痕和破损进行修复，最终使该件文物能达到进行展览和研究的要求，充分发挥该件文物的作用。

二、预防性保护原则与修复实践

国际上先后成立了一些国际文物保护组织。这些国际组织为使世界范围内的文物保护理论与实践能够达成一些共识，分别制定了能够共同遵守的国际协议和国际准则，主要有：1933 年 8 月由国际现代建筑协会通过的《雅典宪章》；1964 年 5 月，第二届历史古迹建筑师及技师国际会议在威尼斯通过的《国际古迹保护与修复宪章》（又称《威尼斯宪章》）；1972 年 11 月，联合国教科文组织（UNESCO）大会第十七届会议于巴黎通过的《保护世界文化遗产和自然遗产公约》；1987 年 10 月，国际古迹遗址第八届全体大会在华盛顿通过的《保护历史城镇与城区宪章》（又称《华盛顿宪章》）；1990 年，国际古迹遗址理事会全体大会第九届会议在洛桑通过的《考古遗产保护与管理宪章》；1994 年在日本奈良达成的关于原真性的《奈良真实性文件》。这些文件都阐述了文物保护工作中应该遵循的一个共同的原则，即不改变文物的原真性。

文物的预防性保护概念最早是在 1930 年罗马国际文物保护会议上提出的，当时主要是指对文物保存环境的控制，这次会议肯定了实验室研究对文物研究的意义，在国际范围内达成了文物科学保护的共识。尤其是对湿、温度的控制。现今这一概念已经发展并扩展到了领导的宏观决策，经费的长期投入，博物馆的选址，博物馆建筑材料的选择，博物馆展厅、库房缓冲间的设置，以及对具体文物所采取的整体环境，保存展示小环境的恒温恒湿、照明、防空气污染、防虫害等多方面，甚至还涉及文物提取技术，使用的工具、包装、衬垫材料，安全保卫设施，自然灾害的预防等层面。这一概念的目的就是尽量减少对文物的干预，主要通过创造一个最佳保存环境，最终长期保护文物；强调在文物保存保管和使用的各个环节都达到最适宜文物保护的要求，减少干预，对文物要"最小介入"或"零介入"。这样才会避免新的技术和材料对文物可能产生的消极作用，最大限度地保持文物的真实状态，即文物的原真性。

从20世纪60年代早期以来，由 IIC（国际博物馆藏品保护研究所）、ICOM（国际博物馆协会）、ICOMOS（国际古迹遗址理事会）和 ICCROM（国际文化财产保护和修复研究中心）召开的国际会议（以及这些会议出版的论文集），不仅促进了该学科在不同专业技术领域的进展，而且还强调了保护人员之间的合作以及该学科的多学科性。在这些会议标题中"保护"一词，是指对可移动和不可移动珍贵人工制品的保护和处理的所有学科应用。20世纪50年代后期，联合国教科文组织资助一批富有经验的资深保护学家与博物馆学家，编写了一批具有适用性的指导丛书，这批丛书具有严格的科学性、严密的理论性和系统性、方便的实践操作性。其中《博物馆环境》（ *The Museum Environment* ）和《博物馆藏品保护与展览》（ *Conservation and Exhibition* ）已基本成为西方博物馆藏品预防性保护的指导手册。《博物馆环境》一书论述陈列中光线、湿度和空气污染造成的损害，以及如何将这些损害减到最低，并建议博物馆工作人员能够认识到自身知识上的不足，对博物馆的快速变化以及导致这些变化的原因等进行了分析。但是无论如何，该书提出必须在研究达到高水准之前，建立起预防性保护的框架结构。

据2005年统计，中国文物系统有博物馆1507座，藏品1470余万件。2005年馆藏文物腐蚀调查项目显示，50.66%的馆藏文物存在不同程度的腐蚀损害，文物腐蚀损失状况相当严重并呈加重之趋势。究其原因，主要是藏品保存环境未能得到有效的监控，而监控博物馆藏品保存环境是实现藏品安全和长久保存的主要途径。2001年，国家文物局博物馆与社会文物司与甘肃省文物局启动了"甘肃省博物馆标准化与博物馆信息化建设纲要"的编写工作，并于2003年基本完成了"博物馆藏品保存环境标准"草稿的制定工作。借鉴国外成熟的研究成果，普及与提高中国博物馆藏品预防性保护的知识和水平，可快速推动中国博物馆藏品的预防性保护工作。在2007年7月28日召开的中国博物馆学会藏品保护专业委员会成立大会和预防性保护学术讨论会上，部分代表根据多年研究，认为中国部分地区年温度和湿度变化幅度大，实现恒温恒湿的文物保存环境会造成单位财政负担过重以及设备负荷超载等，建议建立与室外气候季节变化相适应的环境控制标准，或者改变博物馆环境的温度从而保证相对湿度的稳定性。这些都是有益的探索。

1.保存文物原状或恢复文物原状原则

这是文物预防性保护修复中的一条最基本原则。一件文物在刚制作出来时，都具有最初状态，称为文物的始态。但文物经历了千百年的历史变迁，历尽沧桑，人为作用和自然因素的影响使文物发生了不同程度的变化，其始态多已不复存在或发生变异，形成了经历变化后的状态。原状包含未经改变的始状，但不能把文物的原状绝对理解为始状。另外，保存现状还含有两层意思：一是在原状已无可考或是一时还难以考证出原状时所需采取的原则；二是由于恢复原状需要较大的投资和较雄厚的技术力量，目前还不具备这样的条件，以至于当时不能采取措施。这种保存现状的修复方法，是一种比较慎重的方法，因为保存现状可以留，待复原的依据以及经费和技术力量充实后再进行修复也为时不晚。相反，如果没有考证清楚就去恢复原状，反而会对文物造成破坏。因此，在贯彻执行这一原则时，应视具体情况，以是否有利于保存文物信息来决定。

2.保护文物健康的现状

对一切文物都要保护其健康的原状，在消除文物有害因素的前提下，应尽量不改变文物的现状，不能因清除文物病害而使文物面目全非。

3.“四保存”原则

一是保存文物原有的形制；二是保存文物原有的结构；三是保存文物原来的制作材料；四是保存文物原有的制作工艺技术。

三、纸质文物的结构及性质

纸张的性质首先取决于它的原料。最结实而耐久的纸张是采用手工法，用麻和破布混合制造的；而机器制造的，用木屑压成且涂上松脂和树脂酸铝做成的纸张，质量最差，也最不耐久。纸质最主要的成分是天然高分子化合物——纤维素，木质素和半纤维素也是纸张的主要成分。就纤维素本身来说，其化学成分是比较稳定的，它既不溶于水，也不溶于一般的有机溶液剂（如酒精、苯、汽油等）；半纤维素在纸浆中适量存在，有助于提高纸张的机械强度，一般纸浆中约占11%的半纤维素，和纤维素有相类似的性质；而木质素的结构具有芳香族化合物的一些特性，不溶于水，在常温下不溶于稀酸和稀碱。

原料不同，纸的品类也就有异，但作为纸张最主要的成分天然高分子化合物——纤维素，古今纸张的成分却是一致的，对大量纸张进行鉴定分析，结果证明，木质素、半纤维素也是纸张的主要成分。

四、纸质文物变质的原因

纸质文物藏品的损坏、变质，除藏品本身物质结构的不稳定性外，还受客观环境的种种影响。例如：不适宜的温湿度、光线、有害气体、灰尘、虫和霉，以及管理和修复方法不当等，都会造成藏品的损坏。

1.内因

纤维素、木质素、半纤维素为主要成分组成的纸质文物，决定了其易水解、氧化、变黄，硬度（耐折度）降低的特性；此外，在制作过程中加入的碱、漂白粉，以及后来进一步加工所加的白土、矾土、滑石粉、胶料等物质填料，虽然分别起到了加强纸张机械强度、防止纸张洇化、使纤维表面光滑的作用，但由于加入的原料有不同的化学性质，使得纸张呈现出不同的酸碱值。

字迹材料的耐久性既有字迹色素成分的耐久性问题，又有字迹色素在纸张上的附着力的大小问题。字迹材料有颜料和染料之分，颜料一般有无机颜料、有机颜料和金属颜料三种，他们多是不溶或不易溶于水或油的极细微粒。所以，字迹色素的耐久性既有字迹在纸张上附着力大小的影响，字迹色素的成分也是重要因素。

2.外因

对档案、文物所造成影响的环境因素，包括温度、湿度、光线、空气、生物，利用、复制与维修，以及水灾、火灾、战争、地震等。

纸质文物一般都置于库房保管或放在陈列室供人参观浏览。它们暴露在空气中，其寿命和实用价值与周围的环境密切相关，合适的温度和湿度是保存纸质文物的重要条件。但是，气候条件的变化、生态环境的影响，使纸质文物的保存环境不尽如人意，在某些情况下，对纸质文物的寿命影响很大。不适宜的温湿度是导致文物劣化的主要因素。文物与其保存环境之间存在着动态的物质和能量的交换。当保存环境湿度过低时，有机质文物会失去部分水分，导致纤维之间氢键断裂，造成纤维的机械性能下降，出现变形、褪色、开裂、酥脆等物理性损坏。当保存环境湿度过高，特别是当温度降低至露点以下时，会产生结露现象，加速霉菌的繁殖，形成霉斑，甚至会因为纤维水解和霉菌作用导致纤维的强度降低。特别是当温湿度急剧波动时，文物损害更为严重。因此，为展厅和文物展柜内营造一个相对恒定、适宜的环境是预防性保护中的重中之重。由于陈列的需要，我们不可能把所有参展文物都按质地分类陈列，但是根据各类文物的适宜温湿度标准，通过陈列大楼内的中央空调系统，我们折中地把展厅内温度控制在20℃~22℃，相对湿度55%~58%范围内。

对纸张来说，30℃左右就属于高温，在高温条件下，纸张所含的水分挥发，纸张变硬、变脆，柔软度、韧性和机械强度减小；同时温度升高，纸张变质的化学反应速度加快（一般情况下，温度每升高1℃，化学反应速度会增加1~3倍，对光化学反应来说，温度升高10℃反应速度增加0.1~1倍），也使纸张中各种有害化学杂质对纸张纤维的破坏增大；同时，高温有利于有害生物的生长繁殖（一般细菌、霉菌生长的最佳温度为25~37℃），但是并不是说温度越低，就越有利于纸质文物的保护，纸张水分减少将破坏纸张的质地，缩短文物寿命。

温度忽高忽低，对纸质文物的保护也是不利的。温度忽高，蒸发到空气中的水汽量就增加，空气就过于潮湿；反之，温度忽低，蒸发到空气中的水汽也就忽然减少，空气就过于干燥。由于温度忽高忽低，则会造成纸张中的纤维忽胀、忽缩，而影响纸张纤维的抗张强度。

以相同的纸张做实验对比，在15℃下保存，纸张的寿命可达100年，而25℃下保存，50年后纸张就会面目全非，可见温度对纸质文物的保护有着相当大的影响。

纸张是一种极易吸潮的物质，一般湿度在75%~90%时，微生物生长繁殖速度最快。水分能促进微生物的滋长，以致蚀坏纸张胶面而引起污迹，同时微生物生长过程中，代谢产物——分泌物中的有机酸会给纸张带来很大的破坏。另外，潮湿也会加剧有害气体、灰尘等对纸张的损害，如空气中的二氧化硫、三氧化硫、二氧化碳等与水反应生成酸，酸被纸张吸收，而酸又是促使纸张水解的催化剂，同时纸张中的辅料明矾更易水解成硫酸，这样就加速了纸张的变质。在一定环境中，温度和湿度是相互影响的。当温度一定时，绝对湿度（即空气中的含水量较高）越大，相对湿度就越高；当绝对湿度一定时，温度越高，相对温度就越小。在调节环境因素时，我们必须同时考虑到温度、湿度两种因素对文物的影响，使温度、湿度达到文物保护的最佳状态。根据一些资料显示，纸质文物最适宜保存的温度为14~18℃，相对湿度为50%~60%。

光对纸质文物的影响是客观存在的，各种光都具有潜在的破坏性，光的波长越短，活泼性就愈大。可见光及不可见光对纸质档案、文物藏品亦有损害。当纸张中的主体成分——纤维素受到阳光照晒时，会发生光化学变化，使纸张性能发生改变。纸质藏品在光照下是十分危险的。其中破坏性最大的是紫外线。它不仅使纸质藏品颜色褪色，还会使其机械强度降低。所以，库房和陈列室要控制可见光辐射及紫外线含量的允许范围，减少光线对藏品的破坏作用。减少和预防光线给纸质文物带来破坏，我们应注意合理利用自然光和人工光源。一是选择有利于文物保护的窗户位置：一般窗户不应东西开，窗户应大小适合。二是设置遮阳措施：通过加白色窗帘、百叶窗等遮阳设施，减少阳光直接照射产生的热量、紫外线等对文物的破坏，遮阳也不影响库房、展厅的亮度。三是过滤紫外线：一般我们选择给荧光灯和窗户玻璃涂紫外线吸收剂，减少紫外线对文物的破坏；在选择紫外线吸收剂时，一方面应注意其稳定性、长久性，另一方面应注意其吸收范围，以及涂用的紫外线吸收剂不应影响窗户和照明灯管的透光性。四是合理利用人工光源：白炽灯紫外线较少，但辐射产生的能量较大，为减少热量对文物带来的影响，我们可采用白板、屋顶、墙壁来反射，获取光度，这样就减少了灯光直射文物带来的热影响，同时也使游客在参观时能感觉到光线的柔和，体现展品与环境的统一协调。

综上所述，光辐射在文物保存中的危害是不言而喻的，文物保护工作者的主要任务之一就是将这种光危害降到最低。文物应该避光保存，但文物难免会进行各种展出，因此，文物在保存、利用过程中要实施一系列的防光措施。

此外，大气中的臭氧、硫化物、碳化物、落尘在氧化后都会产生微量的酸性物质侵蚀纸质文物，为了防止有害气体及灰尘对纸质文物藏品的腐蚀和破坏，必须采取有效的措施，保持清洁，净化库房空气。

文物除受到各种理化因素的破坏作用外，在一定条件下还受到生物因素（如某些真菌、细菌）的破坏。为了有效防止有害微生物对文物的危害，首先要研究它们的种类特征、生活习性及对文物的危害机理，找出防治对策，这是现代文物保存科学的重要研究内容之一。

组成纸质文物的材料——纤维素等是微生物细菌、霉菌的丰富养料，当温度、湿度等条件适于微生物生长时，这些有害纸质文物保护的微生物会迅速繁殖，直至吞蚀纸质文物。危害纸质文物的微生物主要是真菌和细菌。真菌中以霉菌危害最为严重，常见的霉菌有黑霉菌、青霉菌、曲霉菌等。霉菌会分泌出各种色素，形成黑绿霉斑，当霉菌与存在于大部分纸张中的微量元素（主要是铁）发生作用时，在文物表面常常形成浅褐色（即铁锈色）斑痕，一般霉菌分泌出的色素较稳定，很难溶于水（即使热水），因此很难去掉纸张上的霉菌色斑。

微生物具有分布广的特点，它广泛存在于空气、地面、土壤等地方。预防微生物侵蚀，应首先做好以下三点：一是切断微生物进入文物库房的通道，二是搞好库内卫生，三是调节库房湿度。

纸质文物在文物中所占比重较大，也较珍贵，有书画、经卷、古籍、图书等。纸上有淀粉类的黏结剂和黏附着的各种养料，如果温湿度适宜，害虫就很容易滋生繁殖。纸类文物上的主要害虫有毛衣鱼、白蚁、烟草甲等，它们以纸质文物为食料温床，咬烂文物，并在其上面产卵，排泄有色代谢物污染文物，破坏文物表面的整洁。由于害虫各个发育阶段都有不同程度的抗药性，所以我们在选择杀虫剂时应选择广谱、高效、低毒型化学药物。一般我们选择溴甲烷熏蒸杀虫，因为溴甲烷在侵入虫体后，一方面会因水解而产生麻醉性毒物，使虫害发生累积性中毒；亦可刺激害虫神经，使之兴奋致死；同时会抑制害虫的呼吸酶的活力，使呼吸率受抑制而慢慢衰弱死亡。

综上所述，纸质文物必须有合适的温湿度、干净的空气、合适的光源，纸质藏品库房、展厅要保持洁净，绝对禁止烟雾和煤气等各种有害气体的产生。存放时要小心平放，取文物时要戴手套。如发现虫蛀及霉变，要进行处理。

根据各种资料及实验数据，纸质文物保存一般选择温度控制在18℃左右，相对湿度60%左右，通过自然风保证文物环境的洁净，尽量避免紫外线带来的破坏。

[参考文献]

　　1. 郭宏编著:《文物保存环境概论》[M]，北京：科学出版社，2001年。

　　2. 许虹:《纸质档案、文物保护刍议》[J],《中原文物》，2003（4）。

　　3. 杨晓刚:《纸质文物保护探析》[A]，见《第六届全国考古与文物保护化学学术会议论文集》[C]，2000年。

可移动文物数字化保护

——以贵州省博物馆为例

杨菊

（贵州省博物馆）

摘　要　本文结合贵州省博物馆应用数字化设备对馆藏文物进行数字化采集的相关尝试，梳理数据应用的相关做法，探讨如何做好可移动文物的数字保护，真正实现"让文物活起来"。

关键词　可移动文物；数字化保护；博物馆

博物馆免费开放政策实施以来，越来越多观众走进博物馆。文物因其不可再生性和珍贵性，广大观众的参观，给各博物馆的文物保护工作也提出了更大挑战。《国家文物事业发展"十三五"规划》《国务院关于进一步加强文物工作的指导意见》《国家文物局办公室关于加强可移动文物预防性保护和数字化保护利用工作的通知》《关于加强革命文物工作的通知》《"互联网＋中华文明"三年行动计划》等政策的出台和实施，体现了在博物馆免费开放、人民精神需求大增的时代背景下，国家层面对博物馆发展和文物保护工作的重视。随着科学技术的发展，文物保护领域也出现了新技术、新手段、新方法。可移动文物的数字化保护就是在各博物馆预防性保护中兴起的一种文物保护新概念。贵州省博物馆在国家政策的指导下，顺应时代潮流，在可移动文物的数字化保护方面进行了一些尝试。本文结合贵州省博物馆应用数字化设备对馆藏文物进行数字化采集的相关尝试，梳理数据应用的相关做法，探讨如何做好可移动文物的数字保护，真正实现"让文物活起来"。

一、可移动文物数字化保护的主要内容

传统的文物保护是利用各种方法和技术手段，防止文物本体受到损害或对已经损害的本体进行修复补全。可移动文物的数字化保护是通过数字化设备和技术，对文物进行全方位、高精度的数字采集，以实现文物实体和文物数据的双重保存。可移动文物数字化保护是对文物的预防性保护，是将文物本体的现状信息、保存现状信息、既往修复信息等，转变为一系列可以长期储存、方便随时提取利用的数字、数据，为以后文物本体的保护修复、方案制定、保存环境提供数据参照和科学依据，从而提升文物保护、展陈、利用的水平。具体包括数字化采集、数字化展示、数字化宣传与教育、数字化管理等方面。

二、贵州省博物馆文物数字化保护的现状

贵州省博物馆文物数字化保护主要有以下三方面内容：

其一，依据采购的进口文物数字化采集设备（CRUSE 高清晰数码输入扫描机）对文物进行扫描、复制。该设备为传统扫描设备与现代数码相机的有机结合，具有高分辨率、高稳定性、速度快、扫描尺寸大的特点。该设备可以扫描实物的纹理，如油画类文物，主要用于书画、古籍、民族服饰等文物以及50厘米厚度以内的立体文物的数字化采集。该设备在扫描过程中不接触文物本体，配备有专用的红外及紫外线过滤装置，有专用的 LED 光源，不过分依赖环境光源，在实现无损坏扫描的同时可对文物材质、尺寸进行高度还原，实现高保真图像信息采集。在扫描装裱过或带有镜框的书画、油画、绣片等文物时，不需拆除装饰镜框即可扫描，保证了文物的安全性。该文物数字化采集设备采用百分之百数字技术，以扫描数据为依据，无需操作人员再在制图软件上

调整。

设备投入使用以来，已进行多次书画扫描试验，取得了较好的效果。已受省内外文博单位委托，复制了纸质文物，复制效果较好。现正计划对我馆馆藏珍品书画文物进行无损扫描，并存储数据档案，再从中选取极具代表性、品相完好的书画件进行1∶1复制。书画、民族服饰是贵州省博物馆的重点藏品，但由于纸张、纺织品的特点以及地理、气候的原因，许多书画、纺织品潮湿生霉等病害严重。博物馆通过对这些文物进行数据采集，为文物的数字化保护、文物鉴定、文物保护修复研究、书画复制等方面提供了依据。

其二，利用数字化扫描设备，对馆藏文物进行复制、修复。贵州省博物馆藏东汉铜车马保护修复项目（2014年），贵州省博物馆藏铜车马、连枝灯复制

贵州省博物馆铜车马复制件

项目（2019年），及贵州省博物馆对铜仁市碧江区文物管理局藏虎纽镎于等两件青铜器复制项目（2020年）等均采用3D扫描技术，对馆藏铜车马（辎车）（见图）、立虎铜釜，黔西南州博物馆藏连枝灯、铜车马（辎车）等文物进行数据采集。同时还配合系统软件，建立3D虚拟模型，直观地对扫描结果进行查看，对没有采集到的信息细部进行查缺补漏，得到完整的模型，更全面地保有文物的结构、纹饰等原始信息，为复制、修复工作提供参照基础。得到3D模型之后，利用3D打印技术，进行模型打印、翻模复制、蜡型雕刻、制作着色等工序，得到复制品。在文物复制、修复中，鉴于文物工作的严谨性，目前在采用3D扫描技术手段的同时，对文物细部、纹理等细节的处理需结合高分辨率的摄影设备进行刻画处理。在对摇钱树、东汉铜车马进行信息采集的时候，由于摇钱树叶片较多，铜车马车篷细节较复杂，就结合了3D扫描加摄影照相的方式，力求百分百还原。

和传统的文物复制不同，利用数字化扫描设备，建立3D模型进行复制，不需要在文物本体上直接翻模，特别是对文物表面有彩绘等不适宜翻模的文物而言，减少了复制过程中对文物本体的污染和损害。与黏土塑形复制法相比，3D扫描技术从尺寸、纹理和细节等方面来说也更为精准。当今3D扫描技术应用已越来越普遍、成熟，设备越来越方便，效果也越来越精准，出现了性能优质的手持式、便携式3D扫描仪。3D扫描所获取的文物信息远比2D的照片更为丰富。采集文物的3D模型数据不仅对文物复制、修复、展出陈列作用巨大，也为智慧博物馆、数字博物馆建设提供数据基础。

其三，利用现代化设备，提取文物内部信息。贵州省博物馆文物科技保护中心实验室一期建立完成后，文物修复实验室配备了现代化的分析检测设备，如造纸纤维分析仪、便携式测色仪、便携式X射线荧光能谱仪、超景深三维视频显微镜、便携式显微拉曼光谱仪及金相分析系统等。利用这些设备可以获取文物的成分、结构、颜色、纹理图案、材料、病害等信息。贵州省博物馆纸质文物修复项目（2020年）中，就采用了便携式测色仪对文物进行颜色信息采集，造纸纤维分析仪对文物的纤维形态、种类、材质进行分析，检测出毛竹、稻草、构树皮等纤维种类，为后续修复时补纸的选择、染色等提供参考。贵州省博物馆馆藏金属修复项目（2020年）中，就用超景深三维视频显微镜对金属进行显微结构观察、厚度测量，用便携式X射线荧光能谱仪对文物表面或者残断后露出的内部基体进行分析检测，了解铁器的基体和锈蚀等的成分，用便携式X光成像系统对金属文物进行探伤，判断文物本体的矿化程度等。这些文物信息的提取可为文物修复提供科学依据。

其四，采用数字化展示技术，进行陈列展览。贵州省博物馆于2009年建立了自己的门户网站，通过网站向公众展示馆藏特色、馆内动态，让更多的观众领略历史贵州的内涵、感受民族贵州的风采、体验古生物王国的魅力。随着时代的发展，贵州省博物馆门户网站不断升级，采用数字化展示技术，现已为观众提供了虚拟展厅参观服务。

利用数字化采集设备，对文物展陈空间、展线进行图像数字化采集，经过后期加工，制成虚拟展厅，不仅让观众进入三维空间身临其境，还可以通过鼠标的前后左右移动自行控制参观节奏。配合相关文物知识的语音讲解介绍、重点文物的链接介绍，让观众了解文物背后的故事，给观众更好的参观体验。依靠数字化技术实现的虚拟展厅，观众足不出户，可利用手机、电脑在线参观馆内多个展览，弥补了临展三个月撤展、疫情期间闭馆等时空上的限制，实现与文物、博物馆的超时空对话。此外，贵州省博物馆在展厅内还采用了电子触摸屏系统等数字化设备、3D幻影成像技术等数字化手段进行了沉浸式展示、主题投影展示、多媒体展示等，丰富了观众的观展体验。

三、可移动文物数字化保护的作用

结合博物馆的文物数字化保护实践，其作用主要有以下几个方面：

首先，可以提高文物保护的科学性。采用数字化技术手段、现代化设备，采集文物信息，可以建立文物数据库，这对文物而言是一种预防性保护。数据库不仅记载文物本体的原状、尺寸、材质、结构等基本信息，也记录文物的保存、修复情况等信息。日后再需修复时可进行对比，发现文物在保存环境中的变化，从而制定科学的保存方案。根据数据库的文物原状信息，修复时也可以此为科学参照，提高保护修复的科学性。对于残缺文物的修复，采用数字化手段可获得文物残缺处的3D模型，如2019年，贵州省博物馆铜车马、连枝灯复制项目中，黔西南州博物馆藏铜车马（轺车）的马一前肢缺失，根据研究，其应与另一前肢形状相同，缺失的肢体就是采用数字化技术，扫描另一肢体外形打印出来后用于补全的。

其次，可以提升文物展陈的效果。数字化保护可以从两方面提升文物展陈效果。其一，通过数字化技术，对文物进行一比一复制，在展览时可以用复制件代替原件。特别是书画类藏品，长时期暴露在展厅内光照环境下不利于文物的保护，会出现褶皱、变色等病害，需要定时替换，复制件就可以用于常规展出。随着馆际交流日益密切，复制件还可以用于外出巡展，在保证展陈效果的同时可有效降低原件在运输、展出时受各方面影响造成的损伤。其二，采用数字化展示技术，建立虚拟展厅，可以实现超时空、无实物的展示。对博物馆而言，为公众提供知识、教育和欣赏是其重要职能。网上虚拟展厅的开放，让这种职能的实现脱离了博物馆展陈空间的限制。让文物知识、展览信息的传播、交流变得更加方便、快捷，有效加强了文物宣传的范围和力度，实现了文物的有效利用。

再次，为文物的利用提供了更多途径。3D扫描技术、3D打印技术除了可以进行一比一复制，还能根据需要自由调整打印比例。一旦对文物进行数据采集，建立3D模型，获得的3D打印模型就完全独立于文物而存在，可以按需求无限次对其进行打印、复制。其复制品可以用于文创研发设计，开发更多更具特色的文创产品，将之作为贵州省博物馆特有礼品，在对外交流时可用于礼品相赠；也可以用于文创销售，观众在逛博物馆的同时，可将博物馆元素带回家，提高文物价值的利用率。

四、贵州省博物馆文物数字化保护需要解决的问题

贵州省博物馆高度重视文物保护工作，近年来在文物保护热潮和国家政策支持的时代背景下，在文物数字化保护方面进行了一些探索和尝试，但整体而言，文物保护仍以对文物本体的保护和对文物进行温湿度监测调控的预防性保护为主。博物馆为实际到馆参观或网络参观的观众提供的文化、教育、审美、艺术等方面的信息服务极为有限，博物馆文化的传播仍处于被动服务阶段。现阶段贵州省博物馆文物数字化保护主要存在以下几方面问题：

第一，文物数字化采集方面。

按第一次全国可移动文物普查工作的相关安排和要求，贵州省博物馆对馆藏文物基本信息进行了采集和录入。由于时间紧迫、人力不足、经费有限等原因，目前录入的仅有文物的基本信息和二维图像，基本没有文物的三维数据，极不利于文物后续保护利用工作的开展。

第二，文物数字化展示方面。

在现代化背景下，贵州省博物馆采用了一些数字化手段来进行展陈，但数量和应用都较少。从新馆正式开馆至今四年多时间，共举办了二十余个临时展览，仅两个展览采用数字化展陈技术制成虚拟展厅。虽然基本陈列展厅已使用视频、音频数字化手段及数字化设备配合展览，但与藏品相关的信息在本体展示中未能实现相互关联，观众无法对文物进行深入了解。此外，目前博物馆展陈的文物虽已达上千件，但更多的文物仍在库房保存，博物馆现有的海量文物信息未能通过现有技术手段与公众分享。

第三，文物数字化教育与宣传方面。

贵州省博物馆虽已通过门户网站、微信、微博等途径进行宣传教育，但由于受前期文物数字化采集、展示不足等影响，文物数字化教育与宣传在平台、

内容等方面存在问题。首先，各宣传平台相互独立，平台内容的更新时间与内容并不相同，要获取全部信息需要各自浏览才能实现。其次，各平台是信息发布平台，这导致了互动性、趣味性不足；受各种因素影响，缺少数字化内容支撑，发布的信息量较少。

第四，文物数字化管理方面。

文物数字化管理涉及文物的数据采集、加工、存储、管理、展示应用等。贵州省博物馆参照国家相关法律法规开展工作，但数字化保护处于起步阶段，文物数字化管理不仅缺少数据系统的技术支撑，还缺少相关标准、规范的指导支撑。目前虽对文物进行了一定的数据库采集，如尺寸、照片等数据信息，但采集的数据仅靠硬盘的形式储存，不仅安全性上存在风险，使用起来也不方便。

文物的数字化保护既是不可再生性文物保护的需要，也是网络时代背景下文化传播的需求。在新时代背景和国家层面的重视下，牢固树立"创新、协调、绿色、开放、共享"理念，推进文物信息资源开放共享，把新技术、新方法运用到文物保护中去，保护历史瑰宝，让文物活起来。

[参考文献]

1. 陈刚:《数字博物馆概念、特征及其发展模式探析》[J],《中国博物馆》，2007（3）。

2. 龚花萍、王英、胡春健、刘春年:《国内外数字博物馆现状比较与述评》[J],《现代情报》，2015（4）。

3. 贺琳、杨晓飞:《浅析我国智慧博物馆建设现状》[J],《中国博物馆》，2018（3）。

4. 宋新潮:《关于智慧博物馆体系建设的思考》[J],《中国博物馆》，2015（2）。

5. 徐士进、陈红京、董少春编著:《数字博物馆概论》[M]，上海：上海科学技术出版社，2007年。

百宜红军标语的保护修复

杨偲

（贵州省博物馆）

摘　要　受贵阳市乌当区文体广电旅游局所托，贵州省博物馆对百宜红军标语革命文物展开保护修复工作，严格遵循文物保护基本原则，完成了标语文物清理除污、加固补缺、支撑封护等保护修复工作，实现了减缓文物老化速率、提升文物展览效果的目的，为今后同类文物的保护修复提供参考和借鉴。

关键词　红军标语；修复；保护原则

一、概况

百宜红军标语是贵阳市乌当区文体广电旅游局所藏文物，发现于贵阳市乌当区百宜镇（图1）。1935年4月，红军长征途经乌当区百宜镇红旗村时，寨子里的乡亲误听国民党反动派的宣传，以为红军真是"共匪"，纷纷躲避。为了宣传红军精神，向群众表达"紧紧依靠人民群众，同人民群众生死相依、患难与共、艰苦奋斗"的决心，红军在农户邓丙寅家碾房的土墙上写下了"红军绝对不杀敌方投诚官兵"的标语。这幅标语唤醒了广大群众的思想觉悟和认识，是研究党史、军史的实物证明，具有十分重要的历史价值。

1984年10月，该标语被认定为区级文物保护单位。2001年5月下旬，因连降暴雨，书写有红军标语的房屋垮塌，相关部门立即实施抢救性保护，该标语被切割为三个部分，迁至贵阳市乌当区文化遗产保护管理所保存，由不可移

图1　百宜红军标语原状

动文物变为可移动文物，现已经撤销其区级文物保护单位称号。

2019年10月，受贵阳市乌当区文体广电旅游局委托，贵州省博物馆对百宜红军标语革命文物开展保护修复工作，文物科技保护中心组织人员进行病害调查评估并编制保护修复方案。2021年3月，经专家评审会审议通过方案后立即实施文物修复工作，6月完成修复工作。

二、前期准备工作

1.文物基本情况调查

百宜红军标语一套共三件，总长520厘米，宽41厘米，厚3厘米，重50千克。该标语支撑体为竹编墙，地仗层是以石灰找平，书写材料为墨。

标语揭取后存于贵阳市乌当区图书馆库房内，库房环境较差，无专用文物柜架、环境监测与调控等设备，三块红军标语叠放，仅用红色绸缎遮盖。据2019年10月17日现场调查记录，库房室内温度为25℃，相对湿度为64.6%，光照度为110Lux，紫外辐射强度为0.5μW/cm²。库房湿度较高，不利于文物安全，易引发文物霉变。库房温湿度不受控、易骤变，不利于文物的长期保存。

2.病害调查评估

由于标语文物与壁画文物性质相近，故依照文物保护行业标准《GB/T 30237-2013古代壁画病害与图示》《WWT 0061-2014可移动文物病害评估技术规程（馆藏壁画类文物）》的要求进行病害调查。

百宜红军标语的病害主要有三类。一类是稳定病害，即病害已经产生或存在且不再继续发展和蔓延，不会对文物稳定性产生影响的病害类型，包括划痕、泥渍、烟熏、表面污染、磨损。这类病害相对稳定，但严重影响文物外观，主要表现为标语文物表面受泥渍、灰尘污染，整体色调暗淡，字迹模糊。

一类是活动病害，是指病害已经产生或存在且继续发展和蔓延，对文物稳定性产生影响的病害类型，包括裂隙、空鼓、微生物损害、地仗层酥松与破碎、支撑体变形。活动性病害是文物安全的最大威胁，该标语文物的主要病害大多为支撑体变形引起。其支撑体为竹编墙，揭取时保留了竹质支撑体，竹质材料易起翘、变形，导致大量裂隙、空鼓、地仗酥松与破碎等损害。由于裂隙较多，标语文物整体松散，随时可能引起地仗脱落。地仗层与支撑体均发现有霉斑，且由于文物原存放库房湿度较大，微生物损害可能会成为文物的持续性伤害。

一类是可诱发病害，即指病害已经产生或存在且不再继续发展和蔓延，在外部条件（如保存环境改变）激发下可能导致文物病害发展，引发其他病害产生的病害类型，包括地仗脱落、褪色、支撑体虫蛀。竹质支撑体为有机质，是微生物和虫类的优质食源。经调查发现，该标语文物支撑体有虫蛀孔洞，但只有局部虫蛀现象，因此判断为以往感染的虫害，并无继续发展和蔓延的趋势。

三、保护修复技艺

1.表面清理

百宜红军标语自搬迁回贵阳市乌当区文化遗产保护管理所以后，未进行专业的保护修复，仅用布条简单遮盖表面，至今已18年，表面覆盖了大量灰尘，壁画表面污染情况较严重，为了保证清洗效果，需先进行局部清洗试验。试验操作方法为：在污染情况相近的地方选出三组实验块，并分别用三种溶剂——去离子水、酒精、丙酮进行清洗，观察清洗结果。最终，经过试验对比，去离子水和酒精的清洗效果满足要求，且成分简单、风险小，确定使用去离子水和酒精进行大面积清洗。

采用物理方法和化学方法结合的方式进行表面清理。先用软排刷清理文物表面浮尘，再用脱脂棉蘸取去离子水或酒精溶液，以滚压的方式清理污渍，尽量减小摩擦，避免造成画面磨损。针对污染程度较重的地方结合竹片、手术刀剔除的方法进行清理。

2.加固与补缺

百宜红军标语整体裂隙较多，有的地方甚至出现地仗和支撑体严重分离的情况。根据一般加固方法并结合该文物情况，采用浓度20%的丙烯酸乳液AC-33，用注射器沿地仗缝隙滴渗或注射进行加固。注射加固剂前，先用75%酒精溶液渗透缝隙，利用酒精的强渗透作用润湿缝隙，使加固剂更易渗透进文物内部。待加固剂固化、文物结构稳定后，对标语表面残缺部分进行填补。将AC-33和纸筋灰按照比例1：2配制填补材料，填补地仗缺失部分，填补过程中须注意观察填补材料与原地仗层的结合情况，使整体和谐统一，近看可以辨识。

3.贴布与翻转

根据三块标语文物大小，裁剪出略大于画面的纱布三块，将纱布覆盖于标语文物表面，并涂刷 Paraloid B72 丙酮溶液，使纱布与文物表面紧密结合，以保障标语表面整体牢固。待黏合剂固化、纱布干燥后，文物整体结构愈加稳定，方可用较厚的、力学强度较大的海绵支撑文物正反面，将其翻转，使其背面朝上。

4.背面清理与加固

为了最大程度保留文物历史信息，遵循修旧如旧原则，本次标语文物修复计划保留原有竹质支撑体。文物背面保护修复的步骤与正面基本一致：先用毛刷清理灰尘和废渣，再用去离子水或酒精对背面进行清洗，整体清洗3~5遍。最后进行加固修补，先用浓度20%的丙烯酸乳液AC-33注射加固缝隙，再用比例为1：2的AC-33、纸筋灰复合材料填补缺漏并整体找平。

为了保证标语的整体性与修复的可逆性，在标语文物背面粘贴化纤网纱作为文物本体和新支撑体之间的过渡层，使文物整体具有一定的力学强度，也便于壁画翻转。选用AC-33原液、大理石粉混合材料进行粘接，具体做法是：在标语背面涂刷AC-33原液、大理石粉混合材料后，将事先裁剪好的网纱平铺到标语背部，再继续涂抹粘合剂，使网纱与标语背面完全贴合。

5.粘接支撑体

根据三块红军标语大小定制蜂窝铝板作为新支撑体，为保证搬运方便，板材长宽应大于文物长宽2~5cm。粘接支撑体的具体操作工艺如下：

（1）为了避免文物本体与新支撑体出现局部脱粘现象，对蜂窝铝板表面进行打磨处理，使铝板表面平整，且增强铝板表面摩擦力，使标语文物不易脱落。

（2）将粘贴好化纤网布的标语正面朝上，移至蜂窝铝板材上，保证四边位置相当后，用马克笔标注标语粘接范围。

（3）用刷子在蜂窝铝板上均匀涂刷AC-33原液、大理石粉混合材料，确保粘接范围内完全涂刷。

（4）根据预先标注的位置，将标语文物背面与涂抹好粘接材料的蜂窝铝板粘接。为了使壁画整体粘接面处于同一水平面上，使壁画完全牢固地粘接于支撑体上，需在壁画表面覆盖一层纱布遮挡，然后用重物压住画面24小时，使胶液完全固化，粘接部位结合更加紧密。

（5）用刻刀或凿刀等工具将多余的胶液剔除。仔细检查粘接效果，确保其完全粘接，无错位和移位。

（6）用7字形铝制收口条将蜂窝铝板四周封边，为文物提供多一层保障，且方便搬运。

（7）在铝板表面文物四周空白处填充AC-33原液、石膏混合材料，找平铝板表面并统一整体外貌。

6.去除贴布与画面修整

利用Paraloid B72丙酮溶液可再溶解的特性，以毛刷蘸丙酮试剂涂刷于贴布表面，多次涂刷，保证贴布完全浸湿，然后在其上贴一层保鲜膜，减缓丙酮挥发速度，加快B72的溶解速度，待粘接剂溶解软化后，去除文物正面贴布。

去除掉表面贴布之后，观察壁画表面，对表面泛光部位（Paraloid B72丙酮溶液残留过多）需要进行处理。具体方法为：用宣纸完全浸湿丙酮溶液后，贴敷在泛光位置，其上再贴保鲜膜，等待30分钟后去掉贴纸，观察处理情况；如果还有泛光，则继续采取上述方法去除，直到泛光消失为止。

最后进行画面修整。文物画面内部及四周使用填补材料的位置较文物本体颜色略白，为保证文物整体色调统一，采用矿物颜料调出相近颜色进行填色做旧处理，且使修复部位满足近观可辨的要求。

7.封护

待标语文物完全修复好之后，需要对画面进行全面的封护。采用浓度为1.5%的Paraloid B72丙酮溶液对画面进行整体喷涂，根据喷涂材料干后文物封护的效果，可选择多次喷涂。画面加固后盖上一层塑料布防止落尘，存放于修复室使其阴干凝固。

图2 标语修复过程
(①清洗试验 ②表面清理 ③表面加固 ④画面补缺 ⑤贴布 ⑥翻转 ⑦背面清理 ⑧背面加固与补缺 ⑨粘贴化纤网纱 ⑩粘接支撑体 ⑪画面修整 ⑫封护)

四、检测分析

为了给保护修复工作提供科学依据，对标语文物进行了色度检测及显微观察，分别对修复前后标语文物的同一处采样点进行检测，对比前后数据以检验修复效果。

1.色度检测

选取10处采样点，利用爱色丽VS450（WB）非接触式分光光度仪对标语文物进行色度检测，目的为无损记录文物色彩，即记录下为评价清洗效果、修复效果等提供原始色彩的L、a、b值。检测方式为分别检测原始状态（即文物存于原库房时）、除尘后、修复后文物相同位置的一组数据，并对比修复后与除尘前文物色差。检测结果如表1所示：

表1 非接触式分光光度仪色度检测结果

名称	检测时间	L*	a*	b*	△E
参照基准	原始	9.25	1.22	3.55	—
	除尘后	79.04	3.49	19.58	—
	修复后	78.00	3.93	23.29	—
1	原始	9.89	1.00	2.95	
	除尘后	60.99	1.18	10.03	
	修复后	51.46	0.88	8.55	
	△值	−9.53D	−0.30G	−1.48B	9.648901492
2	原始	1.04	0.15	0.69	—
	除尘后	63.14	1.27	10.07	—
	修复后	57.78	1.83	13.93	—
	△值	−5.36D	0.56R	3.86Y	6.628936566

名称	检测时间	L*	a*	b*	△E
3	原始	1.16	0.21	0.85	–
	除尘后	73.83	3.82	24.76	–
	修复后	72.60	3.37	24.25	–
	△值	−1.23D	−3.82G	−0.51B	4.04541716
4	原始	1.00	0.13	0.53	–
	除尘后	67.98	2.03	11.16	–
	修复后	62.85	2.13	11.80	–
	△值	−5.13D	0.10R	0.64Y	5.170734957
5	原始	0.93	0.07	0.58	–
	除尘后	70.15	3.27	15.60	–
	修复后	71.76	3.58	21.77	–
	△值	1.61L	0.31R	6.17Y	6.384128758
6	原始	18.04	1.18	4.37	–
	除尘后	68.84	2.24	16.59	–
	修复后	77.30	2.53	21.01	–
	△值	8.46L	0.29R	4.42Y	9.549455482
7	原始	2.24	0.42	0.97	–
	除尘后	70.48	1.79	14.17	–
	修复后	60.10	1.48	13.65	–
	△值	−10.38D	−0.31G	−0.52B	10.39763916
8	原始	1.73	0.36	1.03	–
	除尘后	79.07	4.64	22.34	–
	修复后	78.75	2.69	17.51	–
	△值	−0.32D	−1.95G	−4.83B	5.218601345

名称	检测时间	L*	a*	b*	△E
9	原始	1.19	0.13	0.64	-
	除尘后	66.76	1.49	11.41	-
	修复后	64.20	1.23	10.04	-
	△值	−2.56D	−0.26G	−1.37B	2.915150082
10	原始	1.47	0.12	0.78	-
	除尘后	68.59	2.73	16.90	-
	修复后	78.13	3.87	23.58	-
	△值	9.54L	1.14R	6.68Y	11.7018631

注：L代表明暗度；a代表红绿色；b代表黄蓝色；△值为除尘后与修复后的变量；△值−L：正亮负暗；△值−a：正红负绿；△值−b：正黄负蓝；△E代表色差，数值越大说明色差越大。

　　由检测结果可知，所测样品（1~10）的L、a、b值与参照基准（无墨迹、无严重泛黄、无灰尘）的L、a、b值由于灰尘、墨迹、泛黄等因素存在明显的差异，该测量数据为保护修复的实施提供科学依据。标语文物存于乌当区文化遗产保护管理所时，所检测的原始状态的L、a、b数值均偏低，亮度偏暗，色调不明显；对文物进行除尘后，L、a、b数值均有大幅提升，色调明显；修复后，L值变化不大，整体色调偏暖色，色度加深，色差较大。修复后文物整体颜色加深，其原因可能是使用的加固剂——B72丙酮溶液对文物有加深显色的作用。

2.显微观察

　　采用3R-WM401WIFI数码显微镜对文物表面进行显微观测，目的为对文物表面状态进行显微放大观察，观察文物表面清洁度、是否存在裂隙及裂隙宽度、是否存在霉菌以及虫蛀等，并对比修复前后文物病害处理情况。检测结果见下图：

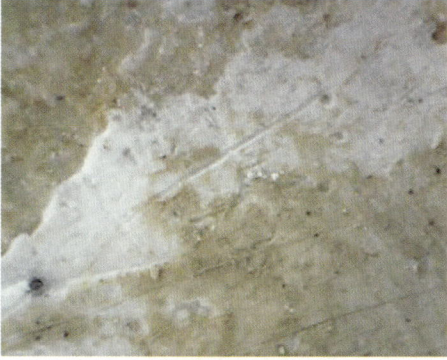
图3 地仗层脱落补缺

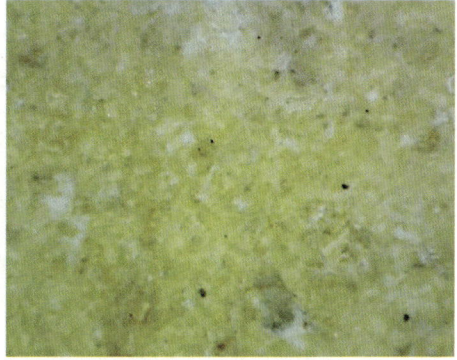
图4 地仗层全色

图5 支撑体虫害

图6 除尘杀虫

图7 微生物损害

图8 除霉

图 9 红军标语修复前

图 10 红军标语修复后

五、讨论

1.遵循文物保护原则

最小干预、可逆性、原真性等原则是业内普遍公认的文物保护修复的几大基本原则。我国文物保护的基本方针为"保护为主、抢救第一"，即在一般情况下，仅须为文物营造良好的保存环境，尽量不要对文物本体进行干预。在修复文物时，使用的修复材料需具有可逆性、可再处理性。因此，本次红军标语修复使用的封护材料Paraloid B72丙酮溶液具有可逆性，固化后可用丙酮、乙酸乙酯等溶剂进行再溶解去除。对于标语文物裂隙的渗透加固，考虑到去除贴布时刷涂的丙酮可能会溶解加固剂，造成文物二次损害，因而采用不可再溶解的丙烯酸乳液AC-33作为加固剂。但如果加固剂过量从缝隙露出也可进行溶胀剔除。

修复对文物而言是一种被动的人为干预，不论是利用传统工艺还是采用现代先进科学技术进行修复，都会对文物的原貌产生不同程度的改变，原真性原则就是要求实施保护修复时最大程度尊重文物原貌，不改变文物原状。本次修复保留了红军标语的竹质支撑体，展示利用时也可运用其这一特点，复原标语墙的原始房屋场景，使展览陈列效果更加真实。三件文物原为一幅标语，揭取搬迁时分为三段，此次修复为了减小文物运输的难度和尽量排除安全隐患，仍将标语文物分别固定于三块蜂窝铝板上，但三块标语连接处几乎无缝隙，可完全贴合，保障其可分可合，既满足展示利用的需求又便于日常保养维护。

2.展示利用中的文物保护

保护修复工作可以清理文物既有的病害，然后对其进行表面封护，但展示利用过程中文物的老化不可避免，保障其不被外界因素干扰而产生加速老化的病害极为重要。在文物展览过程中要采取预防性的保护措施，使文物处于最佳环境中，最大程度减少由于物理或者化学变化出现的文物损害情况。标语文物体量较大，运输难度较大，应当做好软装缓冲保护避免磕碰。文物用于展览时，应当控制展厅与展柜环境，避免环境骤变引起文物病变。标语文物材料复杂，不仅含有机质的竹质材料，还有无机质的石灰层，因此在保存环境温湿度、光照等因素的调控上要兼顾二者的最优值，选择合理的保存方案。

百宜红军标语是党在长征过程中进行政治宣传的重要形式和实物见证，是珍贵的红色文化遗产，保护好、传承好、利用好这一革命文物，让后世能切身感悟历史，从而实现铭记历史、继承和弘扬中华民族优秀文化和民族精神的目的。

本次修复工作成果显著，达到了减缓文物损害速率，提高其展览陈列效果的目的。并且，本次修复工作针对该标语特点采用了保留原有支撑体的保护方式，最大程度地保留了历史信息，保证了文物的完整性，也为今后的标语文物保护修复工作提供了参考和借鉴。

项目负责人：全锐

保护修复：孔德一、欧阳海涛、杨菊、

滕昭玉、王莹霞、杨偲

（排名不分先后）

执笔：杨偲

[参考文献]

1. 卫扬波、赵晓龙、李玲、王宝金、王啸啸：《恩施州宣恩县高罗乡苏维埃政府旧址红军标语的揭取及保护修复》[J]，《江汉考古》，2016（6）。

2. 武晓怡：《赤峰市博物馆所藏壁画的保护修复》[J]，《草原文物》，2018（1）。

3. 许少华：《河南省许昌市禹州昆仑寺壁画的揭取与修复》[J]，《草原文物》，2020（1）。

4. 杨蕊：《北宋富弼墓壁画的揭取及修复保护》[J]，《文物保护与考古科学》，2010（1）。

5. 岳嘉蕾、王亚红、周双林：《AC-33乳液加固材料的溶解特性研究》[A]，见《文物修复与研究 2015—2016》[C]，北京：中国文联出版社，2016年。

文博工作

生态博物馆在乡村振兴中的作用

敖天海

（贵州省博物馆）

摘　要　本文指出，随着生态环保理念的深入发展，作为"舶来品"的生态博物馆也在努力地为我国乡村振兴战略的实施提供参考，并针对我国乡村发展的特点，分析大量的实践活动，对自身的理论框架进行不断的完善和健全。我国乡村振兴战略的有效实施和落实，首先要实现复兴、继承以及发展乡村传统文化，要确定保护乡村自然和人文环境的基本原则，从而达到传承乡村传统文化和生态环境可持续、协调发展的目的。生态博物馆理论在我国广大农村的落实和运用，是实施乡村振兴战略的主要途径之一。

关键词　生态博物馆；乡村振兴；作用

习近平总书记于2017年10月在党的十九大报告中首次明确提出了乡村振兴的战略，并且强调了"三农"工作是我党很长一段时间的工作重点。中央政治局在2018年5月审议通过了《国家乡村振兴战略规划（2018—2022年）》（以下简称《规划》），《规划》强调我国传统村落是中华优秀传统文化得以继承和发扬的主要载体，乡村振兴战略的发展思路要具有整体性，要对保护和发展乡村二者的关系进行统筹，要对乡村现存的物质和非物质文化元素同时兼顾，要把乡村自身所具有的特色充分挖掘出来，明确乡村经济发展的主要途径是开展乡村旅游和特色产业，要对乡村现存的景观进行充分利用并最大程度地保持原样，这样才能振兴和发展传统的乡村部落。乡村振兴战略的有效实施和落实，是对现代化经济体系进行建设的基础，是对中华优秀传统文化进行继承的主要途径，是实现"建设美丽中国"目标的关键环节，是实现人民共同致富的主要出路。

一、现阶段我国乡村发展存在的一系列问题

统计数据显示，2000年以来，中国自然村落数量呈下降趋势。据2020年10月开展的第七次人口普查显示，2020年，我国城镇化率达到63.89%。我国社会经济爆发式的发展，使得农村发展和城市发展之间的不平衡问题更加突出，具体体现在空心化、老龄化、污染严重和盲目"现代化"等几个方面。

1.现阶段我国乡村发展存在着空心化的问题

乡村空心化现象不仅体现在人口空心化，还体现在乡村建筑的"空心化"。而乡村建筑出现空心化的主要原因是人口空心化，乡村人口空心化问题表明了农村经济的整体衰退。

现阶段，我国网络信息技术不断发展和完善，乡村青壮年通过网络对城市生活有了深层次的了解，大多数乡村青壮年对城市生活越来越向往，也就越来越不满意相对落后的农村生活环境，直接导致规模巨大的乡村青壮年群体向城市转移去探寻自身发展机会，并最终选择在城市定居。随着大量乡村青壮年选择定居在城市，导致数量巨大的农村建筑无人居住。另外，乡村青壮年大量流失，乡村剩余大量的老人和儿童，这部分人群并不能完成耕种，导致大量耕地被荒废，乡村失去了活力，日渐衰退。[1]

2.现阶段我国乡村发展存在着人口结构老龄化的问题

和大多数乡村青壮年的选择不同，对家乡存在着强烈家园情结的乡村老年人群体更多选择的是在乡村继续生活。因此，我国乡村人口结构呈现越来越严

---

[1] 刘海静：《乡村振兴背景下生态博物馆理论的实践意义探究》，《四川水泥》2020年第4期，第105页。

重的老龄化问题。虽然很多老年人选择留在乡村继续生活，但是乡村的整体活力依然在急剧衰退，乡村文化面临无人传承的困境，而乡村环境也面对无人生活的窘迫。乡村人口结构老龄化问题的持续，导致乡村发展极不平衡。[1]

3.现阶段我国乡村发展存在环境污染严重的问题

习近平总书记在2005年视察浙江安吉时就说过"绿水青山就是金山银山"，党的十八大提出的"五位一体"总布局，将生态文明也纳入其中，把"建设美丽中国"作为社会发展的主要目标，把工作的重点放在了解决突出的生态环境问题上，尽最大努力完成经济发展和环境保护的统一协调，考核工作的标准之一是治理生态环境的效果。党的十九大重点强调建设生态文明的重要性，对保护环境加大了政策和资金的投入力度，促使我国尽快完成生态文明建设。通过分析我国制定和实施的相关政策，发现我国已经开始纠正先污染、后治理的城镇化发展弊端。但是，我们需要重视的是，一些对自然环境有着重大污染的企业并没有进行有效的反省和整改，而是打着对农村劳动力就业问题进行解决、对地方财政收入进一步增加的旗帜，通过地方政府从中协调得以在乡村落户，再加上乡村自身的生态环境脆弱以及没有健全、完善的基础配套设施和环境监管体系，导致乡村环境不能处理污染企业在生产过程中产生的大量有害物质，只能任由这些对自然环境有着重大污染的企业对乡村环境肆意破坏。另外，随着乡村旅游行业在近几年的火爆兴起，大量来自城市的旅游爱好者涌入乡村，也不同程度上对现有的乡村环境造成影响。

4.现阶段我国乡村发展存在盲目"现代化"的问题

近些年，我国把工作重心转移到乡村振兴上，城市大量的人流、物流、资金流不断涌入乡村，很多乡村都顺势开展了乡村旅游和农家乐等事业，但是乡村现有的落后的基础设施建设并不能满足城市游客的需求。还有一些地方政府

---

[1] 刘海静:《关于生态博物馆理论在乡村振兴实践中的思考》,《建材与装饰》2020年第15期，第137、140页。

和村民单纯想要提高收入，为了满足游客对住宿、餐饮等方面的要求，破坏了乡村传统文化所具有的原样性和原真性，对传统乡村建筑和街巷进行翻新甚至是推倒重建；还有一些自身具有传统文化遗产的乡村在进行管理和维护的时候，选择粗鲁的修复方式，人为破坏了大部分的历史文化遗产，导致这些文化遗产丧失了本有的历史内涵，乡村建筑被"现代化"，成为了"仿古品"。乡村当地居民的传统观念和行为语言等受到旅游者带来的外来文化潜移默化的影响而逐渐"现代化"。[1]

二、在乡村振兴战略中落实生态博物馆理论的重大现实意义

1.生态博物馆的内涵

生态博物馆理念是法国人在20世纪70年代首先提出来的，强调文化遗产的保护要在文化的原生地落实和实施，保护和管理的工作由原住民开展，以内部需求为出发点，统一保护文化遗产的原生环境。从1997年开始，中国政府和挪威合作，在贵州省的4个村寨兴建了生态博物馆——六枝梭嘎生态博物馆、堂安侗族生态博物馆、锦屏隆里生态博物馆、花溪镇山生态博物馆。这类生态博物馆重在保护与记录当地人的文化与传统。此后，经过20多年的探索，这种村寨型生态博物馆，目前已发展到20多座，主要分布在贵州、广西、云南、内蒙古等地区。生态博物馆理念具有开放性，能够满足社会文化遗产保护需求的新理念。深入分析生态博物馆理论的核心概念，发现生态博物馆理论是一种理念和一个过程，不能用固定的模式简单套用，应该结合乡村的不同特点，深入挖掘生态博物馆理论不同的实践指导作用。实施和落实生态博物馆理论，是以发展的思维为基础，利用科学技术对乡村原住民的自我认识和保护过程进行指导，均衡发展乡村社会和生态环境体系。基于生态博物馆理论，乡村和生态环

---

[1] 封万超：《论生态博物馆理论在乡村文化振兴中的创新应用——以工艺美术赋能乡村的价值构建为主线》，《山东艺术》2019年第6期，第16~21页。

图1　六枝梭戛生态博物馆

境、传统文化之间存在着相互依存和促进的关系。

以我国第一个生态博物馆——六枝梭戛生态博物馆为例，在贵州省西北部生活着苗族的一个支系，这一苗族支系中的妇女惯用一支木制长角以及亡故祖先的头发，拌以黑麻毛线束成巨大发髻，装束极为奇特，故该支系又被称为"长角苗"。长角苗至今仍保持着简单的男耕女织的自然经济状态，他们的风俗习惯内涵十分丰富，其中以婚嫁、丧葬、跳花坡等最为独特。

2.生态博物馆在乡村振兴战略落实过程中的实践意义

实践生态博物馆理论的目的和乡村振兴战略的需要不谋而合。有效实施生态博物馆理念能够对乡村传统文化的闪光点进一步挖掘，能够对特色乡村文化产业起到推动作用，能够让乡村整体经济重现活力，从而达到促进乡村发展的目的。乡村经济的整体发展能够为保护自然环境和继承传统问题提供物质基础，能够帮助原住村民树立保护本土文化的意识，能够促使原住村民自觉开展保护自然环境和传统文化的工作。因此，生态博物馆理论具有发展地区经济和保护传统文化的重大作用。一个地区要想更好地发展经济，首先就要保护本地区的自然和人文环境，而自然和人文环境的保护也离不开经济发展所提供的经济保障。[1]

三、生态博物馆理论在乡村振兴战略中实施的几点思考

1.确定生态博物馆的管理主体

乡村运行和落实生态博物馆的主体是原住村民，相关地方政府也要参与到日常管理生态博物馆工作中。为了更好、更有秩序地推进生态博物馆，还需要聘请相关专家对村民开展技术指导。

2.确定运营生态博物馆的资金来源

生态博物馆理论是一种对本土传统文化进行保护、为原住村民创建美好生活环境、进一步促进乡村良性发展的理论，因为运行生态博物馆的受益人是乡村原住居民，所以运行资金要以原住村民自筹为主，这样才能刺激其主动参与

图2　锦屏隆里生态博物馆

---

[1] 潘梦琳：《乡村振兴视野下的社区（生态）博物馆本土化研究——从文化保护到地域发展》，《小城镇建设》2019年第1期，第113~118页。

图 3　黎平堂安侗族生态博物馆

图 4　贵阳花溪镇山生态博物馆

建设和维护乡村环境的积极性。[1]

3.确定生态博物馆的监管主体

乡村运行生态博物馆的过程中，不仅要受到社会的监督，还需要政府部门、乡村居民和技术专家的辅助监督，这样才能够为生态博物馆健康运行提供保障。

4.制定完善的、规范的生态博物馆运行约束条例

乡村运行生态博物馆的过程中，不能单单靠村民的自觉和社会的监督，还要建立完善、规范的约束条例，这样才能杜绝村民和旅游者对乡村环境的破坏。[2]

随着生态环保理念的深入发展，作为"舶来品"的生态博物馆也在努力地为我国振兴乡村战略的实施提供参考，针对我国乡村发展的特点，分析大量的实践活动，对自身的理论框架进行不断完善和健全。我国乡村振兴战略的有效实施和落实，首先要实现复兴、继承以及发展乡村传统文化，要确定保护乡村自然和人文环境的基本原则，从而达到传承乡村传统文化和生态环境可持续、协调发展的目的。因此，生态博物馆理论在我国广大农村的落实和运用，是实施乡村振兴战略的重要途径之一。

---

[1] 刘娜娜:《乡村博物馆的发展现状及优化发展路径分析——以雄崖古城博物馆为例》,《人文天下》2020年第19期，第17~19页。

[2] 陈茜:《农业文化遗产在乡村振兴中的价值与转化》,《原生态民族文化学刊》2020年第3期，第139~146页。

藏品编目的传统编制和信息化编制异同初探

——以贵州省博物馆藏品编目工作为例

李琬祎

（贵州省博物馆）

摘　要　本文从模式、对象、内容、目的等方面将藏品编目的传统编制模式与信息化编制模式的异同做比较，并初步谈谈看法，以探索今后藏品账目编制的新模式、新思路、新方法。

关键词　藏品编目；传统编制；信息化编制；数字化

博物馆的藏品是国家宝贵的文化财产，是博物馆开展一切业务活动的物质基础，博物馆的藏品只有不断地被利用，才能体现出自身价值和社会价值。然而频繁的提取使用又会给文物带来损坏，造成"保"和"用"之间的矛盾。而藏品编目卡片作为反映藏品情况的基本材料，既可以使使用者了解藏品的自然特征和使用概况，又解决了文物"保"与"用"之间的矛盾，为藏品与使用者搭建了服务平台，因此，编制好藏品编目卡片具有十分重要的意义。笔者通过多年的工作实践，深知此项工作的重要性。

随着计算机网络技术和信息技术日新月异的发展，社会信息化进程不断加速，已渗透到社会生活各个层面，信息技术和网络技术在文化领域的应用，形成了文化传播新的发展趋势。数字博物馆是信息社会的产物，且日益成熟和普及。藏品信息数字化是数字博物馆的重要内容之一，也是数字博物馆的基础。

高科技、信息技术在博物馆信息管理工作中的应用，也催生了电子检索手段的出现，提高了效率，也对现有的文物编目工作提出了更高、更严格的要求。如何进一步将计算机技术运用于博物馆文物的管理，提高管理水平，是博物馆从事编目管理人员的一项新课题。

笔者于2004年进入贵州省博物馆（以下简称"本馆"），恰逢博物馆信息数字化萌芽阶段，尝试使用单机版文物信息管理软件，进行了部分藏品信息的数据采集工作；2005年参加全国文物科技管理综合系统培训班的学习；2006年开始试用国家文物局下发的《馆藏文物信息管理系统》；2008—2009年开始和本馆信息中心一起负责规划、研究《馆藏文物信息管理系统》的运用、管理等问题，在馆领导的支持下，建立健全该系统的局域网络，并正式启动保管部库房各库文物信息录入工作，帮助藏品管理人员熟悉录入各项信息的方法，及时进行更新、调整，使软件使用更加人性化；2009—2011年参加由国家文物局、财政部共同主导的《文物调查及数据库管理系统建设》项目，负责贵州省文物系统国有文物收藏单位一、二、三级珍贵藏品汇总、数据采集、信息录入与报送工作；2010—2012年，为配合《文物调查及数据库管理系统建设》项目，开始使用由中国文物信息咨询中心研发的《博物馆藏品综合管理信息系统》管理软件进行珍贵文物信息数据采集登录，该软件每年都有技术升级，内容涵盖较广，有200余个需要采集的信息指标项，几乎覆盖了绝大部分珍贵文物所涉及的相关数据指标；2013—2018年参与第一次全国可移动文物普查，负责本馆文物信息提供和数据审核报送等工作，这一阶段使用的是全国可移动文物信息登录平台，进行藏品基础数据采集登录，所涵盖的内容有14项基本指标项，国家文物局也通过技术手段完成了《博物馆藏品综合管理信息系统》内珍贵文物14项基本指标项数据导入全国可移动文物信息登录平台这一工作，但其余未兼容的详细信息指标项未能完成导入，存在数据遗失不全的弊端。

经过十余年的各类信息数字化运行和相关探索，藏品编目编制模式逐渐由传统手工编制向信息数字化编制转变。下面，笔者拟从贵州省博物馆藏品编目卡片编制工作及相关问题做一下探讨，将藏品编目的传统编制模式与信息化编制模式做比较，并初步谈谈看法，以探索今后藏品编目编制的新模式、新思路、新方法。

一、藏品编目的定义及重要意义

藏品编目是博物馆保管部一项专门的、业务性很强的工作。所谓编目，从字面上来讲就是编制目录。"藏品编目是博物馆专业工作者对已登记入藏的文物、标本、实物资料等物件进行最基本的、综合的研究和鉴定，对其外观和实质，以及历史、艺术、科学价值，做出较为科学而详细的记述，编写出目录卡片；并将其单个卡片，进行综合、专题的科学分类，进一步编制成不同形式的目录。"这就是中国历史博物馆保管部编写组在《谈历史文物的编目》一文中对藏品编目所下的定义，也是目前文博行业普遍认同的定义。它有两方面的意义：一是对博物馆藏品编制目录卡片，二是通过目录卡片编制综合性藏品目录或专题性藏品目录。

早在1986年文化部关于印发《博物馆藏品管理办法》的通知中第九条就明确规定："博物馆必须建立藏品编目卡片。"同时，在《博物馆藏品管理办法》第一章总则第三条中要求保管工作必须做到二十四字方针，即"制度健全、账目清楚、鉴定确切、编目详明、保管妥善、查用方便"。其中也明确提出"编目详明"的要求。藏品编目卡片是反映藏品情况的基本资料，是人们了解藏品自然特征的重要途径。藏品编目卡片也是藏品进行提取、核对、清库时必不可少的使用工具。同时，它也是对外提供研究，进行社会交流的重要依据。因此，做好藏品编目卡片工作具有十分重要的意义。

二、两种编制模式的简单介绍

藏品编目的传统编制基本是通过手工完成的，从20世纪60年代起，本馆就依据国家文物局要求建立了第一代、第二代藏品编目卡和藏品编目简卡，如图：

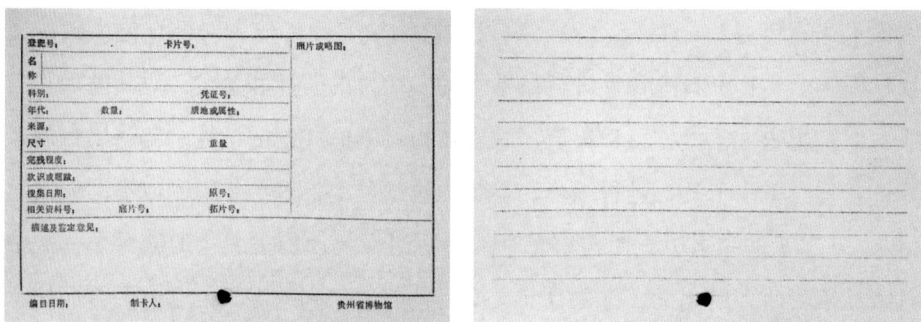

图1、2　第一代藏品编目卡正、反面

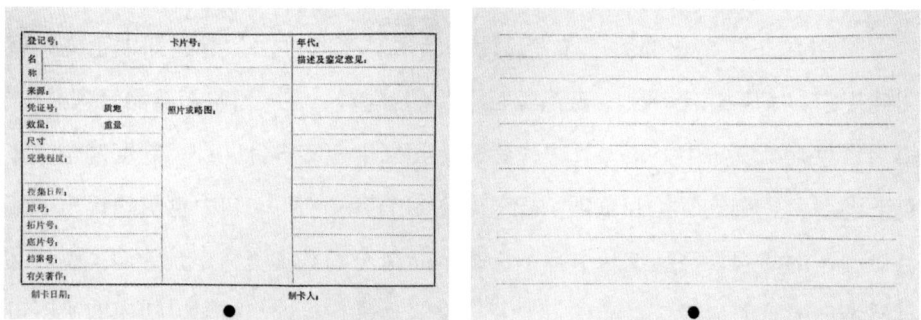

图3、4　第二代藏品编目卡正、反面

第一代卡片内容有二十二项：登记号、卡片号、名称、科别、凭证号、年代、数量、质地或属性、来源、尺寸、重量、完残程度、款识或题跋、搜集日期、原号、相关资料号、底片号、拓片号、照片或略图、描述及鉴定意见、编

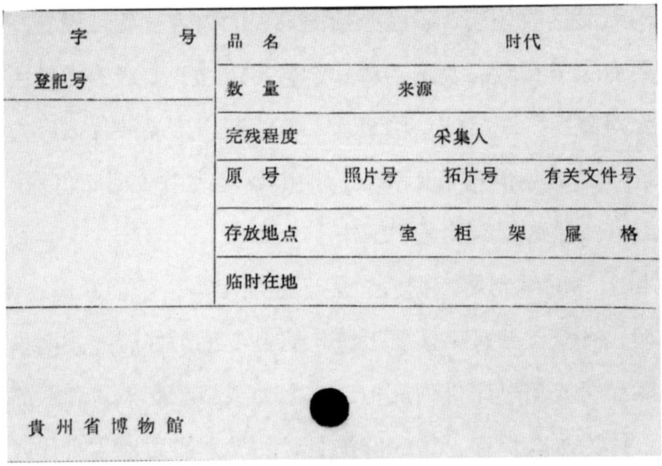

图5 编目简卡

目日期、制卡人。(图1、2)

第二代卡片内容有二十一项：登记号、卡片号、名称、来源、凭证号、质地、数量、重量、尺寸、完残程度、搜集日期、原号、拓片号、底片号、档案号、有关著作、照片或略图、年代、描述及鉴定意见、制卡日期、制卡人。(图3、4)

编目简卡内容有十五项：字、号、登记号、品名、时代、数量、来源、完残程度、采集人、原号、照片号、拓片号、有关文物号、存放地点（室、柜、架、屉、格）、临时在地。(图5)

这些编目项目的内容反映了博物馆藏品情况的基本信息，是相当详细实用的，其中编目简卡还可以当作藏品库房索引卡使用。

藏品编目卡片由编目人员负责填写，编目卡片是反映藏品情况的基本资料，是藏品保管、陈列和研究的基础工作。除填写总登记账的项目外，还必须填写鉴定意见、铭记、题跋、流传经历等。文字必须准确、简明，并附照片、拓片或绘图。所以，编目人员在编制卡片前，必须与总账人员一起认真审查征集人员交来的藏品接收凭证、藏品原始记录表的内容，确认没有任何差错，必要时组织相关专家进行藏品鉴定，对其定名、定性、定级；然后由总账人员填写总登记账，对藏品、藏品信息档案、入馆凭证、藏品照片或影像资料进行编号管理（目前本馆藏品信息采集和照片拍摄编号改由数据库负责），再交由编目人员对已编号藏品进行卡片编制工作。

藏品编目卡片的编制要依据入馆凭证逐项填写，不能缺漏，不能出差错，要准确、确切、齐全，并且字迹要工整。编目卡编制好后一式两份，一份交由总账人员按藏品号先后顺序排列入柜，称之为藏品顺序卡，和藏品总账本一样不对外查阅，作为永久保存；另一份按照藏品类别或质地或时代或不同专题进行分类排列入柜，称之为分类查阅卡，以便使用者从多角度进行检索查阅。

目前，本馆藏品编目的信息化编制主要通过电子文本进行编制，包含数字化卡片和藏品数字化照片档案两类。数字化卡片，如贵州省博物馆藏品登记卡（图6、7）和贵州省博物馆藏品登记简卡（图8、9）为笔者于2006年参照已有的两代纸质编目卡片、各家博物馆编目卡片、博物馆藏品管理系统条目等开始设计制作，历时五年，经过三次修改，于2011年最终确定模板、通过馆领导认可并投入使用。这两种编目卡开启了博物馆编目电子信息管理的时代，并联系印刷厂家定制样卡、打孔空白卡片，用于电子打印纸质版编目卡片，有效避免

图6、7 贵州省博物馆藏品登记卡（2011版）正、反面

图8、9 贵州省博物馆藏品登记简卡（2011版）正、反面

手写时代的笔误和不规范用字问题。

　　这两种新的编目卡内容更加丰富，分别增加至三十一项（其中部分还含有子项）和二十二项，许多内容和藏品管理系统及"一普"数据平台规范一致，便于对照使用，并且简卡增加了背面的内容填充部分，更加实用全面，也可以当作藏品库房索引卡使用。

　　本馆从20世纪60年代开始建立编目卡片，经过几十年的编目制卡，目前已有各类手工文物卡片三万余号、七万余份。由于长时间翻阅，许多分类查阅卡已出现了不同程度的老化、磨损、破坏和遗失，急需更换和补充，这就需要通过手工誊抄或复印粘贴制作（效果差、易坏、易脱落），耗时、耗力和不方便，而且由于部分字迹不工整、字体各异、难以辨认，且用的是黑白照片和手工绘图，卡片显得不整洁、不规范。

　　而新的数字化卡片，不仅文字规范，彩色图像清晰度高、可以放大，查阅方便，还可随时打印增添内容，节省了时间和人力，提高了工作效率；但需要建立科学规范的管理制度，在促进馆内信息资源共享的同时，避免数据丢失和泄露。

三、相同之处

1.编制对象相同

这两种编制模式的编制对象都是经过筛选而作为国家文化遗产的博物馆藏品。藏品是博物馆各项业务工作的基础，藏品质量和数量是衡量该馆社会利用价值及遗产实力的一个主要条件。卡片编制工作做得好，不仅能记录藏品的完整信息，而且能为文物保护、陈列、研究及社会人士使用藏品提供方便和更好的服务。

2.编制内容相同

藏品卡片编制模块中各个指标项的内容是以传统纸质卡片和档案中的内容为数据信息资源，并尽可能将珍贵文物数据库和文物普查平台所需的信息完善到卡片的数字化信息中。目前，本馆编目数字化卡片的内容得到了补充和完善。新入藏藏品逐步通过业务流程，从基本信息采集到动态影像拍摄逐渐数字化、规范化，更好地将藏品信息充分提供给各业务部门做查询、研究、展陈、统计使用。

3.编制目的相同

无论是传统手工编制还是信息化编制，都是藏品编目的一种手段。其目的无非是一方面记录藏品信息，尽可能反映藏品档案完整性、直观性；另一方面做到编目清楚、记录详实，查阅方便，为藏品陈列展览、科学研究提供便利，为藏品工作打好基础。

四、不同之处

传统手工编制与信息化编制的相异之处主要体现在编制介质、工作程序和工作效率方面。

藏品编目卡片的编制工作是一项非常繁琐又费力的工作，目前大多数博物馆的藏品，少则几百件，多则几万件，甚至几十万件、几百万件。一件文物从接收、鉴定、登账、定级、建档、分类、编目、入库、排架、提用、注销、统计等，中间需经过无数道手续，且有大量重复性、相似性工作，需要总账人员、编目人员、藏品管理人员一遍遍誊写，既费时又费力，难免有笔误。陈展和研究人员查阅编目卡片时，同样需要花费很多时间和精力。首先他们要在数万件藏品分类查阅卡中人工查找，确定入选展品，然后誊抄下目录及相关号码、基础信息等，这个过程一方面耗时费力、效率低下，容易出现少查和漏查的情况，另一方面也给纸质卡片带来一定的损耗。

与之相比，信息化编目是以信息采集文本，可以结合近年来的文物普查数据库软件、数据交换和存储设备、特殊数据采集和加工技术等，使存储和调用方便快捷，实现了编目卡片的智能化管理，大大提高了工作效率。目前，新入藏藏品编目卡片可以直接打印。

由于数字化信息的可复制性，如果编目人员和文物普查数据库登录人员将来能配合工作，既可以共同完成藏品信息的采集，又可以根据业务工作的不同需求编辑成不同的电子模板。藏品编目卡片电子模板的内容信息和文物普查数据库采集指标信息相同，故只需将编目电子档案的信息按对应项复制到相应单元格中即可完成文物普查数据登录，这样，普查录入人员不必逐件重新录入，既降低了登录错误率，又提高了工作效率。

藏品编目卡片告别了手写模式，与传统手工卡片相比，打印编目卡更为便捷，且卡面干净整洁、字迹清晰、字体标准统一、内容准确。未来还可以设置权限，逐步实现与库房卡片的信息资源共享，避免藏品信息变动不能及时修改、完善的情况。

五、藏品编目卡片编制中遇到的问题及思考

本馆在20世纪60年代最初使用的传统手工编目卡片，存在编目人员的更换，编目人员书写字体各异、习惯不同等不确定因素，加之刚接触新事物，其

对编目卡片的重要性不是很了解，填写过程中存在错漏也难以避免；而藏品数字化卡片和文物普查数据库系统具有超强的查询功能，快速便捷高效，因此，大家在日常工作中可以逐渐不再使用卡片进行查阅，但纸质卡片作为档案留存的安全性和必要性不容置疑。因此，纸质卡片的去留和如何存档将是一个值得认真思考的问题。

将大量的过去完成的手工卡片进行信息数字化，以编目人员一人之力完成是一个漫长而又艰巨的过程。藏品信息数字化需要专业的开发人员，运用语言代码对藏品数据进行文本扫描识别转换和文物普查数据库批量导入。每隔几年，国家文物局都会开发新的数据软件系统进行文物信息采集，且每个版本的数据兼容性都无法做到完全兼容，就要耗费大量的人力和时间去进行修改、核对，并且难以做到标准的统一。目前，本馆正在开发建立一套藏品信息管理系统，由于多方面原因，目前可以录入转化的信息条目和使用权限仍在磨合开发中，要使其成为兼容性强又可持续升级完善的信息数字化系统，仍然需要一个长期探讨实践的过程。

在信息化大数据背景下，要重视人才培养，改变或提升编目人员和藏品管理人员的管理结构和素质——既要有良好的职业道德，精湛的业务知识，更要有高水平的信息化技术才能，这是藏品信息化对编目人员和藏品管理人员提出的新要求。编目这项工作，关乎博物馆千秋万代的事业，记录的每一条藏品信息包含着它的真实现状和动态变化，是今后利用藏品开展各项工作的数据信息支撑。建卡时的一个小小疏忽，都会给以后的藏品管理、利用、科研等带来麻烦，必须谨慎从事，要求编目人员有较强的事业心、责任感，以及对祖国文化遗产极端负责的精神，一丝不苟地做好编目工作。通过实践，积累丰富的专业知识和经验，边学边干，不断提高自己的业务能力和水平，并且要拓宽视野、开阔眼界，有必要参加各类业务知识培训来提升自身的素质。

通过对藏品编目的传统编制和信息化编制两种模式的初步比较和探索，笔者深刻感觉到信息化给藏品编目乃至藏品管理工作带来的诸多优势：储存量大、整合全面、利用最大化、查阅便捷，既改善了藏品编目的质量，又提升了编目效率、查阅利用率。当然，信息化也有诸多不足，如数字化信息载体寿命有限、生命脆弱，极易受到磁场、计算机病毒、黑客侵入等外力干扰、破坏，数字化信息拷贝便利，知识产权和藏品隐私难以保障等。

总之，在现阶段，要做好藏品编目由传统模式向信息化模式的转型工作，这是当今大数据环境下的必然趋势。博物馆要合理利用传统与信息化两种模式的优势互补，最大限度地发挥两者的优势，更好地发挥编目卡片数字化功能。促进人类文明的共同发展，这是每一个文博人的职责。

[参考文献]

1. 李建华：《谈营口市博物馆藏品编目卡片的编制》[J]，《祖国》，2013（20）。

2. 吕军编著：《藏品管理学》[M]，长春：吉林大学出版社，1996年。

3.《博物馆藏品管理办法》[S]，文化部1986年6月19日文物字〔1986〕第70号公布。

博物馆图书资料室人员的职业素养

杨曼琳

（贵州省博物馆）

摘　要　图书资料室的工作是以服务为核心的，运行的成效很大程度上体现在服务水平和效果上，这与工作人员的职业素养水平密切相关。研究如何培养良好的员工职业素养，提升服务管理的意识，十分重要。

关键词　博物馆；资料室；职业素养

博物馆图书资料室是专门管理和保存图书资料，特别是文博相关专业文献资源的服务机构，主要为博物馆工作或者相关研究提供文献资料查询、借阅及参考咨询等专业的文献信息服务。一个健全完善、有效运行的图书资料室可以成为博物馆的信息资源中心和知识中心，对博物馆整体专业水平提高、学术研究以及各项专业业务的开展都能起到很好的助力和保障作用。

一、如何看待职业素养对图书资料室工作的意义

图书资料室的工作以服务为核心，运行的成效很大程度体现在服务水平和效果上，这与工作人员的职业素养水平密切相关。

职业素养大体上可以理解为个人具备的与其职业岗位相关的综合能力、素质、修养以及潜力等，有内在的，也有外在的，都与其工作中所展现出来的行为、作风、责任、意识、能力以及成效等有关。无论在哪一个行业，职业素养

都是至关重要的，基本上决定了工作人员在职业中的态度、表现和工作效果。良好的职业素养使员工积极进取、勤奋努力、能力充分发挥，可以很好地履行岗位职责，反之，职业素养低下的员工则会表现出敷衍塞责、推诿扯皮、能力不足，难以胜任工作岗位。因此，研究培养和提升良好的员工职业素养，十分重要。

二、图书资料室需要怎样的职业素养

个人的职业素养大体上包含职业认同、职业意识、道德涵养、知识技能等方面。有的与个人自身的性格特点和习惯有关，有的是教育、学习、工作经验等长期积累形成的，大体可以理解为先天的和后天的区别，但都可以通过有意识的学习、培养、严格的自我约束、锻炼等不断实现自我提升和超越。

1.职业认同

职业认同是工作人员对所处岗位、所从事的工作所抱持的根本态度：是否认为这份工作有意义、有价值，是否值得尊重，是否获得了尊重，等等。职业认同处于人的意识层面，是内在的精神动力，是根本性、基础性的因素。

就当前的现状来讲，博物馆图书资料室正处于逐渐边缘化的困境。不少人认为这项工作内容简单单调，无关大局，甚至可有可无。工作人员自身也常常被别人贴上的标签所渐渐同化，变得缺乏自信，磨灭了希望和追求，自我否定，难以再去主动思考和推动工作创新、积极开创新的局面。很显然，如果不能发自内心地热爱工作，全身心地投入工作，肯定无法取得好的成效，这就是职业认同。没有职业认同，会导致工作抱残守缺、停滞不前，甚至疏漏过失，严重影响工作成效。

因此，我们需要培养和构建工作人员对这一工作的认同感和归属感，要具有强大的信念和定力，充分理解和认识资料室工作的重要性、特殊性，具有甘于沉寂和奉献的觉悟，自信开朗、积极热情、明确目标，全身心投入工作中，主动思考和发现问题，积极创新工作方法，不断推动资料室工作质量的提高，发挥出应有的作用。

2.职业道德

毫无疑问，职业道德必然是职业素养中的关键要素之一，是员工履职尽责、高质量完成工作目标所必须具备的基本品质。一般来讲，职业道德往往不能形成实质的约束和强制力，更多的来自员工的自身教育、自我约束、自我要求。职业道德的形式也不是一定的，而是自然形成的、社会普遍认同的一种职业行为规范。

爱岗敬业、尽职尽责、遵章守纪、乐于奉献、团结协作等都是普遍适用的职业道德要求。针对图书资料室的工作，还有一些需要关注的特点。

比如说资料室工作是服务研究、协助研究，提供所需的资料信息，协助研究人员很好地完成研究任务就是资料室的目标。所以，资料室工作往往处于幕后，其过程和作用不为人知，也不易评判。资料室的工作人员也就需要有正确的价值观、成绩观，要甘于沉寂、甘于幕后、甘于奉献，淡然豁达的个人修养是资料室工作者应当具备的职业道德品质之一。

资料室的工作性质主要是服务，和其他服务行业一样，很好地控制和调整自身情绪，确保面对服务对象时保持热情阳光的态度，这也是提高服务质量应当具备的品质。

再比如，资料室要加强资源的宣传推介，让尽可能多的资料得到充分利用，让尽可能多的研究人员找到所需信息。所以，积极主动的服务、敏锐的观察、了解来到资料室的人员需求、推荐适合的资源，都可以进一步提高工作成效，提供高水平的信息参考服务，更好地助力科研。

3.职业能力

每一个岗位都需要相应的工作能力和知识基础，这是履行职责不可或缺的基本条件。图书资料室的主要任务是为文博研究人员提供专业的信息服务，相应的图书资料专业知识、文博专业知识等都是应当具备的。

全面了解资料室图书资料的馆藏结构和内容覆盖，对整个资料室的资源心中有数，也是十分重要的。否则，很难做到为研究人员提供准确的资源信息，更无法进一步提供高层次的专业参考咨询。同时，了解各领域知识的基本情况，能够准确把握研究人员的需求，精准地推荐信息资源。作为图书资料室的工作人员，或许没有必要对某个专业领域追求专、精和深入，但应当尽量广泛涉猎，对各领域都有所了解，特别是尽可能熟悉馆藏资源所涉及的专业领域情况。也可以说，对博物馆图书资料工作室人员来讲，知识的广博程度通常比专深程度更有利于其履行工作职责。

三、如何提升职业素养

一般来讲，职业素养更多指员工个人具备的品质、能力等的要素，职业素养的提升也主要依靠员工个人不断学习、锻炼，严格的自我要求和不断追求进步的自觉。另一方面，政策、环境等因素也对员工职业素养的养成产生了重要的引导和推动作用。

比如，合理优化工作评价和激励机制，使其在参与过程中的服务环节能够得到肯定，在取得的科研成果中能够体现出资料室服务的成绩和价值，这可以有效提升员工认同感、成就感，并培养相应的岗位责任意识。

对资料室工作给予更多重视，在经费、设备设施配置、软硬件改造提升等方面加大投入，为资料室工作提供更有效、更高效的手段保障，同时对提振员工的职业自信和增强职业能力大有帮助。

加强培训，提供交流学习的机会，了解先进地方的行业情况，让资料室工作人员开阔视野，增长知识，这对职业素的养养成也具有很好的推动作用。

［参考文献］

1. 蔡琴：《博物馆职业道德研究的若干问题》[J]，《中国博物馆》，2014（2）。

2. 刘晓璐：《馆员职业素养的构建研究》[J]，《才智》，2018（21）。

3. 张淑敏：《论图书馆专业人员职业素养的提升》[J]，《人才资源开发》，2019（24）。

关于博物馆核心观众群的初认识

王莹霞

（贵州省博物馆）

　　摘　要　核心观众群是针对一般观众而言提出的一个概念。从一定角度来说，博物馆的服务、研究成果和馆藏资源中的绝大部分都被这一群体享有。本文结合具体事例，提出博物馆核心观众群作为博物馆研究成果的享用者、信息技术的接受者、工作成效的见证者，应该得到博物馆的重视，充分发挥这部分群体的创造力，让他们加入到建设博物馆的队伍中来。

　　关键词　核心观众群；参与；评判

　　博物馆核心观众群是指那些在参观频次、个人贡献、文化修养、表达自我等方面有别于一般观众的群体。每一个社会组织或机构都有自己的服务对象，都希望能够得到自己服务对象的认可和接受。在这部分服务对象中，总会有一部分群体和别的群体表现得不太一样。对博物馆来说，可能是参观频率高于其他观众、可能是比较善于主动表达自己的看法、也可能是有其他在博物馆工作人员看来所特有的长处或优点，这部分群体就是博物馆的核心观众群，应该被博物馆重视起来。但目前看来，尽管博物馆已经针对观众开展了各式各样的活动和研究，认识到观众对博物馆的重要性，却并没有将这部分人群与其他观众区分开来进行专门讨论和研究，缺少核心观众群这一概念。

一、以往博物馆针对观众开展的工作

博物馆的功能和作用是不断扩充的。早期的博物馆更多侧重于收集保存具有历史、艺术、科学价值的文物标本，重视文物的收藏和研究，较少专门针对观众开展工作。随着经济社会的不断发展，博物馆产生的社会效益得到更广泛的认可和关注，因此被逐步赋予了更多职能，工作范围也在不断延伸，博物馆工作人员开始思考在关注文物本身之外，是不是也该站在博物馆受众——观众的角度，对博物馆的工作做出要求和改变。在这一动力的驱使下，博物馆人开始尝试从不同学科和角度来分析怎样才能让观众更好地享受到博物馆的研究成果、找到自己需要的信息、参与到博物馆中来，把观众也作为博物馆研究的对象。沉浸式参观、互动式体验、多学科交流、跨学科合作、馆馆联动、馆校联动成为新时期博物馆工作的新风向，在不断满足观众对博物馆需求的同时，促进了博物馆事业的长足发展，可以说，观众在博物馆发展中起到越来越明显的作用。近几年，数字化博物馆、大数据技术的出现给了博物馆发展一个新的方向：是否可以利用数据采集的方式筛选出博物馆的核心观众，开始有区别地针对不同观众群体开展工作，体现博物馆的个性化工作方式，满足观众的个性化需求，让博物馆走上个性化发展道路。

二、核心观众群能给博物馆带来哪些改变

要想对博物馆进行改变，在以人为本理念的指导下，除了博物馆工作人员需具备前瞻性的眼光和专业化的操作外，作为博物馆研究成果的享用者，观众的作用越发重要。博物馆与博物馆观众之间的关系，就像电影制作团队和电影观众之间的关系一样，不受观众喜欢的电影谈不上好电影，没有人参观的博物馆也只是保存文物的象牙塔。观众，尤其是核心观众群，从某种角度上来说，对博物馆未来发展的方向和趋势具有不小影响。

1. 有利于提升凝聚力

这里所说的凝聚力集中表现在博物馆和观众之间。长期以来，博物馆和博物馆观众之间都缺少一种合适的方法进行互动，虽然不乏有的博物馆通过各种各样的方式已经拥有了良好的观众基础，如故宫博物院通过文创吸引众人眼球，拓宽工作方向；重庆中国三峡博物馆运用自媒体运营也在众多博物馆中脱颖而出，得到观众青睐；河南博物院也充分利用自己的优势资源推出了考古盲盒等吸引眼球的文创产品，"唐宫小姐姐"的出现更是使河南博物院受到了广大群众的热捧。但更多的博物馆还是没能找到适合自己的方式，以拥有属于自己的核心观众群，与之形成良好互动。博物馆想让观众参与进来，而观众却不知道该怎么加入，或是博物馆推出的点与观众无法产生共鸣。因此对观众来说，很难拥有参与感和认同感，难以准确获得博物馆的藏品信息，甚至产生无趣感，没有再来参观的欲望，只快速地进行"一次性浏览"或者猎奇式参观，博物馆与观众之间自然不会有很深厚的感情。博物馆的任务之一就是想办法让这部分观众参与到博物馆建设中来、让他们主动向博物馆反馈所思所想。但是，有些观众出于这样那样的原因，不太习惯直接将自己的想法表露出来，或是思索过程较慢，走出博物馆前还没有将自己的想法完全思考成熟，或者想表现的内容太多，需要些时间捋清思路，因此也很有必要建立一个观众群或者论坛，给观众一个表达自己想法的场合并定期给予回复，确保观众可以随时看到相关回复；或者是不定期地设计调查问卷，听取来自不同社会角色的声音、汲取来自不同领域的建议。

2. 增强观众主人翁意识，培养博物馆后备军

博物馆是为人民服务的机构、是为未来收藏现在的机构，研究成果为公众享用，相对应地，公众在享用博物馆带来的资源和信息时，博物馆也应该主动想办法培养大家的社会责任感和主人翁意识。如今虽然博物馆对公众充满了吸引力，大家都很好奇博物馆工作是干什么的，但是仍然缺少一种直接的、现实可行的渠道参与到博物馆工作中，尽管博物馆专门为观众开设了体验式的活动

和内容，也有部分人会"幸运"地加入到博物馆的志愿工作中，但距全民参与还有很大的距离，这也是由博物馆特殊的性质决定的，为了藏品安全也不可能实现"全民参与"。但我们仍可做这样的尝试，打破博物馆时间、空间的限制，号召观众参与到博物馆线上管理的日常工作中。在笔者看来，以下几方面内容都是可以让博物馆核心观众群从事的工作：在策展前邀请一两个核心观众站在观众角度为博物馆建设提供意见，参与一次文创产品的设计过程，与馆内工作人员进行一次对话，说出自己心目中的"镇馆之宝"，"我为博物馆做宣传"；参加到部分非核心博物馆事务的管理中，建立博物馆文物藏品大数据库，满足观众足不出户看展览的需求；在策展时提出一些开放性的问题，附上留言板供观众讨论等，都可以在保证文物藏品安全的条件下，提高观众参与度，增强主人翁意识，为博物馆培养后备军和潜在的馆外宣传队伍。

3. 为博物馆会员制提供可能性

博物馆会员制在中国还处于尝试阶段，虽然有国内博物馆做过这样那样的尝试，但效果是否显著还需长期观察以确定其持久性和可操作性，就算如此，博物馆会员制仍然可作为博物馆长期发展的方向不断进行尝试。博物馆核心观众群恰好可以作为我们的尝试对象，因为这部分群体和其他相比，是最了解和支持博物馆发展的群体，也是最能评判博物馆工作做得怎么样的群体。他们成为博物馆会员的意愿高低，与我们博物馆工作开展的成功与否息息相关。如果连这部分群体都对博物馆会员制不太感兴趣的话，可能这种尝试也不会引起太多人的关注和参与，或者是只能持续一个较短的时间，不足以让博物馆观众成为长期性的博物馆会员。

三、核心观众群的评判标准

由于各个博物馆的客观情况不一样，有的博物馆侧重于历史人文方面的研究，有的博物馆侧重于自然科学方面的研究，有的博物馆则侧重于民俗资料的收集保存，所以各个博物馆核心观众群的评判标准也不宜简单机械地做出划分。但各博物馆仍可从以下几个方面来评判一个观众是否有潜质成为该馆的核心观众。

1.以参观本馆的频率高低作为评判标准

只有走进博物馆参观展览，才能在对该馆馆藏文物有一定认知的基础上，站在博物馆观众的角度上做出一些建议与意见，而这些建议与意见可能正是博物馆工作人员无法关注到的问题，会给工作人员的工作思路提供一些新的方向和思考。因此，博物馆可将这部分观众作为自己的核心观众群，至于各博物馆如何鉴定观众参观频率高低问题，应视具体情况而定。

2.以观众对博物馆发展做出的贡献值作为评判标准

这里所谓的贡献值可以涵盖许多方面，例如观众参观完毕后对博物馆提出过具有建设性的意见，或是曾作为志愿者参加博物馆组织的活动付出了自己宝贵的时间及精力，抑或是在宣传博物馆工作等方面做出了不可忽视的贡献，甚至是在资金上对博物馆进行过捐赠（这一点集中表现在私人博物馆上），或者是在其他方面为博物馆发展做出了贡献的个人、团体、组织，都可以考虑纳入该博物馆核心观众群的备选名单中。如大英博物馆，它在资金方面主要有三种来源渠道：一是来自大公司或是社会团体的捐助，二是来自公众的个人捐款，三是基金会的拨款。这些组织团体或个人也可以成为博物馆的核心观众群，让他们通过自己的方式给博物馆工作带来改变。还有些观众加入到了博物馆志愿者行列，他们从基础的讲解工作到进入社区开展文化进基层活动，给博物馆观众和社区居民带来了方便和文物熏陶；甚至有部分志愿者为了支持博物馆工作，将自己珍藏多年的文物藏品无偿捐献给了博物馆，这些人群都应该被视为博物馆的核心观众群。

3.部分特殊观众需酌情甄别

这部分参观者或许并不符合上述两点中的任何一条标准，但是相比一般观众，他们仍具备一些别人无法拥有的优势。这部分特殊观众大致可以分为以下几类：一是具有较高的文化修养和知识储备的人，他们能从专业知识上给博物馆提供建议，填补博物馆工作人员因主客观原因导致视野局限所造成的不足；二是具有一定社会地位的观众，若能充分利用他们的社会影响力吸引大家到博物馆观看展览，提高博物馆的知名度和社会关注度，对博物馆来说也是不可多得的机会；三是一些观展角度与周围人不一样的观众，很多观众来到博物馆都是抱着猎奇的心态，对博物馆里有什么物品和信息完全不了解，基本给不出具有建设性的意见，但是有些观众因为职业的特殊性、经历的特殊性，总能从不同角度发现博物馆的美或是不足之处，这部分观众对博物馆来说是弥足珍贵的。博物馆要避免同质化情况的出现，这部分观众必定能够从不一样的角度重新对博物馆进行诠释。

另外，博物馆管理者可以尝试与当地自媒体联系，通过自媒体人的角度对博物馆进行宣传，让观众聆听来自博物馆之外的声音。除此之外，博物馆工作人员在工作时难免会有疏漏，集中表现在布展时可能会出现说明牌有误、引言有误，讲解时内容不全面甚至出现观众提问回答不清楚的情况，如果有及时向博物馆反馈问题的观众，其实都应该将他们纳入博物馆的核心观众群，他们在知识储备和观展用心度方面都超过了一般观众，与博物馆工作人员有效互动，真正让作为社会教育机构的博物馆达到了启迪智慧、教育观众的目的。

四、博物馆该如何对待核心观众群

首先，需要将核心观众与一般观众区分开来。但这并不是说博物馆在为观众提供服务的时候要区别对待，为核心观众群提供更优质的服务，而轻慢对待普通观众。而是说我们在工作过程中可以多听取这部分观众的意见和建议，先让这部分观众加入到博物馆中来，然后再逐步地把工作范围覆盖到普通观众身上，最后达到人人参与的目的。其次，针对他们不同的要求做出反应，在不违背原则的情况下尽量满足他们的需求。

我们对这部分群体提供的个性化服务，一是让观众体会到博物馆对他们的尊重和认可，在此基础上逐渐开始进行满足不同群体个性化要求的尝试。二是需要把这部分零散分布的人群聚集在一起，这样一来，一方面便于博物馆直接与他们进行对话，了解观众想法和需求；另一方面摆脱了时间、空间的限制，给了观众一个不必局限在博物馆、能够随时随地参与的可能性。三是需要不断丰富和创新博物馆活动内容和表现形式。一成不变的展览只会让观众失去兴趣、丧失参观欲望，只有不断推出新的活动和展览，才会保持博物馆对观众的吸引力，在保有旧的观众群的基础上，持续吸引新的观众走进博物馆，把现有的人流量逐步转变成源源不断的人气资源。四是要不断寻找合适的方法拓宽观众表达想法的渠道和途径。这些方法和途径不仅仅局限于前文提及的 QQ 群、微信群等手段，也可以通过观众见面会、匿名信箱等多种方式来收集观众意见。并且还要注重表达方法，有的观众可能主动表达自己想法的欲望不高或总结不出自己觉得博物馆哪些方面有待提高的看法，针对这种情况，博物馆可以考虑做一份调查问卷，在问卷中给观众划分出几大类的范围，用勾选的方式让观众选出自己认为有待提升的几项内容，再留一部分空间给擅长表达自己观点的观众尽情表达自我。五是博物馆要找到合适的宣传方式。博物馆要顺应社会发展趋势，主动利用新媒体、自媒体等渠道来宣传展示自己，这一点是博物馆的弱势所在。但这并不是说博物馆要抛弃以往的宣传方式，因为在现行条件下，有些人群由于职业和年龄限制，接收信息的渠道较单一且原始，博物馆的宣传工作也应该考虑到这部分群体的特殊性。因此在宣传方面，应该考虑采用传统方式和现代方式相结合的模式，才能确保不落下任何一个群体，纸质媒体、电视广播、新媒体都应当作为博物馆对外宣传的途径。六是可以给予部分核心观众群一定的回报，以表达博物馆对他们支持工作的感谢。这种感谢可以是物质方面的，如赠予这部分观众一个博物馆的文创产品、一本博物馆论文集，或是一次博物馆付费体验活动的免费名额；也可以是精神方面的鼓励，比如一封馆长寄语、预留一次线下活动的参与名额、一封工作人员书写的感谢信，以这种方式回报观众的付出，体现了博物馆的态度，让观众得到了应得的尊重，是一种良好的互动模式。

博物馆有别于其他社会机构，它不以营利为目的并不是说博物馆不需要市场，相反，博物馆是一个对市场有较高需求度的机构，来自公众的目光和支持就是博物馆追求的"市场"，否则博物馆的存在价值得不到完全开发。博物馆与博物馆观众之间关系的探索，很大程度上可以等同于进行博物馆群众路线的尝试，巩固核心观众、争取"摇摆"观众、吸引潜在观众，就是博物馆群众工作的基本思路。由于博物馆核心观众群的甄别是一项长期性的工作，可能短时间内无法采取恰当的措施立刻识别并培养出一批忠实度很高的观众，但博物馆应该有这样的意识，认识到核心观众群的重要性，逐步开展这方面的工作，让这一部分群体成为博物馆潜在的后备力量，并不断提高自己满足不同观众个体需求的能力和条件，在日新月异的竞争中获得自己的一席之地。

[参考文献]

1. 安来顺：《博物馆与公众：21世纪博物馆的核心问题之一》[J]，《中国博物馆》，1997（4）。

2. 方云：《跨学科视域下的博物馆非遗类展陈——以"云泽芳韵土布展"为例》[J]，《东南文化》，2018（1）。

3. 侯珂：《从大英博物馆的筹款经验看我国博物馆的筹款》[J]，《文化学刊》，2012（1）。

4. 黄滢丹：《参与型博物馆建设探微——以云南民族博物馆为例》[J]，《博物院》，2017（4）。

5. 林文萍、林浩、沈务淳、林佳峰：《故宫文创粉丝文化生成机制及实践行为探究》[J]，《市场周刊》，2020（2）。

6. 刘竞希：《自媒体时代的博物馆微博运用分析——以重庆中国三峡博物馆为例》[J]，《黑龙江科技信息》，2015（32）。

7. 单霁翔：《博物馆的社会责任与城市文化》[J]，《中原文物》，2011（1）。

8. 王思怡:《博物馆观众研究的反思与演变——基于实例的观众体验分析》[J],《中国博物馆》,2016（2）。

9. 王思怡:《沉浸在博物馆观众体验中的运用及认知效果探析》[J],《博物院》,2018（4）。

10. 周红:《票友、核心观众及其他》[J],《中国京剧》,2009（11）。

11. 周丽英:《试论博物馆传播与观众认知关系的实质及其发展》[J],《博物院》,2017（3）。